秋白华

杨之华珍藏的瞿秋白

瞿独伊　李晓云～～～～编注

图书在版编目(CIP)数据

秋之白华:杨之华珍藏的瞿秋白/瞿独伊,李晓云编注.—北京:人民文学出版社,2018

ISBN 978-7-02-014034-3

Ⅰ.①秋… Ⅱ.①瞿…②李… Ⅲ.①瞿秋白(1899—1935)—书信集 Ⅳ.①K827=6

中国版本图书馆 CIP 数据核字(2018)第 062452 号

责任编辑　王一珂
装帧设计　刘　远
责任印制　王重艺

出版发行　人民文学出版社
社　　址　北京市朝内大街 166 号
邮政编码　100705
网　　址　http://www.Rw-cn.com

印　　刷　北京中科印刷有限公司
经　　销　全国新华书店等

字　　数　266 千字
开　　本　787 毫米×1092 毫米　1/32
印　　张　18　插页 26
印　　数　7001—11000
版　　次　2018 年 11 月北京第 1 版
印　　次　2019 年 5 月第 2 次印刷

书　　号　978-7-02-014034-3
定　　价　76.00 元

如有印装质量问题,请与本社图书销售中心调换。电话:010-65233595

遗影·手迹

写作中的杨之华

瞿秋白

少年瞿秋白与父亲瞿世玮

瞿秋白之母金璇

青年时代的瞿秋白

青年时代的杨之华

1920年5月，瞿秋白在北京

※ 左起：李子宽、瞿秋白、金诚夫

1920年赴俄前，瞿秋白与友人摄于北京

※ 左起：瞿秋白、郑振铎、瞿世英、耿式之、耿济之

1920年，瞿秋白与《新社会》同仁摄于北京

※ 左起：李宗武、俞颂华、瞿秋白

1920年赴俄前，瞿秋白与友人

1921年，瞿秋白与李宗武(左)在莫斯科

瞿秋白在苏联

遗影·手迹　17

※　后排左四为瞿秋白，左五为张太雷；前排右四为俞秀松

1921年，瞿秋白与共产国际第三次代表大会部分代表在莫斯科

※ 后排左一为瞿秋白，左三为罗易；前排左一为陈独秀，左三为片山潜

1922年，瞿秋白与共产国际第四次代表大会部分代表在莫斯科

※ 前排左一为刘仁静，左四为季诺维也夫，季诺维也夫前为布哈林；倒数第二排左六为陈独秀；后排左三为瞿秋白

1922年，参加共产国际第四次代表大会的部分代表在莫斯科

1923年，瞿秋白在上海

※ 中排左八为瞿秋白

1924年6月，上海大学全体教职员合影

※ 后排左三为瞿秋白；前排左四为廖仲恺，左六为孙中山

1924年8月，出席国民党中央执行委员会一届二中全会的成员合影

1924年底，瞿秋白与杨之华在上海

1925年2月，瞿秋白与杨之华在杭州西湖

1925年4月，瞿秋白与杨之华在上海

1925年4月，瞿秋白在上海

1925年，瞿秋白与女儿瞿独伊、茅盾之女沈霞在上海

1927年,杨之华在上海湖州会馆与上海丝厂工人集会

1927年4月28日，瞿秋白与杨之华在湖北武昌第一小学。这里举行了中国共产党第五次全国代表大会开幕式。照片上文字系瞿秋白亲笔

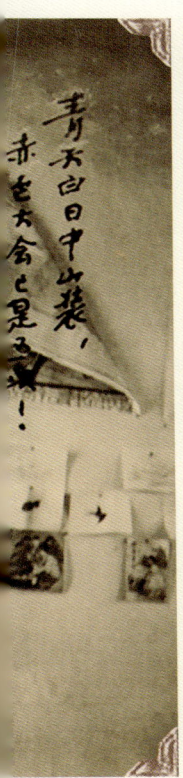

1927年，瞿秋白在汉口中共中央办公室门前

1928年，瞿秋白与杨之华摄于黑海之滨

1928年9月,瞿秋白与杨之华在苏联南部参观

1929年9月,瞿秋白、杨之华与女儿瞿独伊在莫斯科

1929年，杨之华与女儿瞿独伊。照片上文字系瞿秋白亲笔

瞿秋白照片，存于俄罗斯档案馆，年代不祥

遗影·手迹　35

※ 瞿秋白（右二）、杨之华（左二）、蔡和森（右一）

1930年，瞿秋白与苏联友人在莫斯科郊外
巴库疗养院

1930年7月，瞿秋白与杨之华回国前在莫斯科

1935年5月，瞿秋白狱中照片及题词

1935年6月18日，瞿秋白就义前在长汀中山公园凉亭留影

杨之华将瞿秋白遗骨接回家中,留影纪念

1955年6月18日，瞿秋白遗骨迁葬仪式在八宝山举行。周恩来等扶送瞿秋白遗骨放入墓穴

中国共产党中央委员会在瞿秋白遗像前敬献花圈

秋之白華

1916年，瞿秋白绘赠金君怡的山水画

1919年春，瞿秋白绘赠李子宽的
山水画《松风琴韵图》

1930年8月1日，瞿秋白、杨之华在归国途中，从柏林寄给留在苏联的女儿瞿独伊的明信片

煩悶

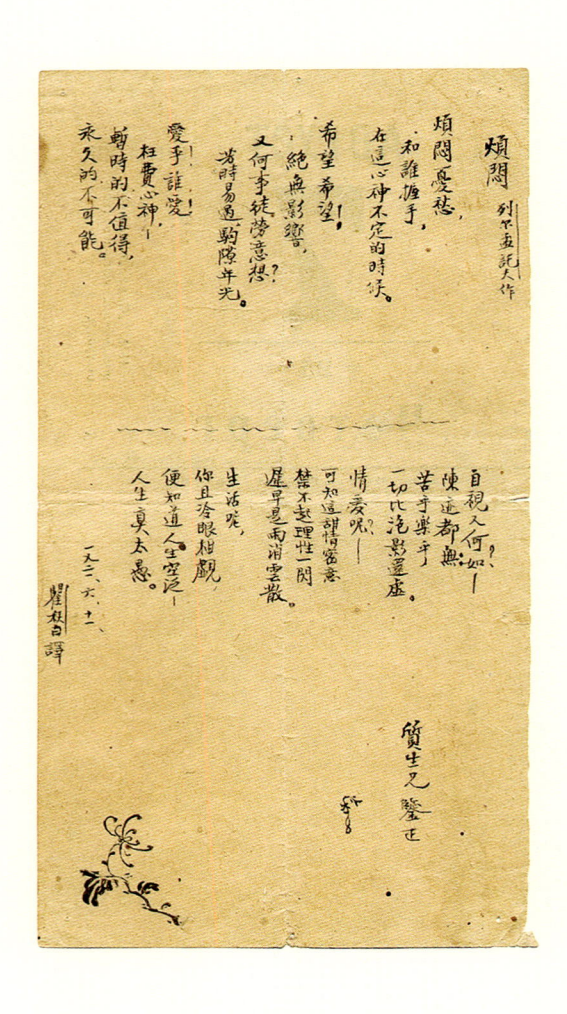

列兒孟託夫作

煩悶憂愁，
和誰握手，
在這心神不定的時候。

希望希望，
絕無影響；
又何事徒勞意想？
芳時易逝，駒陰年光。

愛乎，誰愛，
枉費心神——
暫時的不值得，
永久的不可能。

自視人何如：——
陳迹都無，
苦于樂于，
一切比泡影還虛。

情愛呢，——
可知這戀情當意，
皆不起理性一閃，
遲早皆兩消雲散。

生活呢，
你且冷眼相觀，
便知道人生空泛，——
人生真太愚。

一九二一、六、十一、

瞿秋白譯

質生兄鑒正

1921年，瞿秋白翻译列尔孟讬夫（今译莱蒙托夫）诗作《烦闷》手迹

雪意凄其心悄然 江南旧梦已如烟 天寒沽酒
长安市 独折梅花伴醉眠

此种颓唐气息 今日思之 恍如隔世 然作此
诗时正是青年时代 正所谓"忏悔的贵族"
心情也 录呈

鲁迅先生

觏趠 一九三一,十二,七

1931年12月7日，瞿秋白将早年诗作《雪意》书赠鲁迅

云山梦回 绮它不落思宇

残何事万缘俱寂 逯偏留绮绕

山城细雨作春寒 料峭孤衾旧梦

春再束应有无如故 卜算子

炎永先生雅正

一九三三年初夏作于汀州狱中 录呈

瞿秋白

1935年，瞿秋白狱中诗词手迹

廿載浮沉萬事空年華似水之流東枉拋心力作英雄　湖海樓邅芳州夢江城辜負落花風黃昏已近夕陽紅

浣溪紗

寂寞此人間且喜身無主眼底雲

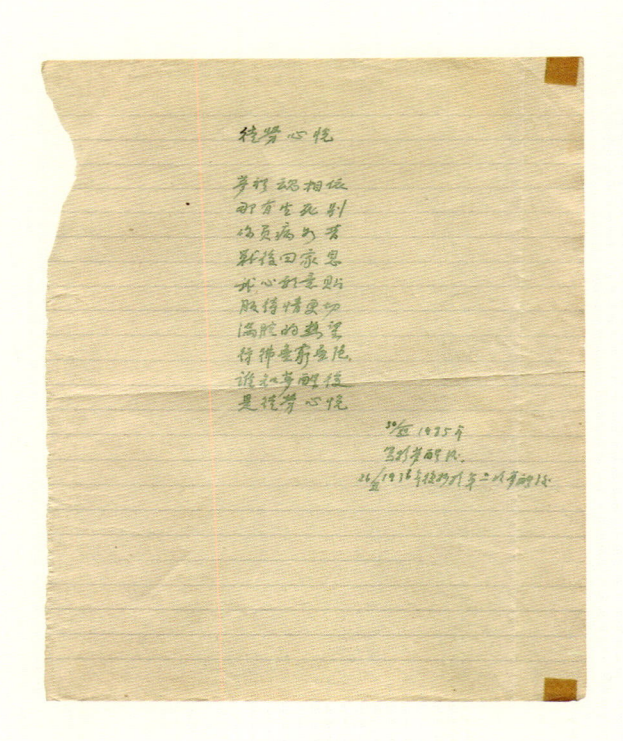

杨之华诗作《徒劳心悦》手迹

1930年8月，瞿秋白从苏联绕道柏林回国。柏林广场文化角的剪纸艺人为他制作了这张剪影

秋之白華

秋之白華

目录

序 ～～～～ 李晓云 1

Part 1 书信 ～～～～～～～～～ 1

瞿秋白致杨之华 / 3
瞿秋白致王剑虹 / 69
王剑虹致瞿秋白 / 141

Part 2 杨之华诗文译作 ～～～～～～～～～ 165

167 诗
离别的纪念 / 172
徒劳心悦 / 174
旅行笔记 / 176
无题 / 186

191 文
无题 / 206
无题 / 214
无题 / 220
无题 / 228
从这一岸到那一岸 / 234
无题 / 240
血 / 249
豆腐阿姐 / 272
隔离初稿 / 324
隔离二稿（阿毛）/ 436

503 译作 八月四日晚上 / 506

序

李晓云

一

瞿秋白、杨之华是我的外公、外婆，但我始终称呼他们爷爷、奶奶。

小时侯，我记得家里有一个木柜子，上面放着一个白瓷盒。瓷盒的一端，画着一个人的肖像，肖像下面有几个字。那人戴着眼镜，默默地望着我。当时我还没有上学，我问奶奶杨之华："这是谁啊？"奶奶说："这儿画的就是你爷爷，那几个字是'瞿秋白烈士'。"我渐渐知道，爷爷早已离我们而去，他是被国民党反动派枪杀的；他是为了人民的事业，为共产主义理想而牺牲的。制作这个白瓷盒是为了存放爷爷的遗骨。

爷爷于1935年在福建长汀就义。1955年我七岁，秋天就要去上小学了。6月18日，是为爷爷迁葬的日子。我随奶奶来到八宝山革命公墓。奶奶拉着我的手，我穿一条黑色的小裙子，紧紧贴在奶奶身边。由于岁月的久远，移葬的情景只能依稀记得。爷爷的墓穴在最高处，很多人立在那里，花圈上系着丝带，白瓷盒缓缓地被放入墓穴。天是阴的,有些冷,新华社洗出的照片上的蓝天白云我完全没有印象了。

之后每年清明,奶奶都带我到八宝山给爷爷扫墓。汉白玉的墓碑,静静地立在苍松翠柏之中。春寒料峭,倔强的迎春花黄黄的,迎风开着。奶奶坐着,给我讲爷爷的故事,还对我说:"你围着墓碑跑一跑,爷爷会听见的。"

我从小随奶奶住在南长街八号,后来门牌改了,成了南长街十三号。南长街在中南海和故宫之间,南起长安街,北至西华门。南长街十三号是全国总工会的机关宿舍,院子里有一幢两层的小楼,大概是民国时期的建筑。解放初期,"全总"的一些领导同志住在这里,有六七家之多。虽说是小院洋楼,但很多家只占用两三间房子,有些家还要共用卫生间。我记得除了我奶奶杨之华,先后住在这里的有刘宁一、陈少敏、许之桢、栗再温、王亦清等几家。后来,随着工作调动或条件改善,有些人陆续搬走,也有人搬来。我奶奶却一直留在那里。南长街十三号离中山公园很近,公园环境很好,奶奶总舍不得搬到别处。奶奶在这里一直住到"文化大革命"她被拘禁前;失去自由后,她再也没有回到自己的家。临终前的奶奶还在怀念着南长街十三号,她多么想回到自己的家啊!许多年后,我想再去看看自己儿时生活的地方,却发现路西的半条街都已经并入中南海,我曾经的家也消失在灰色的高墙之后。

奶奶住在楼房二层东北角的房间里。那间最大的屋子,就成了她的办公室、卧室兼客厅。靠着窗户,是一个黑色的大办公桌,桌上一盏老式的台灯。淡绿色的柔和灯光透过玻璃灯罩,映出奶奶夜晚工作的身影。她的床距离办公桌不远。北面靠墙有一个黑色书柜,对开的玻璃门。屋子的另一边摆放着沙发茶几,以便招待客人。墙上挂着一些条幅字画,其中有鲁迅先生送给瞿秋白的联句——"人生得一知己足矣,斯世当以同怀视之",有柳亚子先生怀念瞿秋白的诗词,有何香凝、郭沫若、叶圣陶等老前辈的诗作、画作。叶圣陶的诗赞扬了奶奶的革命生涯:"短发春江意激扬,铁窗西域气轩昂。而今霜鬓豪情在,服务劳工未厌忙。"遗憾的是,这些字画大多在"文革"中流失了。楼下原来住着陈少敏同志，后来她搬离了这个大院。奶奶年纪越来越大，上下楼梯越来越吃力，于是就搬到楼下去住了。

平日里，除了听奶奶讲述生平，我也看到她写的一些回忆文章。印象最深的有1950年印的《秋白同志年谱》（未刊）、1953年发表在《党史资料》上的《一个共产党人——瞿秋白》和1958年发表在《红旗飘飘》上的《忆秋白》等几种。繁忙的工作之余，奶奶仍然想把更多的史料留下来。1959年，组织上派洪久成同志协助奶奶继续写作，后来"文革"风暴打断了这一进程，奶奶被迫害致死，洪久成同志也受到牵连。"文革"之后，这本《回忆秋白》只能作为奶奶的遗著（杨之华遗著，洪久成整理）出版了。

从奶奶的回忆中，我很早就知道了大革命、五卅运动、上海三次武装起义、四一二反革命政变、八七会议这些发生在上世纪20年代的历史事件。我也知道了张太雷、邓中夏、苏兆征、向警予、蔡和森、赵世炎、彭湃、罗亦农、恽代英等许多曾和爷爷一起战斗，最后壮烈牺牲的革命先辈的事迹，他们的名字深深地刻在我的心里。

常州是爷爷瞿秋白的老家。常州人民怀念他、敬仰他。解放后,他们希望能够修缮他的故居,修建纪念馆来宣传他的事迹和精神。常州的同志专程来家里和奶奶杨之华谈这件事,奶奶却说:"不要打扰在那里住的老百姓,可以把秋白的故居办成诊所、托儿所或者图书馆,为人民服务。"

奶奶从上世纪20年代起就投身于工人运动,她始终惦念着工人,想着为他们服务,为人民服务。解放后,她在全国妇联和全国总工会工作了很长一段时间,经常下到基层了解工人群众(尤其是女工)的生活、工作情况,对他们嘘寒问暖。当年制定的妇女五十六天产假的法规,就浸透着奶奶的一份心血。

党的八届十中全会召开后,奶奶到中央监察委员会工作,任中央监察委员会候补常委。

工作之余,奶奶杨之华一直在收集整理爷爷的遗物遗稿。建国初期,复印条件不好,奶奶收集到瞿秋白的文章、书籍就请人用复写纸手工抄写或铅字打印,然后装订成册。这样的册子很多,如《中国革命和中国共产党》《中国革命中之争论问题》《中国革命和农民运动的策略》等等，我保留至今；薄薄的纸、蓝蓝的字，带着复写纸特有的味道。

奶奶还整理了《瞿秋白同志著译年表》。她去上海时获悉丁景唐与方行在编《瞿秋白著译系年目录》，非常高兴，回到北京后，她就把自己整理的相关材料寄给他们，并与他们通信。1959年，丁景唐、文操（即方行）所编的《瞿秋白著译系年目录》出版，这本学术专著日后成为海内外学者研究瞿秋白和搜索相关资料的重要参考和工具书。

记得家里有一个绿色保险柜，一人多高。打开厚重的铁门，里面放着两个特制的文件箱，都是樟木质地，两排扁扁的抽屉，非常精致。这是奶奶保存爷爷遗稿的地方。1964年，她把自己收集到的遗稿都交给了中央档案馆，共计一百九十一件。

"文化大革命"中，奶奶杨之华因瞿秋白夫人的身份获罪。1967年5月，八宝山的瞿秋白烈士墓被砸。同年9月，在两万人参加的"打倒大叛徒瞿秋白"的批判大会上，奶奶与罗瑞卿、陆定一、周扬同台，被声讨，被斗争，被殴打。遭受批斗时，奶奶不肯低头,他们就扭住她的手,压住她的头,拽她胸前的像章。斗争会后,一伙人又把她关进小屋子里抽打,竟至十几分钟。她的衣服都被打破了。奶奶高声呼救,解放军闻讯赶来,才将她救出。她的脖子上,手腕上,到处都是被扭打的痕迹。回家后,奶奶躺在床上无法起身。

奶奶去过苏联,又坐过国民党反动派的监狱,于是又被加上"里通外国""苏修特务"和"叛徒"的罪名。当时社会上已经到处是"打倒叛徒×××","打倒走资派×××","打倒特务×××"的大字报、标语口号,我却还认为爷爷瞿秋白是一位革命烈士,因为奶奶从来没有对我讲过爷爷已被打成叛徒的事情。很晚,我才从社会上对此有所了解。

1967年国庆节前夕,造反派扣下了奶奶上天安门观礼的请帖,并且以防止阶级敌人破坏为由,强迫她住进机关,奶奶从此再也不能回家了。我们能见到奶奶的机会越来越少。1968年5月7日,中央监委机关革委会写报告要求把奶奶送卫戍区监护。报告称:杨之华是新疆监狱叛徒集团的骨干之一,是老牌的苏修特务,是刘少奇叛徒内奸集团的重要成员。5月9日,时任组织部部长的郭玉峰审阅同意了这一报告,并转康生批示。5月14日,经批准,奶奶被押送至卫戍区监护。

所谓的"新疆监狱叛徒集团",是林彪集团、"四人帮"、康生一伙在"文化大革命"中炮制的一起重大冤案。1942年,反动军阀盛世才撕破伪装,将在新疆工作的一百多名共产党员和他们的家属投入监狱。这一百多人中,有我党从延安派至新疆工作的同志;有遵照党的指示在新疆学习航空的同志,他们是经过长征的红军战士;有从延安前往苏联治病疗伤的残疾军人,也有从苏联回延安参加工作路经新疆的同志,我奶奶和我妈妈就在其中。敌人对狱中的共产党人和革命群众残酷迫害,他们将莫须有的罪名强加在共产党人头上。而我们的前辈与敌人进行了坚决的不屈不挠的斗争,陈潭秋、毛泽民、林基路为革命洒尽了最后一滴血。四年后,经党中央营救,狱中一百三十一位同志终于集体出狱,历经千辛万苦,回到了延安。这些同志此后在各自的岗位上为革命做出了重要贡献。然而,"文革"中,这批久经考验的共产党人却被打成叛徒，受尽折磨。我的奶奶杨之华和马明方等二十几位同志含冤而死。

奶奶就这样被"监护"了。直至1973年她病重，五年多时间里我们都无法见到她。1967年底，我去内蒙插队，想和被监护在不知何处的奶奶告别，未能获准。一年之后，我从内蒙转到河南插队，借道北京，在自己"家"中小住，马上被人监视、围批，他们告知我既已插队，不得再回京逗留。奶奶和妈妈两个单位的人也闻讯赶来，联合抄家，我亦就此被扫地出门。家中除少数锅碗瓢盆外，所有物品，尤其是文字材料，被悉数抄走。

在河南农村我插了几年队，我们插队的村子是自己找的，不属于知青办管理的知青点，所以我们在公社申请插队时，就如实报告了家庭情况。村里的老乡并不知道也不关心我的爷爷、奶奶是谁。1972年，大学开始招收工农兵学员，因为我们在村子里比较能吃苦，老乡极力推荐我作为工农兵学员上大学。不料，大学里负责招生的军宣队对此非常不满，因为我爷爷、奶奶的缘故，我被视为可教育子女，即黑帮子女。他们说："你们怎么能推荐这么一个人？她家里是这样的情况，你们怎么能推荐她上大学呢？"然而，县里的态度非常坚决，认为我在农村干得很好，贫下中农对我的反映都很不错。可大学军宣队还是不同意。县文化教育组一位姓姚的同志见状说："她表现好，贫下中农推荐，她在我们县的名单里排名第一，你们要是不让她去，别人也都别去了！"大学军宣队无奈，就让地方支左的部队同志表态，结果地方部队同志也支持县文化教育组的意见，坚决推荐我上大学。后来，我进了大学，学校军宣队的人还特地跑到我的宿舍看了一看。推荐我上学的事情，是我毕业后才知道的。我非常感谢县文化教育组的同志和地方部队的同志。他们与我素不相识，彼此至今也从未见过面，在那样的政治环境下，鼎力推荐我这样一个"可教育"子女，需要怎样的勇气！我写出这件往事，不仅仅为了感谢这些同志，更是要对这些同志在特殊年代坚持原则、公正无私的精神表示深深的敬意。

1972年底，听说有些被监护的人已经能够同家属见面，我们就写信要求看望我的奶奶杨之华。1月初，专案组拿来一封奶奶从里面写给妈妈的亲笔信。信里要我们帮她找药,并且说:"我的血压高和心脏病是最近两年才发生,尚可治疗,请勿念。常想念女女和毛毛。要坚决相信党会正确处理我的问题的。希望你们多学习马列主义和毛主席的著作,并按马列主义立场观点办事。"

这么多年过去了,我们第一次知道奶奶还活着!信是一个月前写的,右上角有一个编号。信里提到的女女就是我;毛毛是奶奶的妹妹杨之英的女儿吴幼英,她从上中学时起就和我们生活在一起了。

1973年春节,在专案组"陪同"下,我和毛毛一起来到三〇九医院。那天天气很晴朗,似乎刚下过雪。我们被引进一间办公室,房间里有两张拼在一起的桌子和几把椅子。过了一会儿,奶奶就被人带了进来。她穿着一身病员的衣服,端着一杯水,慢慢地走近我们。大概是因为被监禁多年,与世隔绝,她步履迟缓,目光显得有些呆滞。直到走到我们面前,她的双眼才放出光芒,喜悦地喊了一声:"女女!毛毛!"她上下端详着我们,坐下来与我们说话。

交谈中，专案组的周良、蔡某一直在旁边监视。我们告诉了奶奶这些年各自的情况：我、毛毛、妈妈、太太（奶奶的母亲，已经九十多岁了）、阿姨，如何如何，报喜不报忧。奶奶说她是几天前才转到这个医院的，这里的医生对她很好。1970年，她曾大病一场，高烧39.5度，胆结石，被送进了三〇一医院，准备接受手术。那时，她以为永远见不到我们了。后来，医生考虑她已七十高龄，年迈体虚，采用了保守疗法。就这样，她才活了下来。

奶奶询问专案组的人，什么时候能给她做结论，什么时候能让她出去。她说："不需要那么多人'照顾'我。每天五六个战士轮流看着我，很浪费人。"她又转向我们："他们怕我自杀，把什么都收走了。其实这真是多余的。"说着，她很鄙夷不屑地笑了笑："我还能工作，还要为人民服务。我年纪大了，出来以后不能做重要的工作，可以办托儿所，照看孩子们。"

就在这次会面后，奶奶又病了。她在给妈妈的第二封信中写道：

女女走后就开始发烧，昨天才开始正常，还继续打针吃药。医院对我尽了一切力量，我还是与从前一样坚信在党和毛主席及基层组织的支持下病是会好的，我还是渴望能为党为人民工作到最后。但过去不从理论（马克思主义、毛泽东思想）方面着重，而从感情上是很不够的。由于我的教训，你和女女，同样对毛毛，希望从马列主义毛主席的言论上用功。你身体不好，也要每天学习一点积少成多，这样才能跟上形势，按毛主席的路线方针政策办事。要女女不要自满，孩子是有希望的，大家能为人民服务，全家就高兴。她送给我的书，我已经读了一半，结合马列书读的。她送我的字典也很得用。祝你愉快！我的病一定会好。

5月，我再次前往三〇九医院看望奶奶。专案组蔡某直接带我到肺结核区病区。进了奶奶的病房，见她坐在床上，行动虽迟缓，但精神还好。她告诉我，上次我们走后，她就生了病，可能是肺炎，两个月卧床不起，医院把她转到了肺结核病区。多亏全力抢救，她才活了下来。又看到我，她很高兴。她想试着下床走路，说着就扶着床边要下来。然而，这对她显然是很吃力的动作，在我劝阻下，她才又在床边坐下。

蔡某出去时，我问奶奶："他们审查你什么问题？"她坚定地回答："我没有问题！"我问："新疆监狱问题是怎么回事儿？"她立即斩钉截铁地说："新疆监狱没有问题，我们在新疆监狱和敌人进行了坚决的斗争。我们没有叛变，他们可以去查当时的审讯记录嘛！"她的目光那样坚定，没有一丝一毫的犹豫。

8月，我又被批准看望奶奶，而此时却被告知，她已经转到了复兴医院，并且身体不太好，性情急躁。复兴医院那时又是公安医院，犯人看病、住院都在那里。因为有了这一批"高级政治犯"，1973年初，就在原来复兴医院住院处的尽头又接着盖了一幢楼。楼房共三层，门口和每层楼的入口都有军人把守。一楼是办公用房，其中有一小间专做"会见室"，家属不能到犯人病房里去。楼上关犯人，犯人单独囚禁，每人一屋，洗手池和马桶均在屋内。房门中间专设一监视孔。为了犯人的"安全"，窗子上都有铁栏杆，窗户全是毛玻璃，又是横向开关；即使完全打开，犯人看到的也只是刺眼的阳光，看不到外面的景物，更不要说看到人。就是这样，窗子的插销也装在外面，只能由看守打开。我见到奶奶时，她是被人用轮椅推来的。仅仅三月不见，她已经半身瘫痪了！她看到周良就问："什么时候给我做结论？什么时候让我出去？我不能死在这里！我知道这是什么地方，我死在这里不符合党的政策！""我给毛主席党中央写的信，你们给我转了吗？"周良重复着"不要着急，组织上会做结论"的烂调。奶奶愤怒不已："党章规定，党员有权向中央写信申诉，向毛主席、向党中央写信！"周良冷冷地笑道："中央很忙，就是转上去，他们也没时间看！"奶奶还是一再追问她写的信是否转递给中央，周百般推诿，最后只得说："你可以再写嘛！"

奶奶向我讲述了她这几个月的情况。上次（5月初）相见，她的病情略有好转，但很不稳定。5月底、6月初，又有感冒的症状，可专案组突然通知她说病已经好了，让她出院，回到了"机关"。第二天，她开始发烧，第三天就被送进了这个医院，这里的看守把她当作敌人看待。她已经瘫痪不能下床了，也无人照顾，经常连水都喝不上，喊也喊不应人，最后连喊的力量也没有了。为了表示抗议，奶奶就用筷子敲碗，结果横遭训斥，之后，她就更受虐待了。

周良出去时，奶奶急切地问我："女女，你有没有办法把信转上去，转给毛主席、周总理？快想办法让我出去，我不能死在这里！"我有什么办法啊！到哪里去讲理，到哪里去申冤啊！我心里明白，那些人是绝不会轻易放过奶奶的，他们不敢直接杀死她，就把她关死、折磨死。可是，我无法告诉奶奶我内心真实的想法。她的身体如此虚弱，她如此向往自由的生活；她受尽折磨，她多么需要亲人的安慰和照顾啊！然而，这一切，我都不能办到！我只好宽慰她："奶奶，你不要着急，我们一定想办法。你现在最重要的是治病，一定要坚持下去。"奶奶立刻问："坚持多长时间？"她恨不得马上就出去！我知道，她虽然无罪，却被判终身监禁。我只得说："坚持一年吧。"听罢，她摇了摇头："我恐怕只有半年了。"我强忍泪水，一再劝她坚持，她又说："我恐怕只有三个月了。"

9月，学校开学，我离京返校上课。妈妈终于获准与奶奶见面。从9月初到10月初，在专案组的"陪同"下，她们一共见了四次面。10月14日，妈妈打电报要我回家，同时电告姨婆杨之英。我马上从学校赶回北京。妈妈告诉我："医生说奶奶只有一个星期的生命了。"

10月17日下午，天气是阴沉的。我们接到通知：组织上已经同意解除对奶奶的"监护"。中央专案组、卫戍区、组织部专案组和我们家属一起到复兴医院接奶奶，将她转至北大医院骨科。在复兴医院，等了很久，才等到一辆灰色的救护车，车上顶着一个模模糊糊的红十字。我们越过几道警卫，走进奶奶的病房，室内依然很乱。中央专案组赵某向奶奶宣布：解除监护，转院治疗，结论以后再做。奶奶说："我相信党会给我作出正确结论的。"她又问蔡某："我交的党费收据呢？"蔡慌忙点头："以后再说吧。"奶奶又对我说："别忘了拿上我的报纸，那是我这几年收集整理的。"

奶奶杨之华的脊椎已经完全被癌细胞侵蚀了，稍一移动身体，就会直接触动中枢神经，引起巨大疼痛。这一次，几个人用床单把她兜住，抬上担架。移动时，她疼得面色苍白，眼珠往上翻，有如万箭穿心，不由得喊了一声。这一声，对她，对我们，都是痛彻心肺的。奶奶是那样坚强，这是我们听到她的唯一呼喊。

救护车开到北大医院，没有单独的病房，奶奶被安排和另外三个病人住在一起。北大医院对此表示歉意。奶奶很疲劳，但也很高兴,这是她除了专案组和家属之外,几年来头一次见到别的人!她对医生说:"这里很好,我和其他病人在一起很高兴。"她还同病友拉了几句家常。毛毛、姨婆杨之英、杨之英的儿子美成都来看望她。姨婆见到她就哭了,她劝姨婆不要哭,还问了太太的身体情况。多少年的折磨,加上一天的劳累,奶奶身体非常虚弱,说话很是吃力。

10月18日,转院之后,专案组却不让转病人病历,以致医生无法给奶奶治疗。奶奶身体虚弱,感觉自己全身发热,出虚汗,言语困难。妈妈、我、毛毛、姨婆、美成几个人轮流看护她,我们也不忍和她多说话,只想让她好好休息。

10月19日上午,奶奶病危,经输血抢救,下午一时许,她渐渐苏醒。王以明,胡愈之、沈兹九夫妇,王蕴如几位朋友来医院看望她。奶奶见到故人非常兴奋,一直在讲话,讲到白区的斗争,讲到同鲁迅的友谊,讲到她自己在"里面"所作的诗。他们走后,奶奶非常疲劳,病情再次转危。晚上十点,在我们的要求下,中央专案组赵某前来,问奶奶有什么要求。奶奶艰难地说:"要求有正确结论……想回家……要加强对战士的政策教育。"她的声音当时已十分微弱，断断续续。专案组走以后，奶奶的精力也消耗殆尽。10月20日凌晨三时，杨之华的心脏停止跳动，含冤离世。

奶奶去世后，我们才看到了这封她写给毛主席的信：

> 在我身上有好几种疾病，因年老体弱不能动手术，两个月住院以来有好转，但经不起长期闭门关押。要求主席帮助我解决问题。关押五六年，具体情况以后与领导者见面时详说。实际上当时送我进专政机关是一种逮捕性质，一直把我当"反革命""囚犯"压管，连大小便都不自由，弄得狼狈不堪。就是目前在医院治疗，专设五个战士日夜不停地轮流管押，甚至每天有一小时的所谓"狱犯放风"。战士们日夜不能睡够。把最可敬的解放军战士的精力浪费在一个不是囚犯——我的身上，其中误会的事情数不清。究竟为了什么？不关押我，我决不会做坏事，过去、现在和将来。关押我不管时间多长，"坏人"的帽子多高。我也不会变坏。
>
> 这里我提出不够成熟的意见，审查干部与已定性的坏人

该有区别。两种不同性质的矛盾不能混淆。这是根据主席的路线方针提出来的问题，请主席和中央领导同志注意到这方面。从我切身体会，在这样一个大国，学好马列主义和毛泽东思想，并在实际工作中贯彻执行好是极不容易的事，对人对事得到正确认识要经过一定过程……要敢于排除各种干扰毛主席正确路线的贯彻。否则不仅伤碍好人，不利于党，在客观上有可能助长坏人起挑拨离间作用。在我犯错误的总结中，越受挫折越爱护党，爱护毛主席。

我虽已七十三岁，但我还有为人民服务的朝气，不求任何名誉地位，要尽到为国内外无产阶级革命服务，直到晚年寿终为止。

这就是一个1924年入党的老共产党员的心声！

二

我从小在奶奶杨之华身边长大，她的音容笑貌，我梦萦魂牵；

她对我的关爱与教诲，我永远难忘。她在"文革"中被迫害致死的惨剧，是我心中永远的痛。我一直心怀念想：退休之后，要把爷爷、奶奶的遗物仔细整理一下，作为纪念。

本书收集的，就是整理的一些结果。书名定为《秋之白华——杨之华珍藏的瞿秋白》。书中有爷爷瞿秋白、奶奶杨之华的照片、家信，有经瞿秋白修改的杨之华的著作、译作，还有瞿秋白牺牲后杨之华所写的诗歌和短文。这些奶奶杨之华生前珍藏、历经劫难幸存下来照片、书信、文稿，记录了瞿秋白与杨之华之间的最深沉的、刻骨铭心的情感。

何谓"秋之白华"？爷爷在同奶奶结婚的时候，曾送给她一枚金别针，上面刻着："赠我生命的伴侣"的字样。这枚金别针，如今还保存在常州博物馆里。爷爷还亲自刻了一枚印章，把他自己的名字"秋白"和奶奶的名字"之华"融为一体，成为你中有我、我中有你的"秋之白华"。这枚印章后来不知流落何处，但"秋之白华"的称谓却在那一代他们的同志、朋友间传颂。聂荣臻元帅曾告诉我的妈妈瞿独伊：他们给瞿秋白、杨之华写信，抬头就用"秋之白华"。现在，家里还珍藏着一封信，那是奶奶的挚友张琴秋同志1929年写给瞿秋白、杨之华的，信的抬头书写的也是"秋之白华"。

1928年，爷爷、奶奶赴苏联参加在莫斯科召开的中国共产党第六次代表大会和共产国际第六次代表大会，会后一道前往南俄参观，在那里留下了几张照片。后来，他们将其中的一张合影送给周恩来和邓颖超，照片的背面写着"亲爱的恩来、小超同志惠存"，落款亦为"秋之白华"。

书中所收录的瞿秋白家信有两部分，一部分是1923年底1924年初瞿秋白与王剑虹的往来信件，一部分是1929年瞿秋白写给杨之华的书信，这次全部发表，共计五十封，相当部分是首次公开。

瞿秋白致王剑虹的书信现存最早的一封写于1923年12月，"我是江南第一燕，为衔春色上云梢"的名句即源于此信。1924年1月初，瞿秋白离别新婚的妻子王剑虹，自上海乘船赴广州筹备国民党一大，2月初返沪。在此期间，就有了他们的"两地书"。1924年7月，王剑虹不幸病逝。瞿秋白与王剑虹的往来信件展现了那一代进步青年和年轻的革命者们对于社会责任、革命事业和爱情的思考和探索。

奶奶杨之华非常珍视这些信件,将这些信连同瞿秋白写给她自己的信放在一起,悉心收藏。这批信件虽历经危难,还是得以保存至今。奶奶说:"我为什么把秋白与已故爱人的书信也放在一起呢?……因为她是我爱人的爱人。我的性情,凡是秋白友好朋友,我都能出于本能的发生好感而尊重。"爷爷瞿秋白牺牲后,她又写道:"我现在在无限的痛苦中,回忆着她和他的生前事,读着她和他生前的日记和书信,这都是现实生活的过去,这都是爱之诗意,也都是思想之谜语。他俩的结合虽仅半年,然而半年的甜苦滋味在遗笔中——存在着。我含泪提笔将它一字不改的照原文录下,以做纪念。"

1927年,蒋介石、汪精卫相继背叛革命,大开杀戒,无数共产党人和革命群众倒在血泊之中。在中国革命最危急的关头,瞿秋白与他的同志们奋起抗争。他主持中共中央工作,确定土地革命和武装反抗国民党反动统治的总方针,主持中央八七紧急会议,参与决定南昌、秋收和广州三大起义。1928年6月,瞿秋白与杨之华一道在莫斯科参加中共六大，还在六大上做了政治报告。六大之后，米夫、王明势力渐起，对瞿秋白残酷打击。他重病在身。1929年2月，共产国际送瞿秋白去库尔斯克洲利哥夫县玛丽诺疗养院治病休养。此时，瞿秋白身心交瘁，在信中有这样的表达：

> 最近半年是什么时候？是我俩的生命领受到极繁重极艰苦的试验。我的心灵与精力所负担的重任，压迫着我俩的生命，虽然久经磨练的心灵，也不得不发生因疲惫不胜而起呻吟而失常态。

> 稍稍休息几天之后，这种有力的爱，这整个的爱的生命，立刻又开始灌溉他自己，开始萌着新春的花朵……极巨大的历史的机器，阶级斗争的机器之中，我们只是琐小的机械，但是这些琐小的我们，如果都是互相融合着，忘记一切忧疑和利害，那时，这整个的巨大的机器是开足了马力的前进，前进，转动，转动。——这个伟大的力量是无敌的。

读着他的书信，我们仿佛能听到瞿秋白和杨之华的对话，能触摸到他们的脉搏。他们的爱，那样自然而然地流淌，那样炽热，那样纯洁。尽管离别的愁苦、无尽的思念与爱相伴而生，但爱的力量、信仰的力量，使他们无比坚强！

这些书信是怎样保存下来的，奶奶杨之华并未同我讲过，我也不得而知。从上世纪20年代，她和爷爷瞿秋白一起，经历了如火如荼的大革命，经历了血雨腥风的白色恐怖，经历了国民党反动派的追捕，经历了远赴异国他乡的艰危。爷爷牺牲后，经组织安排，奶奶杨之华再赴苏联。回国赴延安途中，她又遭新疆军阀盛世才逮捕，身陷囹圄四载，后经党中央营救，才回到延安。几十年间，她是如何珍藏着这些信啊！方行同志1983年的发表的《回忆杨大姐》一文中，提到了一段历史：

> 关于秋白同志遗著要继续收集的事，你（指杨之华）说党中央很重视这项工作，现在天亮了，很多同志都关心这件事，我们大家来努力吧。……后来你来沪时，几乎每次都来看我。你从苏联取回了秋白同志的遗札，就带给我看，我看到他好多信的字里行间对独伊充满了热爱，还附有感人至深的诗……

不幸的是，这些信件与其它文字材料，在"文革"中被悉数抄走。打倒四人帮后，瞿秋白得以平反，单位归还的抄家物品中也包括了这些信件。它们经过如此劫难，曾在何时何地被何人过手，是否因此而被损坏，被遗失，却再也无从得知了。

我曾为是否发表这些书信颇费思量。起初，我是不愿将它们面世的，因为这是老辈的私人信件，是他们的私人物品，应该受到尊重和保护。信中流露了他们夫妻之间最亲密、最坦诚的思想与感情，他们心灵的沟通、他们情感的交融……发表与否，本应由当事人决定。但是，他们都早已离我而去。我常常在心中探问："奶奶，您愿意让我发表这些您珍视的信吗？"现在这件事，似乎只能由我们后人来做决定了。

"文革"前，奶奶曾在《忆秋白》中引用了信中的片段。"文革"中"讨瞿战报"之类出版物，刊登过这些信件的部分照片，伴着批判与漫骂，披露了信件的部分内容。上世纪80、90年代，《瞿秋白文集》（十四卷本）出版，选登了四封瞿秋白写给杨之华的信，三封收录在"政治理论编"，一封收录在"文学编"。"文集"依据的是奶奶"文革"前所做的抄件。在我妈妈瞿独伊的回忆文章里，也发表了瞿秋白写给她的信，有的还随附了原信的影印件。不少纪念文章、传记、书刊和画册里也引用了一些信件的片段；这些片段，有些是准确的，也有很多是不准确、不完全的，有些查不到引文的源出处。鉴于此，我想，我还是有责任把原信整理发表，给后人留一份真实、完整、准确的史料。

此次发表的书信，严格按照原信核对过，保留了原貌，个别字迹不清存疑处，均以特殊符号标出。为了便于读者理解，还加了必要的注释。

在奶奶杨之华的铁皮柜里，有一些黑色漆面的软皮本，封面有暗花，它们是上世纪20、30年代瞿秋白、杨之华写作时常用的练习本。练习本的封面上，有时还会贴上白色的标签，注明这个集子的名字：如《茂名集》《英雄死后》《隔离》等。1964年，奶奶把收集到的爷爷的手稿交给了中央档案馆，《茂名集》《英雄死后》亦在其中。家里只留下了练习本封面的照片。

《隔离》是奶奶所写的短篇小说，小说再现了上世纪20年代工人的悲惨生活，也描述了他们在五卅运动、上海工人武装起义、四一二大屠杀等一系列重大历史事件中的经历。文稿写在黑皮本上。黑皮本共有四册，封面上贴着标签，两本《隔离》，两本《隔离抄本》，并各有序号（一）、（二）。初稿的题目是《隔离》，文稿是完整的，瞿秋白在这一稿中的修改字迹清晰可见。二稿更名为《阿毛》（阿毛系小说中的女主人公），内容也有增删，未完，不知是否系爷爷赴苏区之前的讨论稿。为保存史料，本书将两稿一并刊出。

在《隔离抄本（一）》的扉页上，奶奶悲痛地陈诉：

> 我的心爱的人！你永别了我，永别了大众，然而你永远的在我和大众的怀抱里，我们一点不放松的拥抱着你的……
>
> 这篇《隔离》开始写的时候，还在你的病态的前面，再也想不到我誊清这篇《隔离》，你已经看不见了。如果不是为着纪念你，我哪还有心绪来写完它。

黑皮本中，除了小说《隔离》之外，还有奶奶的几篇文稿。这是爷爷牺牲后奶奶的回忆与倾诉。它们流淌着杨之华无尽的哀伤、思念、痛苦和对敌人的愤怒。杨之华的思绪似乎在不时地跳跃，有时在同一篇文稿中，她的笔触也会从抒写痛失亲人的哀伤跳转到描述敌人残害红军战士的惨烈场景。有些文稿没有写完，她或许仍在思索，或许因痛苦而戛然而止。有时，奶奶像演说似地表明自己对于爱情与革命、感情与理智的理解，也批评了禁止恋爱和放任爱情的两种相反的极端倾向。有时，杨之华又陷入了沉思，回想起她与瞿秋白第一次深谈的每一个细节，或是瞿秋白的母亲被迫自杀的惨状。在文稿中，杨之华还摘引了一首题为《从死神的怀抱里》的诗，那是瞿秋白在1925年生日当天写下的。诗中有一句这样写道："万千群众的求生，却成就了我的求死。"奶奶联想着爷爷的身世，用爷爷的诗和文展现着他的心路历程。

在文稿中，奶奶也追溯了自己年轻时的经历。她写到《星期评论社》，写到上海大学，写到与前夫婚后生活中的遭际，写到她和王剑虹的相识与接触。她将自己对瞿秋白的无限深爱、不尽思念都毫无掩藏地呈现了出来。

在一些散页上，还留下了奶奶纪念爷爷的几首诗。它们有的已不完整，只余残篇。杨之华不是诗人，她保存的也不仅是这如诉如泣的诗句，而是爷爷的"心影"。

在瞿秋白、杨之华的遗物中,还有一本自制的小册子——灰褐色的封皮,里面的纸张也已经非常陈旧。纸上有两种字迹,奶奶杨之华用变色铅笔写的字迹随着岁月的磨洗渐渐褪去,爷爷瞿秋白用钢笔修改的字迹却依然清晰可见。这就是奶奶保存的小说《八月四日晚上》的译稿。译者署名"文尹"。1935年9月,它在左联后期刊物《文艺群众》发表,刊出的文章与手稿有细微的差别,似为编辑修改。本书是按照最后发表的版本排印的。

在封面标题之下,奶奶这样介绍这篇文章:

> 这是一个苏联作家描写中国1927年武汉革命阵营中,国共统一战线发生问题时的政策思想情况。作者是亲自参加大革命的顾问。

该文聚焦于大革命时代的土地问题和农民革命。白天,国民党官员在土地委员会上的高谈阔论,与夜色中城市苦力和农民的悲惨挣扎,形成强烈反差对比。当年农民运动的轰轰烈烈与国民党高官的仇视咒骂,也发人深省。

瞿秋白对农民问题一直关注,对彭湃、毛泽东领导的农民运动始终支持。1927年,毛泽东所写的《湖南农民运动考察报告》在党的机关报《向导》上发表一部分后,就被停止继续刊载了。为了支持毛泽东,爷爷想办法为这篇报告出了单行本,书名是《湖南农民运动(一)》,他还专门给这本小册子写了序言。

> 中国农民要的是政权,是土地。……中国革命家都要代表三万万九千万农民说话做事,到战线去奋斗,毛泽东不过开始罢了。中国的革命者个个都应该读一读毛泽东这本书,和读彭湃的《海丰农民运动》一样。

奶奶在《回忆秋白》一文中这样描述:

> (秋白)一九三二年春在上海得到一本苏联朋友写的叫作《中国故事》的俄文书时,非常高兴。他特别喜欢其中《八月四日夜晚》这一节。这是描写武汉国民党的土地委员会开会的情况的,揭露了汪精卫叛变前武汉那一伙国民党要人在农民革命运动面前暴露出来的丑恶嘴脸。由于作者是亲历其境的,所以写得活龙活现。
>
> 秋白很珍惜这本书。我们当时经常要搬家,他总是带着

这本书。书的封面掉了,他就亲自用淡绿色的纸做了一个封面,在上面端正地用拉丁字母写着《中国故事》的书名。他向我赞扬这本书说:"故事是真实的,人物刻划得很深刻,描写得很生动。这不只是苏联朋友写得好,主要是我们农民兄弟干得好!"他鼓励我翻译这本书,帮助我学习俄文。我知道他最喜欢《八月四日夜晚》这一节,就先译了这一部分,书中提到的"领袖""主席""理论家"等,秋白说明了他们的真实姓名。我译好后,秋白逐字逐句作了校改,在我用变色铅笔写的译稿上,很多地方留着他端正的钢笔字,至今仍然很清晰。当我一次又一次地读着这本译稿时,在字里行间,就一次又一次地显现出秋白当时欣赏这本书时的笑容,痛恨和鄙视那些坏蛋时的愤怒,赞颂农民群众英勇斗争时的兴奋。

在译稿中,我们可以清楚地看到瞿秋白所做的修改。如杨之华原译孙中山,瞿秋白将其改为"孙亚脱森";杨之华原译《民国日报》,瞿秋白将其改为《命锅日报》,还加上拼音文字;蒋介石被改为"姜凯实"。当时瞿秋白、杨之华住在上海,却把译文结尾处的时间、地点写做"一九二七·四·二九·武昌（一九三二·三月译·福州）"。这些恐怕都是他们迷惑敌人、打破国民党封锁禁锢的斗争策略吧。白色恐怖下的环境是那样恶劣，1935这篇译文发表时，爷爷瞿秋白已经被敌人杀害了。

这篇译文也显现了瞿秋白对文字改革的兴趣。其中有好几处拼音文字出现，并以汉字加注，这也是他使用拼音文字的一次实践。瞿秋白深感劳苦大众识汉字不易，一直在探索使用拼音文字表达汉字发音的方式、方法。1929年，瞿秋白在苏联作《中国拉丁化的字母》；1930年，该书在莫斯科出版；1932年，他又作《新中国文草案》，系统地提出了自己的方案。这些著作，都是中国文字改革、汉语拼音最早的研究成果之一。他还曾与俄国汉学家郭质生通信就此讨论。这些信件和小册子《中国拉丁化的字母》的原件至今留存，其内容读者则可以在《瞿秋白文集（文学编）》第三卷中看到。

另外还有一本小册子，是用红线把十几页对折的白纸缝在一起自制而成，封面上的题目是《血》，本子里面是奶奶杨之华的笔迹，已经誊写得比较整洁，偶尔有几处爷爷修改的痕迹。没有标明写作时间。

《血》描写了一群搬运工人为谋生计到码头出卖苦力，希望以加倍的劳动换取额外的收入。他们没有料到，码头的官吏为掩盖倒卖军米的罪行，勾结警察，诬陷、毒打、逮捕工人。主人公吕步人最后和其他工人一起，被押解上火车，而他的妻子，却被火车碾压，血溅铁路。

《豆腐阿姐》是奶奶杨之华在1932年以"一·二八"淞沪抗战为背景所写的短篇小说，当年5月发表在丁玲主编的《北斗》杂志上，署名"文君"。

豆腐阿姐是一个年轻的丝厂女工，丈夫阿明也是一名工人，带着十几岁的女儿和四个月大的儿子，在饥饿、贫穷、困苦中挣扎。日本人在上海挑衅，战事突发，万千老百姓在炮火硝烟中逃难，流离失所，家破人亡。豆腐阿姐也惨遭厄运。她亲眼目睹了丈夫、儿子惨死在日本鬼子刀枪之下的惨状，昏死过去后，又遭日本鬼子轮奸，最终被逼疯致死。

奶奶杨之华这样回忆爷爷瞿秋白对她在恶劣的环境下写作的鼓励：

在那些艰险的日子里，秋白一直循循善诱地鼓励我自己读书，学俄文，把熟悉的工人的斗争生活学着写短篇小说，学习翻译苏联的革命文学作品，并且热情地给予具体帮助。当我写了题为《豆腐阿姐》的习作时，他由衷高兴，马上帮我修改，并说明所以要修改的道理。

在秋白的鼓励下，我写了一篇短篇小说《豆腐阿姐》。秋白很高兴地说："拿去给大先生（爷爷奶奶对鲁迅先生的敬称）看看吧。"我不好意思地说："这样的东西能拿给大先生看吗？而且他又很忙。"秋白说："不要紧，大先生是很乐于帮助人的，特别是对初学写作的青年。"于是，秋白把我的习作拿给鲁迅看了。鲁迅毫不耽搁地给改了错字，在错字旁边，还端正地分别写出楷体和草书字样。鲁迅把稿子送还时，亲自用纸包得方方正正的，用绳子扎得整整齐齐的。

奶奶保存下来的这些与爷爷相关的文字和遗物是他们革命生涯的留痕，是他们爱情信仰的见证，对于后人，更是一笔难以估量的精神财富。今天，我们把它们交给读者，愿它们能带给大家思索和启迪。2019年1月29日，是爷爷瞿秋白一百二十周年诞辰，我们谨以此书表达对他的深切怀念。

最后，感谢张太雷同志的外孙冯海龙将军，是他亲赴俄罗斯国家档案馆，发现了1921年共产国际第三次代表大会上张太雷、俞秀松、瞿秋白和其他代表的合影，这幅照片已在本书中展示。感谢我的中学同学李烨，她以个人所掌握的丰富文史知识，帮助我化解阅读中的难点。感谢中共中央党史研究室一部副主任、研究员李蓉，她向我提供了1926年中央七十七号文件的线索。感谢北京大学中文系教授贺桂梅，经《丁玲传》作者李向东、王增如联系，她向我提供了刊载《八月四日晚上》和《豆腐阿姐》原刊的电子版。感谢丁玲同志之子蒋祖林，他对我们出版这批信件给予了支持和鼓励。感谢杨之英之女吴幼英，她从中学时代就随我的奶奶杨之华生活，一直关注着这些珍贵文献的保存、收藏，此次又帮助我辨析了文稿中上海地区的习惯用语和方言。感谢《新文学史料》主编郭娟，经她和同事们的努力，使得本书部分信件在纪念瞿秋白就义八十周年时得以刊出。感谢人民文学出版社的编辑李丹丹，她校正了信件和文稿中的全部俄文。感谢人民文学出版社的美编刘远，他为本书做了精美的设计。感谢常州瞿秋白纪念馆的同志们，他们为本书提供了部分照片；纪念馆自成立起，经过历任馆长赵庚林、侯涤、时立群和全体工作人员的努力，成为传承秋白精神的家园；每次来到这里，我都能深深感受到家乡人民的亲情、感受到他们对秋白的敬仰和热爱。感谢长汀县委、党史办和长汀瞿秋白纪念馆的同志们，他们邀请我们参加了纪念瞿秋白同志就义八十周年的活动，陪同我们重访了秋白同志当年被捕、囚禁和就义的故址。感谢人民文学出版社现代文学编辑室主任王一珂同志，本书的责任编辑，从最初的策划、沟通，到查阅、扫描资料，以至后来反复细致校阅书稿、精心布置框架结构，他都不遗余力，这一切无不使我们感动。

最后要感谢我的爱人。我们一道整理书稿，讨论、交换意见，他的努力、付出和支持都是不可或缺的。用他的话说，我们是互相默默地站在彼此的身后。

希望大家喜爱、珍视这本书！

2018年夏

秋之白华
Part 1

书信

瞿秋白致杨之华

瞿秋白致王剑虹

王剑虹致瞿秋白

瞿秋白 致 杨之华

1929·2·7

1929·7·15

一九二九年二月,瞿秋白因肺病加重,难以继续工作。共产国际安排他到莫斯科南数百里的库尔斯克州利哥夫县玛丽诺休养所疗养,杨之华留在莫斯科。这里收录的前十九封信,即是瞿秋白在疗养期间的一个多月中写给杨之华的。

第二十封信是一九二九年七月间,瞿秋白代表中国出席反帝国主义准备战争国际代表会议前,于临别之际写给杨之华的。而杨之华七月至八月代表中国出席在苏联海参崴召开的太平洋劳动大会,会议期间两人不能通信,所以这次离别只有这一笺。

1929年2月7日，瞿秋白致杨之华书信手迹

1929年2月7日，瞿秋白致杨之华书信手迹

6　秋之白华

1929年2月7日，瞿秋白致杨之华书信手迹

Моя дорогая Ася,

Посылаю тебе тысячи и тысячи поцелуев! Пиши мне, как ты поживаешь. Помнишь, когда я впервые писал тебе в тетради: "я люблю тебя", ты не сердилась? Помнишь это? А теперь я еще и еще раз пишу: "я люблю тебя".

Буду писать тебе много, много, порусски.

пока досвидания.

Ася

7/II/1929 г.

1929年2月7日，瞿秋白致杨之华书信手迹

1929年3月15日，瞿秋白致杨之华书信手迹

1929年3月15日，瞿秋白致杨之华书信手迹

1929年3月15日，瞿秋白致杨之华书信手迹

1929年7月15日，瞿秋白致杨之华书信手迹

瞿秋白致杨之华信一

1929·2·7

杨之华原注：
一九二九年二月，秋白同志在库尔斯克州力哥夫县"列宁"休养所疗病时写的信。

爱爱：

亲爱爱，一路①只是想着你。风雪的大是我向来没有遇见过的。可是，在冻做一团的时候，呼吸都几乎停止的时候，蜷着坐在马车里，披着毡子，蒙着头的时候——一路一路仿佛做着长梦似的，只是想着你。我的生命之中只有你是我的伴侣——我的生命的伴侣。我回想着在 *Люкс*②，你是怎么样的当心着我。在西伯利亚途中，你是怎样的萦念着我。在上海，去年现在的时候，你是怎样的体贴我……追想着一幕

① 此时，瞿秋白从莫斯科前往库尔斯克州利哥夫县玛丽诺休养所治病休养。
② 俄文，柳克思，莫斯科旅馆名。共产国际在此办公并为来往人员安排住宿，瞿秋白夫妇在莫斯科时也居于此处。

秋之白华

一幕的爱神剧。我吻你,抱你。好爱爱!我是不好,屡屡对你不好!

我只是觉得精力不够了。我只有丝毫的精力支持着自己的躯壳。尤是最近是如此的。世界加在我身上的事务是如此的多。我只是慌乱。我想帮助你学习,可是我能做的是如此之少。我已经是一半废人了。① 我念念只想如何的弄好生活的秩序。念念的想成痴想了。我是在千钧万两的压迫之下。不知是为什么缘故,我心上甚么事都不能认真的想。我的思想是麻木的。我只觉得你是亲人,是我的生命。你可是不能觉得满意。我也知道的。如果我做了你也是一定如此。然而我如何能救我自己呢!我是如此的颓废! 如此的昏沉!

我这次来,主意要真正治病,最后的

① 瞿秋白自指病之严重,他有一叶肺在1921年就已经烂掉了。

尝试。

我要恢复我的生活力量，要爱爱重新见着活泼的热烈的哥哥，要工作。

爱爱，你自己珍重着，学习不要性急。<u>每天要多睡些时间</u>[1]。每天念着书，想想我的话。学习是如此的，不好性急的。每天只要能记着几个字，几句文法的句调，温着变法的表，——两三月之后自然有大进步的。如此的前途，你在一年半之后，一定可以自由看书的。那时，你已经可以帮着做不少工作了。好爱爱，亲爱爱，吻你万遍。

独伊[2]，可爱的独伊，替我问她好。

此地的路程，真是困难。我是四日动身，五日早九时便到了 Курск[3]。在车站上等车等到晚上五点半。再走了三个钟头到夜里九时，才到 Колонтаевка[4] 站。从

[1] 下划线系写信者所加。下同。
[2] 瞿独伊，瞿秋白、杨之华之女。原名沈晓光，1921年11月生，母亲杨之华，生父沈剑龙。1924年，杨之华与沈剑龙离婚，同瞿秋白结婚。1925年春，瞿独伊被母亲杨之华接到上海与瞿秋白一起生活。瞿秋白视瞿独伊为己出，对其爱护有加。1928年，瞿独伊随参加中国共产党第六次全国代表大会的杨之华赴苏，在莫斯科见到先期抵达的瞿秋白。六大之后，瞿独伊入国际儿童院。
[3] 俄文，库尔斯克，地名。
[4] 俄文，柯隆塔叶夫卡，车站名。

秋之白华

这车站坐马车（*Сани*[1]）——滑冰的冰橇，一直走到夜十二时方到休养院（名列宁，旧名 *Марьино*[2]）。这三小时的风雪，使我冻得一路颤得几乎晕过去。冷死呵。幸而到了就洗了热水浴。昨天一天人不好过，躺着。故此没有写信。

此地的饭食还好，比南俄好些，可是口味不对，也无办法了。

好爱爱，亲爱爱，我又想见着你了，我又想回家了。寂寞得不了。此地是不能做什么事；书，我也还不想看。心绪坏极了！

好爱爱，吻你万遍，<u>望你信来</u>。倦了，腰痛了，下次再写罢。梦中去见你！

你的哥哥
二月七日

---

[1] 俄文，意为雪橇。
[2] 俄文，玛丽诺，休养院名。

瞿秋白致杨之华信二
1929·2·7

Моя дорогая Аня[1]

Посылаю тебе тысячи и тысячи поцелуев!

Пиши мне, как ты поживаешь. Помнишь, когда я впервые писал тебе в тетради: "Я люблю тебя."

我的亲爱的爱爱：

Ты не сердилась? Помнишь это? И теперь я ещё и ещё раз пишу: "Я люблю тебя."

我送给你几千又几千的吻！请你写给我你怎样过活。记得吗？我第一次写给你在钞本上"我爱你"，你没有生气？记得这个吗？

Буду писать тебе понемногу по-русски.

而现在我再又再一次写："<u>我爱你</u>。"

Пока до свидания.

我将写给你稍稍俄文

暂时再见

Аго

阿哥

7/II/1929 г.[2]

① 这封信是瞿秋白用俄文写给杨之华的，原信在每个俄文单词或词组下，都有直接翻译的中文字词。这里分别展示了俄文信和用直译的字词连接而成的中文信，但不再显示俄文、中文字词一一对应的关系。读者可以参看插页中的原信影印件。

② 即1929年2月7日。俄文，год 的缩写，意为年。

瞿秋白致杨之华信三

1929·2·14

小独伊：

你会写信了，—— 我非常之高兴。你不病，我欢喜了。我很念着你。我的病快要好，过三个星期我要回莫斯科，那时要看你，一定来看你。我的小独伊。再见再见。

好爸爸（*Xo Ilana*）[1]
二月十四日

杨之华原注：
当时秋白同志的通讯处，也就是他当时住的疗养所的地方和名称：库尔兹克州力哥夫县依万诺瓦列宁休养所（过去马林诺休养所）斯特拉霍夫同志收。

[1] 俄文，意为好爸爸。

爱爱：

此地通信处有简单的写法：

Льговск. Уезд Курской Губ. [1]

Ивановское [2]

Дом отдыха "Марьино" [3]

Тов. Страхову [4]

画不像了

① 俄文，库尔斯克州力哥夫县。
② 俄文，伊万诺瓦。
③ 俄文，玛丽诺疗养院。
④ 俄文，斯特拉霍夫同志。

瞿秋白致杨之华信四

1929·2·20

亲爱爱：

今天又接到你两封信，我是如何的兴奋。总共已经接到你八封信了。爱爱的语句，一字一点都含着浓厚的爱液，喝着它[1]是不能不醉，自然而然的溶化在相思和相望之中，醉陶陶的滋味是天下无两的。

莫斯科的消息和新闻却也很有趣的。

我昨天已写信给你，说起再续两星期的休养，医生如此的说，我想只有如此办法罢。我虽然休息了两星期，但是情绪始终不太好，没有多大兴致管事。至盼回莫[2]后，再休养两三个月，不知道办得到否，恐怕

---

[1] 由于时代原因，瞿秋白、杨之华、王剑虹行文以"他"或"牠"指代人以外的事物。书中此类情况统改为"它"。下同。

[2] 莫，信中指莫斯科。下同。

是很难的，也许用不着。

此地天气一天天和暖起来。我每天逛着，偶然打些乒乓，运动运动，完全是休息的。看报是看报，不过不十分注意罢了。

爸爸妈妈①处请你去问好，我一直想写信，却没有动笔，懒得很。

看了小说，已经有些兴趣，这是比以前好得些了。*Горький*②描写流氓人才真是描写得好；中国的社会生活之中，最近十年不知道有多少新的现象，新式的"<u>新青年式</u>"的智识阶级，觉醒起来的工人（尤其是老年的有特别的新旧混合的人生观），革命高潮中之农民游击家，上海式的游氓……可惜没有天才的文学家来描写。

亲爱爱，我昨晚曾梦见你，梦见云③森④，刚醒的时候还记得清清楚楚的，可

① 指鲍罗廷和鲍罗廷夫人。瞿、杨工作繁忙时，常托他们照看女儿独伊。独伊称呼他们爷爷、奶奶，这里也随之有了"爸爸妈妈"的称呼。
② 高尔基，苏联文学家。
③ 即瞿云白，瞿秋白的二弟。下同。
④ 即瞿景白，小名阿森，瞿秋白的三弟。

是过一忽儿就没有影踪了。只记得你的笑容……

亲爱爱,亲爱,要吻你,要抱你……累了,不多写了。

你的唯一的阿哥
二月二十日

瞿秋白致杨之华信五

1929.2.21

爱爱：

刚刚发出一封信，仁静①却拿着一封寄给你的信来了！你[他]②和静仪③的历史是很可怜的。他现在呢，已经不想仁义之交了，早已忘怀了，只是非常之苦闷，非常之想……你能帮助他么。

……④他⑤的确是很好的小孩子，很用功能思索的。你可以和颖天⑥谈了。他是快要回国做工作了。

爱爱，我刚刚在外边逛着回来，今天天气又冷了，零下十六度，可是很好的太阳，想着爱爱一人在莫斯科寂寞死了，很

---

① 即刘仁静，下同。
② 原文错字更正后以"[ ]"标示。下同。
③ 即史静仪。
④ 此处有删节。
⑤ 指刘仁静。
⑥ 即彭颖天，时为莫斯科中山大学学生。

想快些回来。可是精神还是懒懒的。

　　春天是快到了,我希望我的生活也像春意一样,一切重新开始才好,重新萌芽——比如冰融雪化一样。爱的怀抱之中这是一定能够实现的!

　　好爱爱,吻你……

你的唯一的亲爱的阿哥
二月二十一日

瞿秋白致杨之华信六

1929·2·23

好爱爱：

昨天接到你的一封俄文信，你的信一天天的写得好起来，比我字写得好了。

你的信时常使我读着感慨，中间有许多许多的诚挚的爱呵！

今天的太阳是如此的好。我在园里逛了很久，空气是非常之新鲜，鸟声已经报告春天快来了。可是雪还是那样沉着。漫天的白色，甚麼颜色也分别不出，这当然使人觉得无聊。俄国人生长在冰天雪地里，他们都喜欢雪，他们每每愁着没有雪呢！

我今天不知怎的，觉得非常之惫倦，

非常之惫倦。莫斯科批准延长休息的信还没有到，如果信不来，我就在下星期三四要回莫斯科了。不知为甚么如此之迟缓。

可是我也不着急，如果有信来，可以多在此地两星期，如果没有信来，可以快快的快快的见着爱爱了！倦得很，不多写了。

你的阿哥
二月二十三日

瞿秋白致杨之华信七

1929·2·24

亲爱爱：

昨天接到你的信。我也已经有三天没有写信给你了。

最近这几天我学着滑雪，已经滑雪三次。滑雪的长撬很有趣，我两手撑着棒，信是滑去，起初没有不跌的。现在已经好些。滑雪之后四肢酸痛得非常利害。人家说不要紧的。我想我如果有半个月的运动，身体要好些，将来我常常体操，常常运动才好。我还是很想回莫斯科，想见着你。

我的精神还没有好，仍旧是一无兴趣想做甚么事，但是希望再有三星期的休息和治疗，可以好得多。不过，长久的和爱爱离别也是非常之有害于身体和精神。如果我能恢复"精神上的均势"，能有条理的稍稍工作，——将来在莫斯科也可以将病医好的。

好爱爱，亲爱爱，我又梦见你两次。我想着：你在上海时，如何的替我制衣服，理书籍……你是我的生活的组织者。我想起来，从一九二六年的春天，我俩和[从]江湾路搬到五丰里之后，我便日渐丧失一切组织整理的能力，一直到现在。这是很奇怪的。为甚么，我对于一切事物现在都不能理出一个条理出来，而且心上一丝如此的愿望都没有。我必须恢复这种兴趣！

此地天气这两天又冷些了，总有

(零下)①十度十二度，晚上也到（零下）十八九度。好爱爱，我只是念着你，念着你是我的生活的组织者，我还是希望你能做我的工作的组织者。

好爱爱，你同人家去看马戏，特别声明不是同的男朋友，这是什么意思？哈哈！我吻你，吻万遍！

一封信，转给 *Папа и Мама* ②

你的阿哥
二月二十四日晚

Привет от 小洋人 (*Николай Насонов*) *и передай мой привет Лиде* (*его жене*) ③

① 原文缺字补充后以"（ ）"标示。下同。
② 俄文，爸爸和妈妈。指鲍罗廷及鲍罗廷夫人。瞿、杨工作繁忙时，常托他们照看女儿独伊。独伊称呼他们爷爷奶奶，这里也随之有了"爸爸妈妈"的称呼。下同。
③ 俄文，意为，小洋人（即尼古拉伊·纳索诺夫，曾在1926—1927年间受青年共产国际和共产国际派遣，到中国工作。）问候你并转达我对丽达（尼古拉伊·纳索诺夫的夫人）的问候。

瞿秋白致杨之华信八

1929·2·25

好爱爱：

昨天晚上写了信，邮差至今没有来。只想写信，只想和你谈……但是拿着笔又觉得头晕，写不了什么。

今晨的天气非常之好，我去附近的农村逛了。那里今天刚刚赶集，旷场有些小摊子，可是没有一样东西可买的。

我见着一片白雪，心上便是厌倦。

好爱爱，亲爱爱，我只想吻你，想要你，你亲热我……

精神还没有恢复以前工作的状态，希望快些好，否则在这里实在闷死了，气闷死了。

你的阿哥
二月二十五日早

瞿秋白致杨之华信九

1929·2·25

好爱爱：

刚发出一封信，就接到你两信！亲爱爱，你固然是痴心梦想哥哥恢复三年前的样子，哥哥自己更梦想着完全变换一个体格。

因为邮差立刻要走，不多写了。

只是：

（一）《小说月报》[1]及绒衫至今未接到，快教云去问问，不要是失了。

（二）寄上中央七十七通告[2]。至于其他材料，我想只要看第六次大会[3]组织问题决议案就是够了。

---

[1] 即《小说月报》杂志。
[2] 即1926年2月13日发出的《中央通告第七十七号——各级党组织必须按时按要求向中央作工作报告》。
[3] 指中国共产党第六次全国代表大会，1928年6月18日至7月11日在莫斯科召开。

我因医生的劝告，已经去请求增加两星期的休息，不知共产国际如何决定，可以问一问 *Валнер*（164 *Люкс*）[①]，至于四五月的休养，那就必须到莫后再说了！

邮差快走

哥　二月二十五日下午

独伊：

你为什么要哭？你看好爸爸滑雪了。

好爸爸

[①] 俄文，意为瓦耳涅尔（柳克思旅馆164号）。瓦耳涅尔，似系共产国际工作人员。

瞿秋白致杨之华信十

1929·2·26

亲爱爱：

今天接到你二月二十四日的信，这封信算是走得很快的了。你的信，亲爱爱，是如此之甜蜜，我像饮了醇酒一样，陶醉着。我知道你同着独伊去看《青鸟》，我心上非常之高兴。《青鸟》是梅德林的剧作（比利时的文学家），俄国剧院做得很好的。我在这里每星期也有两次电影看，有时也有好片子，不过从我来到现在，只有一次影片是好（的），其余不过是消磨时间罢了。独伊看了《青鸟》一定是非常高兴，我的爱爱，你也要高兴的。

好爱爱，我想想：如果我不延长在此的休息期，我三月八日就可以到莫斯科，我就可以拥抱着我的唯一的爱爱了。如果我还要延长两星期那就要到三月二十边。我如何是好呢？ 我又想快些快些见着你，又想依你的话多休息几星期。我如何呢？好爱爱，亲爱爱，体力是大有关系的。我最近几天觉得人的兴致好些，我要运动，要滑雪，要打乒乓。想着将来的工作计划，想着如何的同爱爱在莫斯科玩耍，如何的帮你读俄文，教你练习汉文。我自己将来想做的工作，我想是越简单越好，以前总是"贪多少做"。

可是，我的肺病仍然是不大好，最近两天，右部的胸膛痛得利害，医生又叫我用电光照了。

好爱爱,亲爱爱,《小说月报》怎么还没有寄来,问问云白[1]看!

好爱爱,独伊如此的和我亲热了,我心上极其欢喜,我欢喜她,想着她的有趣齐整的笑容,这是你制造出来的啊!好爱爱,亲爱爱,我每天总是梦着你或是独伊。梦中的你是如此之亲热,全身投到我的怀中,和独伊投到你的怀中一样,哈哈。

要睡了,要再梦见你。

你的阿哥
二月二十六日晚

独伊:

我画一个你,你在笑。为什么笑呢?因为你想着:你是好爸爸和姆妈两人生出来的。

[1] 即瞿云白,瞿秋白的二弟。

瞿秋白致杨之华信十一

1929·2·28

亲爱爱：

　　前天写的信，因为邮差来的时候，我在外面逛着，竟弄到现在还没有寄出。今天又接到你二十五日的信。那是多么感动着我的心弦呵！我俩的爱实是充满着无限的诗意。从半淞园以来，我俩的生活日渐的融化成一片，如果最近半年爱之中时时有不调和的阴影，那也只是<u>一个整个的生命之中的内部的危机</u>。最近半年是什么时候？是我俩的生命领受到极繁重极艰苦的试验。我的心灵与精力所负担的重任，压迫着我俩的生命，虽然久经磨练的心灵，也不得不发生因疲惫不胜而起呻吟而失常态。

稍稍休息几天之后,这种有力的爱,这整个的爱的生命,立刻又开始灌溉它自己,开始萌着新春的花朵。我俩的心弦之上,现在又继续的奏着神妙的仙曲。我只有想着你,拥抱你的,吻你……的时候,觉着宇宙的空虚是不可限量的渺小,觉着天地间的一切动静都是非常的微细。——因为极巨大的历史的机器,阶级斗争的机器之中,我们只是琐小的机械,但是这些琐小的我们,如果都是互相融合着,忘记一切忧疑和利害,那时,这整个的巨大的机器是开足了马力的前进,前进,转动,转动。——这个伟大的力量是无敌的。

你寄来的《小说月报》等及绒衫已经

接到。我明后天大概就可以得到莫斯科的回音,究竟在此继续休养两星期,还是不。

最近精神觉得比以前好多了。但是正经的工作及书,都不能想起,不能想做。人的疲倦是如此之厉害呵!

见着仲夏①余飞②代我问好,请他们写封信给我,有些什么新闻。

我吻你万遍

你的阿哥
二十八日晚

① 即邓中夏。
② 即余茂怀。

瞿秋白致杨之华信十二

1929·3·4

好爱爱：

今天我想一定又可以接到你的信了，但是只想写信给你，等不到你的信了。我是再三的读你的信，那是多么甜蜜，多么醉人呵。

昨天我接到莫斯科的通知，我可以延长两星期的休养期，到三月十九动身回莫。小洋人明天便动身了，他后天早上便见着他的爱人了。我又想走，又想快些快些见着我的爱爱！ 好爱爱，亲爱。只因为听你的话多休息多医病，才多休息这两星期！

天气是渐渐的暖和了，春天快来了，

我的爱爱,还没有在我的怀里!我想着:只有你是我生命中的唯一的乐意,是冰天雪窖之中所不能凝冻的热烈的春日,是永久的燃烧着。好爱爱,你的俄文读得很好了吗?我只是记挂着你的病,只是记挂着,你的信里总是不说详细。害得我天天做梦,梦见你是病的,你是病着——……

好爱爱,我再过两星期便回来了。

你接这信,马上就叫<u>云白寄十五卢布来</u>,不然便没有车费。

小洋人走了,我这里非常寂寞了,我还是如此不愿意讲话。这里许多生人,我都懒得和他们攀谈。再有两星期实在气闷。有些人还有点儿讨厌。可是再有两星期滑雪和运动,再有两星期的电疗和药水浴,一定是有益的。只是和爱爱多分离两星期,也是有害的呵! 你为什么不叫我□□[1]回莫斯科呢?

独伊怎么样? 要问她的好,要买面包给她吃。要买好书给她。

Kiss[2] 你,*Kiss* 你,好爱爱,再见罢。

你的阿哥
三月四日

信是吃过早饭写的。睡过午觉之后,想接着你的信,但是望了一个空。仿佛是有许许多多话要说的,可是写不下去了。好爱爱,亲爱爱,我的脑海里,有一个鲜明的小影,你猜是谁呢? 我拥抱你……

你的阿哥
四日

写明寄给 *Страхов*(*Цюй Вито*)[3]

---

[1] 此处原文不清。
[2] 英文,意为吻。
[3] 俄文,斯特拉霍夫(瞿维它)。瞿维它是瞿秋白的化名。

瞿秋白致杨之华信十三
1929·3·6

亲爱爱!

昨天小洋人走了,带了一封信给你。他今天已经在莫斯科了,已经见着他的 Лида① 了。好爱爱,昨天我接到你最后的一封信。你愁着么? 你想着我的精神不好,但是,不要紧的!

刚写到这里,又接到你的一封信——三月二日的信。你是如何的消瘦呢? 你千万不好愁闷。"抗拒力的薄弱"不是偶然的。如果人是乐观的,一切都要抵抗,一切都能抵抗,一切都是增长抵抗力的。好爱爱,你上次写信,说除上课外每日还能

---
① 俄文,丽达,小洋人的夫人。

读八小时的书。那信是很快乐的口气。但是，你用功不可以过分了，千万不可过分。你说现时的消瘦是不是因为太用功，又因为想[相]思呢？亲爱爱，好爱爱，我吻你。你要每天读书四五小时，不太多，每天体操，每天到树林中去逛，至少要逛一小时。等着哥哥，哥哥大约三月十八（或十九）上火车，三月二十日早上九时（或三月十九日）便可以到莫斯科。你叫云白去寄三十卢布给我，要快些，以便我买票。好爱爱，哥哥快回来了，快要见着你，你要高兴，快乐，有规律的生活。我想：如果雇好娘姨，再则，还要不客气，不要听见人家请便去走去跑，以至于忙着枉费精力的事——那么，心上快乐，准备着抵抗一切，你一定可以好起来。好爱爱，我要回来了，我要抱着你，我的小宝宝，在我的怀里，安慰你。我只记得你的面容，笑嘻嘻的，像独伊似的小孩子的面容。好乖乖，哥哥快要回来了，你不要愁着，不要烦恼！

我呢，心绪有时不好。但是，我现在正在锻练着心身。我要练着如此的性情——无论如何都是快乐的心绪。反正一切事愁着也无用的，不去愁它。我要同你每天练体操，每天散步。我们应当要有极活泼的精神！好爱爱，亲爱，千万不能愁着消瘦。好宝宝，只要我一抱，一切病都医好了，一抱又胖起来，一抱又快乐起来了。我的吻是……我的……是万灵的妙药。好爱爱，好宝宝！

仁静又是情场失意，你还记着广东你为着静仪的事挨老头子①的一场骂，骂得

① 指陈独秀。

哭起来。好笑，好笑。仁静是倒霉，他是没有幸运。

这里天气已经暖和起来。

我每天滑雪，午饭后睡在走廊上。……

邮差要走了，我不写了。吻你万遍，万万遍，我的好爱爱！

你的阿哥
三月六日

独伊：

  我的好独伊。你的头发都剪了，都剃了么？哈哈，独伊成了小和尚了。

  好伯伯的头发长长了，却不是大和尚了。

  你会不会写俄文信呢？

  你要听先生的话，要听妈妈的话，要和同学要好，我欢喜你，乖乖的小独伊，小和尚。

好伯伯

瞿秋白致杨之华信十四

1929·3·12

亲爱爱：

　　昨天接到你的三封信，只草草的写了几个字，一是因为邮差正要走了，二是因为兆征①死的消息震骇得不堪。<u>钱寄到的时候，我都不知道！</u>（三十元已接到。）

　　整天的要避开一切人——心中的悲恸似乎不能和周围的笑声相容。面容是呆滞的，孤独的在冷清清的廊上走着。大家的欢笑，对于我都是很可厌的。那厅里送来的歌声，只使我想起：一切人的市侩式的幸福都是可鄙的，天下有什么事是可乐的呢？

　　一九二二年香港罢工（海员）②的领

---

① 即苏兆征。
② 指1922年1月，香港海员为反抗英国资本家的压迫和剥削，争取改善待遇，在中华海员工人联合总会的领导下举行的香港海员大罢工。

袖，他是党里工人领袖中最直爽最勇敢的，如何我党又有如此之大的损失呢？前月我们和史太林[1]谈话时，他所关心的问题，是如何的切合于群众斗争的需要；他所教训我的——尤其是八七[2]之后，是如何的深切。

可是他的死状，我丝毫也不知道，爱爱，你写的信里说得太不明白了，他是如何死的呢？

亲爱爱，我接到 Папа, мама 信，知道你常去，他们说你的身体象是好起来了。你自己的病究竟怎样？我昨天因为兆征死的消息和念着你的病，一夜没有安眠，乱梦和恶梦颠倒神魂，今天觉得很不好过。

我钱已经寄到了，一准二十一日早晨动身回莫。你快通知云，教他和非镐[3]

---

[1] 今译斯大林。下同。
[2] 指1927年8月7日在汉口召开的中共中央紧急会议。
[3] 人名，情况不详。

商量，怎样找汽车二十二日早上来接我，在 *Брянск*^① 车站 —— 车到的时刻可以去问一问；我这里是二十一日下午五时……分从 *Льгов*^② 车站开车。好爱爱，你能来接我更好了！！！

亲爱爱，我只是想着你，想着你的<u>心</u> —— 这是多么甜蜜和陶醉。我的爱是日益的增长着，像火山的喷烈，好爱爱，亲爱爱，我要吻你，我俩格外的要保重自己的身体，—— 我党的老同志，凋谢得如此之早呵。仿佛觉得我还没有来得及做着丝毫呢！！

吻你万遍！

你的阿哥
三月十二日

① 俄文，布良斯克。
② 俄文，利哥夫。

瞿秋白致杨之华信十五

1929·3·13

亲爱爱：

今天接到你七日的信，方知兆征死的原因……

……

亲爱爱，我的感慨是何等的呵！

我这两天当然感觉到不舒服，神魂颠倒的。再过一星期，我就要回莫了，好爱爱，人的生死是如此的不定！

这次养病比上次在南俄固然成绩好些，但是，始终不觉着的愉快，我俩还是要经常的注意身体，方是有效的办法。养病的办法是没有什么用处的。但是，你快可以看见我了，至少比以前是胖些了。你高兴么？好爱爱，我要泡菜吃！

仁静回，托他带这信，仁静又是失恋一次，但是，他不屈不挠的，居然写了一封极长的信给她。他固然是很可怜的。

……

天气仍旧是如此冷，仍旧是满天的雪影，心里只是觉得空洞寂寞和无聊，恨不得飞回到你的身边，好爱爱。我是如此的想你，说不出话不出来的。

我想，我只是想着回莫之后，怎样和你两人创造新的生活方法，怎样养成健全的身体和精神。

还有许许多多的话，要说，但是，不知如何的说，不知从何说起……亲爱爱，我吻你，吻你，要紧要回莫见着你，抱着你!!! 我的心伤了! 兆征的死,仿佛是焦雷一样……

你的阿哥
三月十三日

瞿秋白致杨之华信十六

1929·3·14

亲爱爱：

独伊的照相接到了，虽然照得糊涂，但是非常之有趣。我吻她。

昨晚虽然乱梦颠倒睡得非常不好，但是尽是梦见你和独伊。今天仁静走了，我更冷静了，—— 再过一星期，我也回了！

哥 三月十四晚

瞿秋白致杨之华信十七

1929·3·15

亲爱爱：

昨天仁静走，给你带了一封信；下半天我睡梦中醒来，胸前已放着你来的信，我是多么高兴！可是这封信仿佛缺了一页。

好爱爱，你何以如此的消瘦呢？何以这样的愁闷，说死说活呢？乖爱爱，哥哥抱你，将你放在我的暖和的胸怀，你要乖些！不好这样的。你［我］读着你那句话，险些没有掉下泪来。你的身体要好起来的。我早已告诉你，不要太用功了。读书不容易读熟的。当初我也是这样，自己读的写的常常会忘掉的。只要不自勉强，不管忘不忘，不管已读未读，只要常常有兴会的读着用着，过后自然会纯熟而应用。觉得疲乏的时候，决心睡一两天，闲一二天，在花园里散散心，(<u>只不可和男人——除掉我——吊膀子</u>)。睡足了便觉得好些的。乖爱爱！好爱爱，我吻你，吻你的……吻你的一切。

我译的工农妇女国际歌，有俄文的，你如看见仁静，他有一本歌集上有这首歌。俄国的妇女运动，现在是特殊的问题，也是一般的问题。城市中的妇女是已经没有所谓妇女问题，而是一般的技术文化问题——一般的官僚主义妨碍着女工得到法律上政治上已有保障；一般的物质建设的落后（如生育，育婴等的设备）妨碍着妇女之充分的和男子完全一样的发展；一般的社会设备及技术设备的缺乏（如公共食堂宿舍洗衣等），始终占领着妇女的许多时间。妇女问题上你所看见的缺点，正表示一般的社会主义建设的困难，以至党部工作的困难。那妇女部的吸香烟和一切态度，使我想着：苏联党的工作是如此之重大而繁复，但是他们的人材是如此之缺乏！

亲爱爱，你准备着自己的才力，要在世界革命及中国革命之中尽我俩的力量，要保重你的身体。我想，如果，我俩都凑着自己能力的范围，自己精力的范围，做一定的工作，准备着某种工作能力，自己固然可以胜任而愉快，对于工作也有益处。我俩的经验已经告诉我们：贪多嚼不烂是一无益处的！好爱爱，亲爱爱，我俩的生活是融和在一起，我俩的工作也要融和在一起。亲爱爱，你千万不好灰心，不好悲伤。我抱着你，我在意想之中抱着你，吻着你，安慰你。我过一礼拜便回来了——三月二十二日一定到莫斯科。你如果要上课，可以不要来接我，我<u>偷偷</u>的回家，等你回来，你是要如何高兴呵！那时，独伊也不能笑俩哭了！！①

好独伊，亲独伊！

小小的蓓蕾
含孕着几多生命，
陈旧的死灰
几乎不掩没光明。

① 此句疑原信笔误。杨之华所存抄件为："独伊也不能哭，而笑了！！"

看那沙场的血花灿烂，

经过风暴之后的再生，

谁道是无意中的赤化？

却是赤爱的新的结晶。

刚要发信，你的三月十一日的信来了。太阳好，心绪是要好些。我三月二十一日动身，二十二日早晨九十时可以到了。

吻你，吻你万遍！

你的阿哥
三月十五日

瞿秋白致杨之华信十八

1929·3·17

亲爱爱：

　　好爱爱！昨天接到你的最后的一封信，邮差已经走了，今天是礼拜日，不能发信。仁静带的信应当到了——我本想二十日走，因为二十没有这带的火车，所以要二十一才走。亲爱爱，这次的离别特别的觉得长久，不知怎样，无时无刻不想着你。你的信里说着你高兴的时候，我是整天的欢喜；你的信里露着悲观的语气，我就整天的，两三天的愁闷。好爱爱！最近为什么你又悲观呢？

　　亲爱爱，乖爱爱，人家说几句话你就

多心了,就难过了。不好这样的! 好爱爱,我要紧要紧回家,回家看见你,抱你! 你要高兴,要快乐。人生在世,要尽着快乐。你[我]小时做算学题做不出的时候,烦恼的要死 —— 至今我的性情还是如此 —— 那时我母亲告诉我,"你去玩一下再来,高兴高兴,自然就算得出"! 我总记得这句话,总记得,总不能完全实行。我俩一定实行这样的办法。好爱爱,你还要想着,我俩的爱是如何的世上希[稀]有的爱,这就值得高兴了。至于身体,据医生和许多人说,最好是日常的有规律的自己保护,运动,比一切药都好。如果一则能高兴,二则能运动和吸新鲜空气,三则有相当的医药,那就自然会好起来! 好爱爱,亲爱爱,我就如此的想:我的爱爱是世界上唯一的理想的爱人,她是如此的爱,爱着我,我心上就高兴,我要跳起来!

好爱爱,我再过五天就一定能看见你了!! 吻你,吻你万遍。

你的阿哥
三月十七

瞿秋白致杨之华信十九

1929·3·18

好爱爱：

昨天晚上写了一封信，现在已经觉得又和你离别了不知多少时候了，又想写信。

亲爱爱，再过四天，我俩可以见面了，我是多么高兴！今天这里的天气非常好，青天白云，太阳光耀着，冷风之中已经含着春意，在那里祝贺我俩的叙首呢。我数了一数你写给我的中俄文信一总有三十封了！我读了又读，只是陶醉在你的爱之中，象醇酒一样的甜蜜，同时，在字里行间我追随着你的忧愁或高兴，我觉得到你的一切一切！！好爱爱，我吻你。

我最近又常常想起注音字母，常常想起罗马字母的发明是很重要的，我想同你一起研究，你可以帮我做许多工作。这是很有趣味的事。将来有许多人会跟着我们的发端，逐渐的改良，以致于可以通用到实际上去，使中国工农群众不要受汉字的苦。这或许要到五十年一百年之后，但是发端是不能怕难的。好爱爱，我们每人必须找着一件有趣的大部分力量和生活放进去的事，生活就更好有意趣了！亲爱爱，好爱爱，我吻你，吻你。

　　你说，决定暂时不用功而注意身体。这是很好，我原是时时想着的，时时说的。好爱爱，这不好是灰心，而是要觉得自由自在的。自己勉强固然是必须的，但是不是要自己苦自己。我俩虽已到中年了，可是只[至]少还有二十年的生活呢,不要心急,不好焦灼。我一生就是吃这个苦。我是现在听着爱爱的话,立志要改变我的生活。好爱爱,亲爱爱,你自己也要如此,你要如此!! 你是顶乖的。亲爱爱,我抱你,吻你。

我俩快见面了!!!

你的阿哥 三月十八日

瞿秋白致杨之华信二十

1929·7·15

杨之华原注:
一九二九年七月间,秋白同志代表中国出席巴黎召开反帝国主义准备战争国际代表会议,而在七月底到八月在苏联海参崴召开太平洋劳动大会,之华代表中国出席该会。为了保全出席此大会的各国工会秘密交通,不能通讯,因此这次离别只有这封信。①

爱爱:

临走的时候②,极想你能送我一站,你竟徘徊着。

海风是如此的飘漾,晴明的天日照着我俩的离怀。相思的滋味又上心头,六年以来,这是第几次呢? 空阔的天穹和碧落的海光,令人深深的了解那"天涯"的意义。海鸥绕着桅樯,像是依恋不舍,其实双双栖宿的海鸥,有着自由的两翅,还羡慕人间的鞅掌。我俩只是少健康,否则如今正是好时光,像海鸥样的自由,像海天般的空旷,正好准备着我俩的力量,携手上沙场。爱爱,爱爱,我梦里也不能离你

① 另据黄平《往事回忆》记述:"到了夏天……瞿秋白和我去德国法兰克福,参加反帝同盟大会……"其记载会议地点与杨之华回忆有所不同。
② 指瞿秋白于1929年7月由莫斯科动身出发参加反帝国主义准备战争国际代表会议。

的印象。

独伊想起我吗？你一定要将地名留下，我在回来之时，要去看她一趟。下年她要能换一个学校，一定是更好了。

你去那里，尽心的准备着工作，见着娘家的人，杨之华原注：一九二九年八月，海参崴召开太平洋劳动大会，从中国去的工人代表是秘密赴苏联的。这里所指的娘家人就是从中国去的工人代表。多么好的机会。我追着就来，一定是可以同着回来，不像现在这样寂寞。你的病怎样？我只是牵记着。

可惜，这次不能写信，你不能写信。杨之华原注：为什么不能写信？也是因为要使出席太平洋劳动大会的各国代表安全起见，有一条纪律，不能与外界通讯。我要你弄一本的小书,将你要写的话,写在书上,等我回来看! 好不好?

好爱爱,乖爱爱,一万个 *Kiss*[①]。

你的阿哥
七月十五

[①] 英文,意即,吻。

瞿秋白

致 王剑虹

1923·12 — 1924·1·31

一九二四年初，瞿秋白与王剑虹结婚。当时，瞿秋白执教于上海大学，还担任共产国际代表鲍罗廷的翻译兼助手。婚后，瞿秋白即从上海出发前往广州，参加国民党第一次全国代表大会的筹备工作。这里收录的是瞿秋白新婚前后写给王剑虹的三十封信。

第二封至最后一封信，都是瞿秋白从广州寄给王剑虹的。

秋之/白华

> 梦可：
>
> "燕子矶绿杨带塞潮。枝边新泥築舊巢。我是江南第一燕，
> 为啣春泥上云梢。"
>
> 我忽然得此四句舊诗，一滾来一起，出了聲。你又可以笑一笑
> 我。今天早晨醒来，不知心上是什麽味兒：只是怎么怎么新的……
> 只好要想写我們写与你，所以不怕笑话，竟献丑兒了。
>
> 怎的我們不能——
>
> 那眼波裹流端着生活：那望气你心的蓬勃着。她似乎說
> 什麽，她都已為人間一切凄痛酸楚，她又道是宇宙萬時
> 所能有的樂意。生意道动一丝在此天地間唯一的胶痕袤里
> 她都是说隆昔我。隐的乡我的窗前，一刻变再不要我。
>
> 雖有那微笑的影兒，——我友不敢言。我似乎狂了。
>
> 　"你隔光明去了"
> 　是的！芝明，
> 　你永二的微軍着
> 　我的心靈。
> 　我雖逃离你，
> 　一始给你遠遠射着
> 　我的心印。
> 　——她没有离芝明！
>
> 　　　　　你的宜心。
>
> 秋之那诗我越读越要读。
>
> 　　　　　十二月

1923年12月，瞿秋白致王剑虹书信手迹

1924年1月5日，瞿秋白致王剑虹书信手迹

1924年1月6日，瞿秋白致王剑虹书信手迹

Part 1 书信

梦可：

新情旧情，
霜寒酒醒，
无端便上征程，
听风泉浪声。

诗成梦成，
鹤飞可惊。

纤腰倚约身轻：
似纲？—不明。
（听不清）

你的宿心
六，一，一九二四

⑥ 梦可：

我们真是缘悭见面，终成我的憾事。我们这一次的离别使我十分难过。我困于上舱须坐下舱。昨天果然一夜，然我当时简直有点意不去的了呢。我竟没有找着。我想："哎，做饭务的不一定一定有意去的了呢，我此刻必定不去船上了。"我心的愿望到此就算得，以为我走出门的时候，心上有说的时候，挂了还能来张两说。"及今进了号船以后，就沉吟了一一心犹疑着一个……船开身上又还感觉到那一个呢哀。现今也寻你家书不可得了！

⑦ 梦可：

今早五点钟便醒了，到天亮时，走出舱口。途又回来：一切的心上放下不了我的让写写的。我船上同行的一个湖北女人，他哼一美鸟的，叫声，她今早又叫了，她像很好听的怎然似的，哎，好大的孩子——"社会"我也要唱之叫！唯此又为什么性想呢？

那春林，那狄恩……………
沁之怎样？她好么？

我实在忘记科学了，这！又觉敬他，我昨晚吃喝了稻米自简此，很舒适清醒却要写，你不用惦我，我是好的，我还要继续做得好。

你的宿心
六，一，一九二四

1924年1月6日、7日，瞿秋白致王剑虹书信手迹

瞿秋白致王剑虹信一
1923·12

梦可：

> 万郊怒绿斗寒潮，
>
> 检点新泥筑旧巢。
>
> 我是江南第一燕，
>
> 为衔春色上云梢。

我忽然得此四句旧诗，——后来一想，出了韵。你又可以笑一笑我。今天早晨醒来，不知心上是什么味儿：只是念念不断的……至少要想写几个字与你，所以不怕笑话，"竟献丑了"。

怎的我们不能……

那眼波里充满着生活；那星儿悠悠地荡漾着。它似乎说什么，它表现着人间一切沉痛酸楚，它又涵融着宇宙间所能有的乐意。生意蓬勃，——只在此天地间唯一的波痕里呵。它只是沉浸着我。隐隐的在我的面前，一刻儿都不离我。

虽有那微笑的影儿，——我反不敢看。我似乎狂了。

"你离光明去了。"
是的！光明，
你永永的笼罩着
我的心灵。
我虽然离你，
始终你还远射着

我的心印。

——它没有离光明!

你的宿心
十二月

P.S.[①] 冰之[②] 那诗[③] 我越读越爱读。

[①] 英文 Post Scripts 的缩写,意为附言、备注。
[②] 即王剑虹好友、女作家丁玲。下同。
[③] 该诗已佚。

瞿秋白致王剑虹信二

1924·1·5

I[①]

梦可：

我这里什么话也不要说……

只有剩下的……那半晕的霞影，那半醉的波痕。……

我离这"云间王寓"[②]，心花便紧紧闭了。

什么时才开？……快的！

立刻上汽车去，<u>不容</u>我多写了！……

你的宿心
一，五

[①] 此系瞿秋白对他与王剑虹通信所标的序号。下同。
[②] 指王剑虹住所。

瞿秋白致王剑虹信三
1924·1·5

II

梦可：

我已经出吴淞口了……，在上海发的第 I 信接到了？

> 诗人的"别恨"
>
> 往时只是词句里的点缀，
>
> 如今当真的中伤了我的心灵，
>
> 好像沙场上的弹丸
>
> 深深嵌入壮士的胸膛——
>
> 隐隐的作痛，又酸楚，又颤动。
>
> ―――――
>
> 汪汪一片的海水

在我窗前缩做小小的一"圆"活浪；

宇宙间伟大的深情，

含在你漾漾的眼波里，成千古的生命。

……

    我上船后却是真"休息"了，躺下再不愿意起来。闭着眼睁开眼只……。……

    怎的不想着？怎的不想想永久些的聚合？

    生命要享受，一切形式主义要摧折。可是……

    不要闲愁，不要……好生的……只有规律外的放浪是自由快意的；那单纯的放浪任意只能使神智空泛得难受……

你的宿心
五，一，一九二四

瞿秋白致王剑虹信四
1924·1·6

III

梦可：

我实在太鲁莽了；我自己太深信了：——以为"小别"的滋味还勉强担当得起。昨天……其实只有十几个小时的离别，——我已经后悔得不了。我当时如何决定得下的？我如何敢信别后的情怀能不杀我的生命的？我真不解！我入舱之后，直到今早没有出去……转侧的思量，险些没杀尽了我的一切理智。无可奈何之中，只有着意寻梦。糢糢[模模]糊糊恍恍惚惚的……我已经急急的想回上海……

今天一早"醒"转来——起来，赶紧到舱面去看。恨煞人的一片海水，前后茫茫，怎样的回去！只见疏疏朗朗的帆影，似乎处处是"你"。那云影水声天色都融化成一个……一个你。我几乎要弃流北返……可爱的海水呵，几时再送我回去？我七八年来没有所谓家，没有所谓"回去"了！……

海面的湿风，——其实还只到舟山群岛——已经温暖得像春天；它吹我热烈的嘴唇微颤——满身觉得那薄寒中人的意味……如何是了！如何是了！

你的宿心
六，一，一九二四

瞿秋白致王剑虹信五
1924·1·6

IV

梦可：

　　海波青断相思路，

　　隐隐晓云低处

　　梦冷昨宵霜幕，

　　——灯下呢呢语。

　　心魂千里潮音度；

　　怎似当时情绪？

　　纤影入怀睡去；

　　无奈醒时苦。

　　《桃源忆故人》

唉！梦可！

"毕竟是文章误我，我误……"

你的宿心
六,一,一九二四

瞿秋白致王剑虹信六
1924·1·6

V

梦可：

> 新情，旧情。
>
> 霜寒酒醒。
>
> 无端便上征程，
>
> 听风声浪声。
>
>
> 诗成，梦成，
>
> 灵飞可惊。
>
> 纤魂隐约身轻；
>
> 似分明？一未明。

《醉太平》

你的宿心

六，一，一九二四

瞿秋白致王剑虹信七

1924·1·7

VI

梦可：

　　我以前还总是自己疑惑我的真挚。我们这一次的离别使我格外自信了。我刚刚上船便想下船。昨天思量了一夜，想我当时能否有丝毫不走的可能。我竟没有找着。我想："唉，假使当时有一厘一毫不走的可能，我现在必定不在船上了！"我自己的真挚到此方才觉得。以前我在出门的时节。心上闲散的时候，往往还能"东张西望"，而今连可爱的自然，都乏味了——心头只有一个……然而身子不能不离那一个而走。现今世界，哪①里来的自由！

---

① 原文为"那"，同"哪"。书中此类情况统改为"哪"。下同。

今早五点钟便醒了,想去看日出,走出舱之后又回来了:——为的心上放不下这几句话要写的。我舱里同行的一个湖北老人,他带一只鸟,时时的叫着,它今早又叫了,好像格外的忿怨似的,唉,好大的笼子——"社会",我也怎能不叫!虽然,又有什么法想呢?

那森林,那湖边……

冰之怎样? 她好么?

我实在记挂着,刻刻不能放心。我昨晚喝了两杯白兰地,依旧是清醒白醒。你不用愁我,我是好好的,我还希望身体快好……

你的宿心
七,一,一九二四

瞿秋白致王剑虹信八

1924·1·7

VII

梦可：

　　那浪花也互相拥抱；
　　那海鸥也互相追随；
　　那霞影依依蒙着天幕，
　　红晕里几分陶醉。

　　落日掩映的偷下，
　　海波金闪闪地荡漾。
　　黄澄澄的半幅斜阳，
　　时明时暗地流泻。

　　落日像是羞涩，

又眷恋着海神不舍;
刚刚没入霞影,
又悄悄地再抬头偷瞧一下。

海神的怀抱如此的宽大,
怎容不得小小的一轮太阳?
依依恋恋,毕竟放它睡下,
他隐向西陲,你只空自偎傍。

落日儿偷露着半面;
红晕的令人惝恍;
他幻映出我的心儿,
我的心儿,支颐微笑的
　　　　那样!

梦可!我甚时再能自由?我这次自

承无力了。我并不是好胜,故意说我自己不诚挚。我是因为十六年来,自己抑制了我的人性——血脉里管着白水;不敢自信还值得人家的爱。天地间只有一个你,救了我的人性。我到如今方才得了一线生命。

我忍痛的离了你,我真该死,我活活受我自己的惩罚,受社会的惩罚。我到广州,不久就要逃回来的。

你却说,……却说"茅麓","手枪","也许这次是永诀",我记着这些字的声音,夜夜里梦魂颠倒。你能可怜我么?

不要这样想! 生活由我们自己创造。我这次不算远行,也决无危险。我只愁着你,你究竟怎样? 可怕的念头,不至于萦绕不已吗? 唉,可怕的念头呵!

冰之是安琪儿,她握着我你的生

命。她……我怎样才好呢？我怎样才好呢？……

你要死，千万也当[等]着我死，——假使你还爱我，假使你那时还爱我。

冰之这样的知己，宇宙间独一无二的。难道不能原谅人……

你的宿心
七．一．一九二四

瞿秋白致王剑虹信九

1924·1·8

VIII

梦可：

霞影乱，

晚风小；

浪拥乳花开了；

"花"只琐离愁，

点点波心环抱……

人杳人杳，

天外夕阳归鸟。

《如梦令》

你的宿心

八·一·一九二四

这首词是昨晚做的,今天才写出来。你……我已经第三天没有看见你,没有听见你,我实在无力支持了。这整整的一个月如何度得过去?!你的影儿刻刻的伴着我,——你的声音,——说那些不祥的话的声音——时时的萦绕着我。我心魂不定,如何是了!我想,你还可怜我,冰之也还可怜我,给我一线希望!——<u>我回来之后不能再离别了</u>。置我于死地么?我也体贴得到,冰之心里是个什么味儿。可是你并不曾不爱她,是不是?难道不能分一些儿?你现在做些什么?好好的;不要尽着闲愁闲。你学俄文么?一则你念它的时候,仿佛我在你傍边;二则我你多一方面的共同生命;三则将来译述是顺便对社会的供[贡]献;四则研究文学多一个"新"的世界。你和她们补习,我回来就可以一齐学下去了。你肯吗？可怜的我,我不敢再多说了,……你明白？今天或明天就可以到广州了,——这些信赶快的可以寄出了。你写几个字给我罢!

远远的送我的热吻 你的宿心
八,一,一九二四

瞿秋白致王剑虹信十

1924·1·9

IX

梦可：

亲爱的梦可！昨天晚上看《小物件》[1]，偶然看见书里几瓣花片，——心上突然的酸痛，我吻着它，泪就滚下来了。我不知道为什么……梦可！小说里的悲剧可以看着心荡神移；人生的悲剧却是演不得的："断者不可复续呵！"你那可怕的念头消灭了吗？

前几天魂梦颠倒的……我梦想着天国，我梦见亮晶晶的一丸冷月照着海滩波影，岸边奇树，飞云荡漾，一望去：无尽无尽的浪花静静的卷着，我们赤口口的相拥口[2]着，裹着暖云：暖得呵……

[1] 法国作家阿尔丰斯·都德1868年所著半自传体小说，今译《小东西》。
[2] 这两处"口"原信如此。

可是，我们还是在"地上"在"人间"……人间的诗意也是充满着的。《小物件》里杰克，小物件的哥哥多么动人呵。我因此又驰想到刻苦寒俭的生涯 —— 我十年前所经过的。我觉得现在在船上，在"家人"之中，谁亦不知道我，多么好呵。那一点虚名累我死了，累我的精神疲乏极了。我只想"静悄悄的"做一个普通人，和你，和你……天天做着些规律的劳动；晚上一灯黝燃，摊着诗篇 —— 谁也不知道的诗篇，除了我们几人；—— 那是多么好呵！ 诗意或许只在人间的苦难里。现在已经有人知道我，可恨！ 每每在"他们"之间，我觉得实在不自在得很[①]！ 也许因此，我梦见（昨夜）：我要杀尽这些庸碌可恨的市侩，吮人膏血的铜臭，我竟在巷战

[①] 原文为"狠"，同"很"。书中此类情况统改为"很"。下同。

里受伤了，街市上一片欢呼声，一片旗帜的乱影。——因为有人知道我，我恨不过的去参加，借此了结我。（我日间只想着上岸寄信，亦就只想着上岸后便有人"知道"我了。）可是梦里伤了躺着在人家阶下的时候，我觉得嘴唇上有热烈的吻印——<u>你</u>竟抱着我回去了……"从此没有人知道我了，梦可！从此生命是我们自己的了，梦可！"……何以又要醒呢？

我不知怎的，近来<u>又能</u>很动情的很真挚的想着我的父亲，我的已死的母亲，甚至于我六七岁时看见过的外祖母；我已经<u>又能</u>很悲酸的为他们堕泪。我从此看着穷苦的工人，农民，水手，褴褛的乞丐——<u>不再</u>当他们<u>仅仅</u>是革命的材料。我已能想着他们的父母妻子兄弟，体贴到他们的苦痛:"总有一天，平民的伟大的忿怒……虽造不出天国，止[至]少先打破现实地狱的第一关，是为他们的爱，是为他们的生活！"我以前不能感觉到的。呵！梦可！你救了我；我早已死了，你复活了我。我以前认为仅仅是"我的义务"的事，我现在能感觉他是"我的心愿"了。一切都是为你，一切都是为你，你驱策我的人格。……

我明天可以到广州发信。

你的宿心
九,一,一九二四

瞿秋白致王剑虹信十一

1924·1·10

梦可：

　　愿意是真的是假的？每次我离你之后，假使你的余音是我安神的药剂。我觉得□□[①]还是我自己。假使它夺得我的心去了，——我便不知怎样是好。……

　　不尽，不尽。

宿心[②]

[①] 此处原文不清。
[②] 原信无日期。

瞿秋白致王剑虹信十二

1924·1·11

X

梦可：

我昨天一早到广州，已经发了两封快信给你，——那还是在船上写的。

上岸之后，只见满目青葱，丝毫秋意都没有，不用说冬色了。多奇妙的宇宙呵。可是那些树，草，花"呆呆的"茂盛着，生在这湿蒸的空气里，虽然说是"长寿"，"不凋"又有什么趣味！我觉得我的人是虚伪的，宇宙亦是虚伪的……我赶紧跑到"新学生社"——心上糢糢[模模]糊糊的，要想在那里得到你的信。你说，是不是"异想天开"：我自己刚到，还有那一只船，走得这样快，能够带你的信比我先到呢？

广州的事，什么时能完，当然还没有知道，然而我一月后是一定可以到上海的。我离了你，已经不是我自己，不过是一个"东西"罢了。我心里确实是矛盾，我从小便觉得我的心灵有两个世界，我有两重人格。梦可呵，你的音容时时萦绕着我，我暗中觉得心灵里的温意，——虽然同时感觉相思的苦，然而没有这相思，我更觉得是个木偶了（我以前是如此，尤其是上次在广州的时候）。梦可呵，你的音容时时化作种种印象安慰着我，——虽然我仍旧不动声色的和旁人谈话做事，（旁人丝毫不能觉察我的心事），然而，我总是自己欣慰着：我现在另有我的"自己"。

我你相别已经正正[整整]五天了。我若不为这些事牵缠着,实在凭良心说,我愿意现在立刻再上船回去。我不觉得人生没有意味,我只觉社会尘俗得令人忿怒欲狂。我以前说过:"虽有和谐的弦,弹不出和谐的调",——你呢,和谐了我。我现在有种种的幻想,……我要……

冰之好么? 请你快给我几个字罢。

还有话,明天再写。

你的宿心
十一,一,一九二四

P.S. 来信写"广州司后街四十五号新学生社王莫吉",<u>勿写瞿秋白</u>。

瞿秋白致王剑虹信十三

1924·1·12

梦可：

> 我生平曾壮游万里，——
> 只因为向来四海为家，
> 从没懂什么"天涯海角"。
> 如今有了灵境的"故乡"，
> 第一次尝着了别离滋味。
> 我故乡在"自由花魂"的心国，
> 却来这湿瘴寒雾的恶地；
> 猛抬头一弯眉月，
> 惊心处无限悽惋的泪渍。
> 泪痕呵，你干了十年，如今又湿！

你的影儿我今天吻了千吻,她一句话也没和我说。快快写几个字赏我罢! 我不知怎的,总觉得你高高的俯视着我的心窟。天下还有伟大于爱的么?……怎能立刻就飞到你左右呢?

我在此饮食起居十二分的舒服,工作也比上海简单了多——因为方面单纯了,每天不过四五个钟头的事;可是不能做文章,因工作时间不一定,不然,我很想行我的心愿——做一篇小说。留好这些信,将来做材料罢。来信可以直寄广州东山恤孤院街春园五十六号 *Mr. Chu Tsiobo. J*(写英文)

你的宿心
晨三时,十二,一,一九二四

瞿秋白致王剑虹信十四

1924·1·12

XI

梦可：

我刚听见一个消息："广州事要迟五天完"——我不是又要迟五天再能回吗？！

你不用念我，不用想我。冰之的腰不疼了吗？

我的心碎了。我若毁坏了我的人格，呵！你现在再不念了。你如今懂得我那次对冰之说这话的意思吗？思前想后的种种计较总也不能没有，尤其是我们这样"人"。我们又何尝是人呢？你偏偏爱我，我偏偏爱你，——这是冤家，这是"幸福"。唉！我恨不能插翅飞回吻……

爱恋未必要计较什么幸福不幸福。爱恋生成是先天的……单只为那"一把辛酸泪",那"愔愔奇气来袭我心"的意味也就应当爱了,——这是人间何等高尚的感觉!我现在或者可以算得半"人"了。

梦可!梦可!我叫你,你不听见,只能多画几个"!!!!!"可怜,可怜呵!

广州热得奇怪,腊月里点蚊香……我要紧回上海,我要紧回上海!你容许我这"社会的生命"和"恋爱的生命"相调和呢,还是不?

你的宿心
十二,一,一九二四

瞿秋白致王剑虹信十五

1924·1·13

梦可：

我好几天没有梦见你了。梦多如此艰难；冰之真是福气。她不长生气吗？……

我是白天里数日子——我们别了七天了；晚上寻梦，越寻越没有。你教我怎好？

此地的事虽不多，我仍是心焦得很。我心上总是痴想：假使三十天可以缩成五十天，我一天做二十四小时都愿意的。我昨天问你，究竟你允许不许我调和社会生命和恋爱生命的问题，你快些答复我。我现在有了"自己"，可以有商量，不像从前一味的机器儿似的开做，做，写，写，做。做写，写做好也要有生命的人才行，没有生命的机器究竟于社会有什么益处。我们要一个共同生活相亲相爱的社会,不是要一所机器栈房呵。这一点爱苗是人类将来的希望。……

"要爱,我们大家都要爱——是不是?

——没有爱便没有生命;谁怕爱,谁躲避爱,他不是自由人。"——他不是自由花魂。

你的宿心
十三,一,一九二四.

上次所写通信处错了号牌应当是:广州东山恤孤院街春园五十五号三楼 *Mr. Chu Tsiobo.*

瞿秋白致王剑虹信十六

1924·7·14

梦可：

寄给你"十二月里的花瓣"。就恐怕寄到上海的时候，它已经和我的心花一样的蔫了。那也无法。我吻它，可怜它：我心花虽然闭了蔫了，不过一个月，就要开的，它却不能再开的了。可是它带我的吻印归去，我谢谢它，谢谢它。

呵，广州的花草还正茂盛呢。蕉叶都还绿着。

……

我向来不信宗教，然而我知道有宗教的人的心境。我现在每每"祷告"——这是一种奇绝的境界。我有个高高在上的明镜，澈映我的心灵。我昨晚想了一夜：或者这是所谓"幸福"罢？

梦可！再过几天，你若还是没有信来，我便要发疯了。……

上海成了什么样，上大[①]有搬的消息么？（我这方面没有成功，唉！）……

你的宿心
十四，一，一九二四

---

① 指上海大学。

瞿秋白致王剑虹信十七

1924·7·15

梦可：

预计你的信也应当来了，为什么还没有呢？

……

月亮已经渐渐的饱满起来，已不像那纤纤一弯的眉梢，都快要团圆了。

我现在时时觉着为自己做事终不如为人家做事的好过。十九世纪六七十年代的俄国青年往往说要为"平民服务"，……我现在才觉得，——真正的良心的觉得，不仅是理论上的推想，——这是真正的"生命"。

月亮里的"你"是我一切意志的结晶，我那种生命化作你了。你要领略到这种意思，你可以回想那"为浦东人讨钱"时的心境。我是一切为"你"呵。我领略到生命的意义了。我也满心希望，然而不是你的，我便不要。我要你的命令，你为什么不……你即使不命令，我也要想着"所做的事"都是你的意旨，——那时我才能安心去做：我是为"心"做的。怎样呢？冰之怎样？

你的宿心
十五，一，一九二四

瞿秋白致王剑虹信十八

1924·1·16

梦可：

　　这两天虽然没有梦，然而我做事时总是做梦似的——时时刻刻晃着你的影子，言语都……平生最大的"生趣"。没有你，我怎能活？以前没有你，不知道怎样过来的，我真不懂了；将来没有你便又怎样呢？我希望我比你先没有——因为你是不屑和我同"没有"的，假使你还……我想天下唯一可能的结局便是"同没有"了。你一定骂我说痴话。是的。……

　　你和冰之近来怎样，做些什么事呢，大概是很好的。只落得我一个人凄凉。我的家,我要"回家"!

至少请你给我几句寒暄罢。

唉,又是讨人……

一天一天的过去归期渐渐近了。归去!

心头的甜意,想着"归去"尚且如此,真正到了家呢?

你的宿心
十六,一,一九二四

瞿秋白致王剑虹信十九

1924·1·17

梦可：

　　我多么……我今天才接到你的信；我的心花稍微开了一些；你说归来之时反成离别的开始，又使我怎样难受。我每天不写信给你心上总是不舒服。我一天一天的等归期，偏偏广州的日子格外长。但愿美妙的欢音重现。——人间的缺憾哪里弥補得尽，尽可能的享受罢。

　　我昨天又梦见你，我现在只恨醒着……

　　大概二月初我一定能回家了。

　　冰之和昀白①的事我早就料到的，——

① 即瞿云白，瞿秋白的二弟。下同。

昀白是个傻子,哪里禁得起。然而我看冰之也的确不爱他,冰之也的确不能给他所求的,那有什么法想! 何以断定她不爱他呢? 我也不知道。昀白呢? 他也不是真爱,——真爱的又何必这样勉强。他不知道:既然表示之后已经得了一个否定的答复,——假使他真正爱她,真正的信她是理想中的人格,——他就应当体谅她那"被爱而不爱"的苦,不再纠缠着。既是爱得她如此真挚,应当愿意她有幸福,而他的苦笑眼泪无一不是置她于无可奈何之地。那又是什么爱呢? ……你和他说一说罢。

我的生活如此复杂! 谁又能解决? 我爱昀,希望他真正的幸福! 他呢?

你的宿心 十七,一,一九二四

寄上一只十二月里的蝴蝶。

去时恨不遇石犬风,

归来偏碰着矇眬雾。

望前途:

是云,是水,是山?

只见懒洋洋的波澜,

轻轻卷入雾神的怀抱;

它缩小了宇宙,移近了天涯,

把海天圈入小小的屏帷,

便算是爱护抚慰。

却不听汽笛哀鸣,

声声诉说:

"你延长了我三点四点钟的归程。"

何况是:

那水和云荡漾着,

那天和海融合着,

秋之白华

这情景,怎使离人见得。

海云万里接江潮,
离恨归舟梦里消。
相见无言灯下看:
几分春色上眉梢?[①]

海云万里接江潮,一叶归人旧梦消。[②]

[①] 这首诗随信邮寄,无写作日期,所用信纸也有异于其它书信。信纸背面有"17号"字样,不知是何人笔迹,据此暂将其附于1月17日信之后。
[②] 这两句诗瞿秋白写在了信纸背面。

瞿秋白致王剑虹信二十

1924·1·18

梦可：

　　昀白近来又怎样呢？那是稚气。冰之若是可怜他，请她不要再安慰他罢。她曾经说："不忍心耍昀白。"如今是她无意耍了他。再是厮守着，再握着手，再是抚慰他，—— 他正在热，这真是扬汤止沸。你还没有找着你那药的时候，你劝她不用安慰他吧 —— 这就是一个方法。让昀白去"单恋"。你以单恋是非刑，其实真正的"单恋"，比没有恋好。

　　你说是，"几生修到是无情"；我恨不能做木石鹿豕了。可是既然有了情，难道能杀尽它？既然杀不尽，不如帮着它长出一个条理来。单恋不是失恋；本来没有希望，自然也无所谓失望。我呵？——唯恐占尽了人间的真福！我真可怜昀，你且不要把我的话当真，只当它是劝昀的方法罢。只要冰之和他说一句话："我准你爱。"

我呵！——唯恐怕占尽了人间的福。"你"——你！不但准我爱，甚至于竟能爱我这样的人。我越想越不了了，我要飞回来了。我和昀，何以又相差如此之远呢，可怜的昀！

冰之呵：昀白太不自量了！是不是？你就当面和他说："你太不自量了！小孩子！"

唉！……梦可！*Mon Coeur*！[①] 没有心的人怎样活！可怜呵！

你的宿心　十八，一，一九二四

---

① 法文，意为我的心，音译为梦可，系瞿秋白对王剑虹的称呼。下同。

瞿秋白致王剑虹信二十一

1924·7·19

梦可：

昀①、冰②的事我听你的第二次信息罢。……③ 如今昀又如此不体谅我，如此不听我的劝说（我曾经劝过他两三次）。我劝他的话决不是不懂人情的话，他不听，有什么法想？你再替他说一遍，他想起我的话，便要好些的。只要放在心里，爱在心里，自己能克己的牺牲，便是真爱冰之。冰之对他怎样，我当然不能说话。

冰之呢？我自然不怪她。<u>当然她不能给他什么，当然她不能给他什么？！</u>——全在我意料之中！！！……

① 即瞿云白，下同。
② 指冰之，即丁玲。
③ 此处有删节。

……

梦可！人间的真福，只有这心头的微温，我天天的想着：我在烦恼的时候，在疲倦的时候，唯一的救星，只有 *Mon Coeur*。我今天心上非常之苦闷，我觉得我已经又十几天不是我自己了。你说，"我归去的时候，不是我俩离别的尾期，却是开始。"——这句话是什么意思呢？这句话是什么意思呢？每天只能偷这几分钟的祷祝功夫，明天"再会"，明天"再会"。……你近来做什么？

你的宿心
十九，一，一九二四

瞿秋白致王剑虹信二十二

1924·1·21

梦可：

我至今只接着你一封信，真正是万里音书望杀[煞]人。

> 诗神，爱神！你俩
>
> 占尽了人间的生命。
>
> 怎禁得再是别离时候，
>
> 那不解事的淡月疏星！
>
> 一纸书，比万金；
>
> 迢迢山遥水远，
>
> 便望杀[煞]云头，听尽波声，
>
> 也只听得牵挂杀[煞]的寸心。

寸心！*Mon Coeur*！我再过八九天无

论如何要动身回"家"了；我料你接我前几封信必定总还有信来的。我心心念念想着"以后"，怎样？怎样？年华有限得很！

冰之呢，如此的清闲，如此的洒脱。昀白何以要妄想，惹得她不定心？唉！拼命的制造痛苦罢！

……

我们大家扫除痛苦！乐意仅仅在此。

你的宿心
二十一，一，一九二四

瞿秋白致王剑虹信二十三

1924·1·22

梦可：

  一天一天的相见的日子近了。可是你还没一封信来。又想起上大搬家的问题来了，真叫人急得要死……

  这两天天又阴得利害，事又烦得紧，睡又睡不足——你的信又不来；究竟怎样，究竟叫我怎样：难道我回来时正是我们别离的尾期吗？你真要这样做吗？

  我快可以回家了，快可以回家了。

  我每每想着"那森林……那湖边"……

  天下的庸人太多，实在看不惯。任你

有几万丈的巨翅,也飞不出这市侩的天罗地网。唉!梦可!*Mon Coeur*!我只有这一刻儿——给你写信的时候——是舒服的。我禁不住离别了,离别杀我,杀我!

你大概笑我了!……

你的宿心
二十二,一,一九二四

瞿秋白致王剑虹信二十四

1924·1·23

梦可：

今日接到存统①的信，想来我第一次发的信，已经都接到了。为什么你还不写呢？

我急急乎要想回家。还剩四五天便可以动身了……唉！这一世界真不容易住，我有我的另一世界呢。你二十天来究竟怎样？……

　　可厌的市声，
　　可恨的街灯，
　　凄凉的风雨里，

① 即施存统。

尝尽了孤另

滋味。梦里的

人儿,又微笑着

逗人。怎情怀?

……只呆呆地北望着。

你的宿心

二十三,一,一九二四

瞿秋白致王剑虹信二十五

1924·1·24

梦可：

寄上一张小影，预报我的归程。不管它是好是坏，它总能代替我的"魂儿"飞到你的身傍。你看看我——多么愁眉苦眼。……

我拿着它和你的小影，我几乎要晕绝过去。天地间也有一件事是"好"的！

它是我的"魂儿"；——我没有你的福分，该不起活泼鲜跳的安琪儿似的魂儿！只好自己抬举自己"妄相比拟"了。

它或者像你在南京采的花叶似的，能藏在你读过的书里，永久留着你抚摸的痕迹。

你的信为什么还不到！ 忘了……？

我的归期还不能十分确定，大概不久了。我一天天的挨着…… 你连梦里都不来见我！

> 油绿的邮筒，
> 凄风冷雨里候着；
> 你胜似鱼和雁，
> 带得我归家，
> 带得我回到心窝里去。…
> 小影呵，去罢……

你的宿心
二十四，一，一九二四

瞿秋白致王剑虹信二十六

1924·1·26

梦可：

  我正盼望着你的信，你十九、二十号的信已经到了。我的心花不由得不怒放。

  我懂你的话。你的魂儿①竟如此决意的要回去吗。我心说不出的难受。你能安心的听她回去吗？也许你心上难受，故意不写出来。我明白你的心事。你疑惑你自己。我呢，摆布不得我自己。冰之是地上的神仙，千万要劝她把握定自己的倾向，勉力做得世间人；她和你都能大有益于世间呢。不要颓唐，不要灰心，<u>留得一些清明之气，同时找着一点世间的事做</u>，我们

① 指冰之，即丁玲。下同。

的努力必定留些痕迹于世间。其实单为自己想,也是做些事好。我内部矛盾的人生观,虽然有时使我苦痛,然而假使缺少矛盾之中的一方面,我便没生命:没有"爱"我便没有生命的内容,没有"事"我便没有生命的物质。<u>暂时只能如此</u>。我预觉得……

我昨天梦见你,多甜蜜的梦啊!

你的宿心
晨,二十六,一,一九二四

广州恤孤院街<u>五十五号</u>

瞿秋白

(再来信,注明发信地点。)

<u>预备退回</u>,大概不久我可以回来了。

瞿秋白致王剑虹信二十七

1924·1·26

梦可：

我又看你的信了。

我说"即使不命令，我也要想着是你的意旨。"这分明是"矫旨"，你不发怒吗？我只有如此，才能生活了。你只简单的说，"就如此做事，好好的做事去罢"，这算不算得命令呢？

你疑惑你自己，我呢？……

我立刻要睡了，寻梦，寻梦！我只能梦中见你，我日夜盼着归"家"，什么时才能醒时见你，你总是不肯命令，假使我离着你。你自己牺牲，自己委屈来安慰我。

我也要自疑了。你切勿为我牺牲你的魂儿，你爱她得利害……。冰之呵，你何苦这样猜疑，我万不敢……你说，假使冰之的走，是我的罪魁，我是什么味儿。我万不如冰之的真挚。你……

我不敢说了。你们安心些，日子长着呢，看看书，研究研究什么来做消遣罢。人的深情往往能和理智做正反例的。

你的宿心
二十六，一，一九二四

瞿秋白致王剑虹信二十八

1924·1·27

梦可：

"……她又拿起书来想看，然而，一忽儿又呆坐着想了。当医生去罢？可是当医生一定要考过拉丁文才成；况且她非常之怕死尸和病相。最好是做个机械师，审判官，开汽船的机师，学者；总要做这么一件事，用用自己的体力和智力，做到它累，随后晚上足足的睡一交[觉]；把整个儿的生命付与出去，做个有意思的人，叫有意思的人喜欢，爱，有个真正自己的'家'……然而怎么做呢？从什么地方下手呢……？"

柴霍甫[1]《故乡》

Mon Coeur，这是问题，"*That is a question*"[2]…… 我无限的幻想，无限的幻想。今天的幻想尤其多，杂乱颠倒，我提着笔不知从何写起，……我至多一礼拜后必定要动身回家的。我的心总还是不能定。……"将来"？唉！天下的一切，还有比"*Coeur*"再宝贵的吗？

你的宿心
二十七，一，一九二四。

---

[1] 今译契诃夫，俄罗斯文学家。1897年著短篇小说《故乡》，又译作《在故乡》。
[2] 英文，意为这是一个问题。

瞿秋白致王剑虹信二十九

1924·1·28

梦可：

我今天接到你廿三号的信，你还记着我，而且还舍得对我发命令，不但如此，还叫自己愿意怎样便怎样。我苦得很 —— 我自己不得你的命令，实在不会解决我的人生问题。我自己承认是"爱之囚奴"，"爱之囚奴"！我算完全被征服了！

恋爱和社会的调和，—— <u>我不过抽象的说</u>，—— 本是我一生的根本问题，我想它们本是调和的，我自己不敢信，要问我的"心"，"心"若给我一个承认，我可以壮壮气往这条路上走去。自己的"心"都不肯给我作主，谁又作得主呢？

广东我是决不能留的，现在已经决定二月三号走了，我亦不敢说喜欢，我只觉心花怒放，我要见你；见你……虽然你……

我的命运究竟给不给生命？……天下有单有"生存"的人，亦有有"生命"的人；这两种人是大有分别的。

我祷告，我祷告你。

昀的痴，只有爱能医，人家能爱他更好，不能爱他亦好，只他自己能真正的爱。

你的宿心
二十八，一，一九二四

瞿秋白致王剑虹信三十

1924·1·31

梦可：

你和畇的信都接到了。我二十九日写的信还没有来得及发出，行期又迟缓了两天，如今定在二月二日起身，大约二月五六可以到沪。

一切都可以牺牲了，一切都可以暂时不问了。且到了……且到了……怀里。

我是如此喜欢，但愿不要有迟延，——就是因此早死几年也愿意的！

回家了，回家了，回家了

多谢海神的宽宏大量！

我却只见千里外的一点明星,
是我的家,是我的心,
怎样处置这人生?
……

你的宿心
三十一,一,一九二四

王剑虹 致 瞿秋白

1924·1·7 — 1924·1·27

一九二四年初,瞿秋白与王剑虹结婚。婚后,瞿秋白即从上海出发赴广州参加国民党第一次全国代表大会的筹备工作。这里收录的是王剑虹从上海写给瞿秋白的书信。

1924年1月23日，王剑虹致瞿秋白书信手迹觉的心裡好过，那便是我爱听你说的，便是我要听的，便是你所谓我不会听的。这個答复满意么？

我现在觉得我们不要西也没什麽，所以我不会你，不过记着你罢了。我身体一天比一天好，你不信好来当面我晓你了。

你只去养好爱身體，也不要十分念着去我，不必我……

奇怪，三十天缩成二十天。我要希望你三十天延成三十天呢，不必信你所说的便更坏了！我真要养你的精明发笑！

我的現在的腰早不痛了。地很好，你现在身体怎样？精神怎样？

你又无趣了。我又无冷淡别的手讯优属。将把你那兒的证实些等一些不呢？

                                                    剑虹（我又忘记你的名子）

23.1.1924.

1924年1月23日，王剑虹致瞿秋白书信手迹

王剑虹致瞿秋白信一
1924·1·7

宿心：

关于我俩的一切，我现在也没半个字可以说的，我们的别意离情，只是最微细的一点爱曲中的哀调罢了！过了这些日子自然再有美妙的欢音出现 —— 只是，我现在倒被一种新起的事体感动得难受！我十分的难过啊！……昀的心，怕要被爱火烧焦了！昨日（六号）他同冰已宣布一切，但是他所希望的伊实在苦于不能付与。他深切的知道，而他的……又更不可收拾，……昨晚，双方都未成眠。他的冷泪只是那样直泪[流]，时或变声狂笑，那种苦笑，简直连我的心都撕碎了。我的冰已经处于无摆布的"奈何天"里了啊！！这种事体怎么得了！我提起笔手都抖战，我深切的咒恨那愚弄人间的"爱神"。

昀说：他要同傅超雄订婚，不然他回常[1]后要家庭代订婚，他只好出此下策图稍定定他的心。你看这种事体都可以冒昧干得的吗？他看看要划断了他"将来"幸福的路了。我既难受他的种种，同时我的冰向我呻唤，我更难过啊！

他俩的生活全都扰乱得不堪了。昀从昨晚起自今天没有停止过眼泪，也没有清醒过情绪，只痴痴迷迷，笑啼并作……冰只好寸步（不离）厂［厮］守着，执定他的手……可是，只厮守着有什用处，他所想要的并不在伊那点怜惜，但是教伊又怎办

---

[1] 指常州。

呢？伊除了怜惜，劝慰，厮守着，还能做什呢？伊也是没法，我这旁观者心都碎了，你想当局者。你什时才得归来哟！这些"日子"偏要人一天天挨次过去……它们怎么不是我们别离的尾期而偏是开始呢？这种光阴有什么可贵！惭愧还拿黄金去比拟它！！

你爱昀，你来安慰安慰他罢，不然，恐怕那可爱的孩子要"一倒头安排着憔悴死"了，或者竟照他所说的事去干了，不断送他一生了吗？你怎不快归来啊！一切的……都只盼望你来。

假设你处了昀的地位，你要怎样？

"单恋"，"单恋"，好残酷的非刑！！

祝你旅程平安！

梦可　一,七

王剑虹致瞿秋白信二

1924·1·7

宿心！

"几生修得到无情，最难消遣是今生！""天若有情天应老！"你拿你自己来设想昀，你又拿你自己来比拟昀，你的心情当怎样的……？万一我们不能先安慰着他，又怎样得了！其实我们又怎样安慰得着他呢！喏大的宇宙，不知有几千万万个他或伊，真是黑沉沉的尘世，教人怎愿留恋着呢！！

我同冰说，我只想能寻找得着叫男女饮了互相恋爱的药才好。我真愿寻得着那药，若真的寻得着，实在比念南无佛还大功德……

梦可

王剑虹致瞿秋白信三

1924·1·19

宿心：

我刚从外面归来，手冷得发抖。因为你要我的字，所以我又给你写信，虽然我暂时无话同你说。

十一，十二两信，在挂号信后一天下午接到的。我虽然……，得着这连日的信函也很安慰，并且感觉着愉快！

你不要以我临别的话当真，我现在很平安的。你放心！放心罢！！

宿心啊！你写的许多许多……我找不出一个字，一句话复你，我又哪有话来同你说呢！

今天特别的冷。我要到谢家去拿书，所以约魂儿同昀白一路，他们到法公园去等我……冷峭的风啊,吹得人发抖,手足浑身都冷得僵痛。现在手都还是木强的,免[勉]强在运用它。——你在广州多么暖和!

昨霄,可怕的风雨之夜……我曾经做得有几首诗……可是烧了!……好!我没话同你说了。恕我!

愿你忘却……"离别"!!!

梦可
19,1,1924.

王剑虹致瞿秋白信四

1924·1·20

宿心：

　　从你走后直到现在，我始终莫明其妙：我仍昏昏沉沉的。——干些什么？云雾中的日子！真是云雾中的日子呵！我们看梅兰芳的戏，打麻匠……玩得……还是不觉得痛快……我不知怎样安排我自己！

　　为什我的信到十五还不达你手边？难道邮局递误了？现在——我摊着你十四,五两信在我面前，我对着它们出神：今天已经廿号了，我的信应当到你手上了，假如它不曾遗失。可是，那是我给你的头一封信，亦不是好消息呵！你天天盼望盼望着，到手还是只能使你难过。我亦没法！

你的信同花瓣，蕉叶……我——我珍受了！我——我知道了！

聪明的你，不错。照着你那"我是为'心'的命令做的"快快活活做事去罢。"……即使不命令，我也要想着……你的意旨"就是那样想着罢！！ ——同的。

我的魂儿么？我已是做了她的口[1]人。我新发现我对伊一切不能干涉：——一切的都在她面前失力，我在她身上已经无权力了！！……她决意春间要回湖南去，我……不说了吧。

我自己很安好的，同你没离开已[以]前一样。

我这封信是在你桌上写的。你的影儿冷悄悄的无二！站在那儿，我看出你沉

[1] 原信如此。

默之中——隐隐浮有微笑的旧痕在口甫（？）[1]上……我凝视着他……你远远应当觉得有……么？

宿心！"人"又好笑又可笑，我怎么会做了"人"。我并且做了□□[2]的人——我自死不满意我自己，虽然一时期曾□[3]过人类的"爱"的期间。

我十分惑疑我自己，直到我临近"地狱的门"那一天。

我这些话你一定不明白。你一定不以为然或许以为我随便说说——我是费了无限思索——从心底里流出来的实在话呵！我是一个"鬼"，一个□□[4]的鬼，我暂时为你的挚"爱"不咀咒我自己。等到……我便……

我希望你快乐地享受南地十二月

[1] 原信如此。
[2] 这里两处"□"原信如此。
[3] 此处"□"原信如此。
[4] 这里两处"□"原信如此。

里和暖的春光,常常把花草寄一点给我,好使它们多带点你的……

多寄点岭南的"温意"来。我现在手冷得十分僵痛呢!

梦可
一月廿号

你寄来的花瓣还有几分娇润。

我在它上面吻着,吻着你的吻印。

好! 我俩混合了热烈的吻痕……

宿心! 你……

昨宵月儿又圆又冷,光色分外清明。

我恍惚从它明澈的心中见我——

见我那天涯人!

宿心你! 月儿圆了,可是它十分清冷,十分清冷! !

梦可

王剑虹致瞿秋白信五

1924·1·23

宿心：

你的十二十三两信，在你十四,五两信之后一天接到了。

今天已是廿三，才接到你十几的信，那我这信到广州不是月底了么？那时你应当要在归程上了，要在归程上才好。我已［以］后的信不能得着也罢。

你问我"容许你'社会的生命'和'恋爱的生命'相'调和'不？"我想了又想，归于"茫然"，不知怎样答你！！"<u>社会的生命</u>"，"<u>恋爱的生命</u>"，"<u>调和</u>"，"<u>不</u>"，—— 不，我实在不会答复你。我还不懂什么是……

你要回上海便回上海,你不能回上海便不回上海,……你单莫问我什么"调和"……我不懂……

那社会生命和恋爱生命调和便怎样?不调和又怎样?……我看着你的影儿好笑!我对你讲:你愿意怎样,要怎样才觉得心里好过,那便是我容许你的,便是我要你的,便是你所谓我"命令"你的。这个答复满意么?

我现在觉得我们不见面也没什么,所以我并不念你,不过记着你罢了。我身体一天比一天好,你不信将来见面就晓得了。

你只想着日子容易混过,也不要十分急着想我。不然我……

奇怪,三十天缩(短)成五十天。我要希望你五十天延(长)成三十天呢,[1]不然

---

[1] 此处似是对瞿秋白另一封信中"我心上总是痴想:假使三十天可以缩成五十天"笔误的打趣。

像你所说的便更坏了！我真看着你的影儿发笑！

我的魂儿的腰早不痛了。她很好。你现在身体怎样？精神怎样？

你又太热了。我又太冷。此刻的手十分僵痛。能把你那儿的温意分寄一点不呢？……

23，1，1924．
梦可（我几乎写了你的名字）

你的昀弟弟，你念着他吗？

他的心情很是恶劣的。

我同魂儿真是没办法！宿心呵！

自己爱人，人不爱自己多……！①

① 落款后的四句话写于上述信纸背面。

王剑虹致瞿秋白信六

1924·1·24

宿心:

这是你给我的第十一封信了,从我们分手那天起。我呢!我曾给你几封信!……

昀的事你不必怎样难过,你更不要说他是什么"不体谅"你,不听你的劝说。你要知道他的态度正是你所不能劝而不忍劝又不忍看的呵!——我不曾对你说明白,他并不是向魂儿诉说他爱恋的苦,像你所拟想的。他不过因闷极略微向一知[①],比难[②]吐露一两句话。魂儿知道(本来早已知道)同我说:不如表明这一方的

① 即王一知。
② 即陈碧兰。

心意，绝他希望，免他痛苦更加深长。所以当天晚上她问他……一切情形如是而已。一直到现在，他无处不是克制着自己的感情。我真可怜那青年；我只能可怜呵！他的希望虽似绝了，而他的心田已怒发了爱的嫩芽，教他怎样？他哪里还有心去读俄文。——他曾经几次从外大街归来，几次通宵不寝，现在还是终日在外，不到下午晚饮后或晚上是不转身的。他很深沉，他很烦闷的样儿，本来是不大说话的，更觉沉默了。

你应当来信几分的慰他，不要向他说什么不体谅你……小物件[①]的哥哥真难做！畇白的哥哥实在好做呵！你的弟弟是个维特[②]，你的弟弟是个好青年。杰克[③]的弟弟恐怕差些罢，……拿你的纯挚的热

[①] 小说《小物件》的主人公。法国作家阿尔丰斯·都德1868年所著半自传体小说，今译《小东西》。
[②] 小说《少年维特之烦恼》的主人公。德国作家歌德1774年著。
[③] 小说《小物件》中的人物。

爱,来洗濯下他心灵上的创痛罢!我希望着!!

我那"离别""尾期"……等话,你看错了。我已忘记我怎样写的,不过我相信不是那样说。你不要瞎猜。

昀是"爱"在"心头","苦"在"心头",实在是放在"心头"。你还要他怎样?那可怜的青年呵!他被错误的箭头毒害了!谁能救他?谁能治他?我恐怕他想到你的话不会好罢。

宿心!你便做了他的"杰克母亲",也只能愁他一瞬时的苦痛呵!你应当做他的杰克母亲,你应当的。

我近来一样事都没做。我也并不愁闷。只天天记着撕那双花斗艳的日历,还恨我手里没有金鞭,不然,便好死力鞭那懒惰的日，月……为何它们只慢吞吞地走着！

我相信你的身体一定很好，因为我自己很好的，你相信么？

我希望你安好的归来！

梦可

24，1，1924．

王剑虹致瞿秋白信七

1924·1·27

宿心：

我们正像走黑夜的人，过了一程，惊魂定了一点。回顾来路，黑漫漫好不怕人——我俩怎样都平安地把初别以下的日时过去，现在看看光明近了。我回顾初边[别]……那日子多么阴沉悲惨呵！——我多欢喜这已是廿七了，转瞬……！我静等着……

今天接着你廿的信，许多……我知道你今天定不是廿天的心境。

昀和冰的事，停顿着。什么"儿戏""免[勉]强"……你放心罢。虽然他俩都有点小孩气息,却是都不是平常小儿女……

宿心,我们这次的契合,在我们并没有什么——却是外人的谣言实在……这又算什么?这于我们有什么?……我很欢喜,欢喜你归期近了。这信抵广时,你大约……唉!我真……

梦可 27／1／1924

秋之白华

Part 2

杨之华诗 文 译作

诗　离别的纪念
　　徒劳心悦
　　旅行笔记
　　无题

文　无题
　　无题
　　无题
　　无题
　　从这一岸到那一岸
　　无题
　　血
　　豆腐阿姐
　　隔离（初稿）
　　隔离（二稿）

译作　八月四日晚上

诗

杨之华诗作《离别的纪念》手迹

Военно-грузинская дорога
旅行筆記

一

少女駕車前進
　　長途旅行
駛入一個健康的巨人.
出空的肌膚，
　　潛全聚神，
時常有向一定的標準
沉睡的臉色紅暈，
流暢的笑容引人,
低聲歌唱"工農兵",
大家一致的駛帆心,
駛也在激烈排写,
罢工經完毛郁罢!
駛是世界注的自由之神。

二

少女駕車前進
　　長途旅行
狂駛社会致的新城
　　工農等罢
热烈主城的欢迎

杨之华诗作《旅行笔记》手迹

杨之华诗作《无题》手迹

杨之华诗作《无题》手迹

※ 1935年6月瞿秋白牺牲后,杨之华按照组织安排赴苏联参加共产国际第七次代表大会,并留在莫斯科国际红十字会工作。《离别的纪念》《徒劳心悦》是杨之华在夜深人静时,回想与瞿秋白相处的日子写下的,它们寄托了作者无尽的哀思。

离别的纪念

静坐灯下沉思别

三年前的今日

眠着

炭色的后影

前行前行

直到

踪迹尽

回家门

室内寂静

到处留着炭色的人影……

炭色的人影，

谁知一去就是永别

到如今

千思万想

重见

全无动静

11／I 1936г.①
写于 баткино② 医院

---

① 即1936年1月11日。г. 俄文，год 的缩写，意为 年。
② 俄文，巴特基伯，医院名。

徒劳心悦

梦里魂相依
哪有生死别
你负病如昔
战后回家息
我心愿意贴
服侍情更切
满腔的热望
仿佛无穷无绝,

谁知梦醒后

是徒劳心悦

30 / XII / 1935 年[①]

写于梦醒后

26 / XI / 1936 年[②]

复抄于第二次梦醒后

[①] 即 1935 年 12 月 30 日。
[②] 即 1936 年 11 月 26 日。

※ 这首诗写于1939年后。当时，法西斯轴心国德、意、日结成军事同盟，日本帝国主义侵占了中国大片领土。1935年瞿秋白牺牲后，杨之华赴苏联工作已有数年。她通过诗中女主人公在格鲁吉亚旅途中的所见、所闻、所感，表达了自己怀念战友、怀念故乡、渴望参加战斗的情感。

Военно-Грузинская дорога [①]
旅行笔记

一

少女驾车前进

长途旅行

她是一个健康的美人。

幽灵的眼睛，

精会聚神，

盯着前面一定的标准

---

① 俄文，意为格鲁吉亚军旅。

活泼的脸儿红喷,

滋嫩的笑窝引人,

后面歌唱"工农兵",

大家一致对她倾心,

她也在微笑相应。

劳工终究是神圣!

她是世界活的自由之神。

二

少女驾车前进

长途旅行

狂游社会主义的新城

工业奇惊

热烈至诚的欢迎

展开了伟大阶级的同情。

同志的真诚;

大众的热情；

愉快的歌声；

沉痛的演词；

燃烧了每个旅人的心，

欢泪喜笑举杯饮，

友敌分明。

朋友呵，我们协手同进，

完成历史的使命！

前面是广泛的大道，

冲过黑暗到光明，

高山间的水电机，

将成为中国革命胜利的象征！

三

少女驾车前进，

长途旅行。

登了世界有名的高山岭,

深信无产祖国基稳定,

沿途泉水滚滚,

长带绕山径,

瀑布声静听,

好像一对情人在诉情……

遥望最高处,

积雪盖山顶,

南面是太阳分明,

北面是烟云飞腾。

苏联要的是和平,

破坏原是帝国主义的本性。

看罢,

西方的意国把阿境侵,①

---

① 1939年,意大利侵占阿尔巴尼亚。

东方的日本把中国领土占领。

好在弱小民族自己起来力争,

取得全世界劳动阶级的同情。

四

少女驾车前进,

长途旅行。

出发地,

秋风黄叶飘飞。

煞时间,

身入冬雪积地。

登峰远望

似入天际,

云在半山飞,

车内歌声起,

途遇旅人,

默视无声。

可是

不问客从何处来,

捏起雪球迎面飞。

战一阵,

笑一阵,

一边是东方女子,

一边是年青红军。

在无意的游戏里,

同样的充满了阶级的友情。

五

少女驾车前进,

长途旅行。

汽车下坡急迫,

仿佛冲出敌军围剿猛追的红军

地平线上夕阳红轮,

山腰间瀑布狂奔,

驾机的少女呵!

你好比是我们的军事总司令!

……

忽见羊群忽现村,

闻得农家有鸡鸣,

森林

红的绿的彩色分明,

还有奇见的嫩竹林,

仿佛我们已经回到东方古国的春景。

古国的春景

是中国苏维埃的黎明。

六

少女驾车前进,

长途旅行。

黑夜好寂静,

只闻车轮声……

同志们都在摇摆打鼾,

而我展开了另一幅画景……

这里不是汀州郊外吗?①

横卧的尸身……

横卧的尸身……

不是他最后一梦也在山径间吗?

我的心……

我的心……

泪在奔……

沉痛的悲哀何时尽……

在中国的工农兵,

---

① 指福建长汀,1935年瞿秋白在此就义。

正在饥饿中呻吟。

屠刀下的鲜血,

水火中的牺牲,

时刻酝酿在心……

像沸水在滚,

我怎能安宁!怎能安宁!

除非已把敌人杀尽。

七

少女驾车前进,

长途旅行。

臂脱络夫斯基[①]的炼钢炉正在喷火

喷出了中国被压迫者的愤怒。

愤怒

---

① 今译彼得罗夫斯基。彼得罗夫斯基钢铁厂位于乌克兰中部第聂伯彼得罗夫斯克市。

不能忍耐的愤怒!

看罢!

光焰万丈……

看罢!

光焰万丈……

炉内的红光流质

炉外的劳工汗血

这是全世界无产阶级自己的力!

它要把野蛮的法西斯蒂成为脚下的垃圾!

※ 此系残稿，只保存下来了后半部分。1935年6月瞿秋白牺牲后，组织安排杨之华赴苏联参加共产国际第七次代表大会。会后，杨之华随代表团到苏联南方参观。而七年前，于莫斯科举行的中国共产党第六次全国代表大会和共产国际第六次代表大会结束后，瞿秋白就曾偕杨之华参观过这里。此时，杨之华故地重游，身边已没有了秋白。她感慨万千，以诗的形式表达了对丈夫和战友的思念。

无题

回忆七年前

来到此人间，

共游如飞燕。[①]

我曾被你强烈的意志燃烧，

[①] 1928年9月，在莫斯科举行的中国共产党第六次全国代表大会及共产国际第六次代表大会结束后，瞿秋白夫妇随各国代表团在南俄参观。

我曾被你多年的幽情缠绕。

过去的一切甜情蜜意,

已成今日悲苦的回忆……

　　心影啊,

你犹在眼前,你犹在云烟

　　回忆七年前

　　来到此人间,

　　共游如飞燕。

今战后负伤只身来

又从地狱到人间

拔古①的新城更新

那里还是工人村

① 今译巴库。下同。

秋之自华

广阔的马路光滑

两旁的树林茂盛

从青绿色的葡萄棚下

溢出工人之家的琴歌声

歌声在微风里浮沉

鸟儿在树林间共鸣

他们自己的汽车在

  幽静的大道上行……

行行重行行,

复来拔古旧城。

一见触目伤心,

我在城边找心影……

幻想七年前的足迹

  尚留在残垣废墟间。

然而,然而。只有古老的堡垒

  高高的静静的竖立在人间,

而心影呢?

  如烟……

5/10/1935^①作
4/II/1936^②改作于疗养院

---

① 即1935年10月5日。
② 即1936年2月4日。

文

秋之／自华

月亮同我们人数不知道有多少你少年老月色的对着人们静默的看着一直看到人们的肉感里血把人整个的灵魂吸住了把人的思恋情感沉醉了起来。你可以使人快乐，[删]使人笑，你可以使人苦闷[删]使人哭，你可以使人惊怒，使人苦手，你还可以使人事等[删]使人无虑，你的力量实在太大了你[删]简直掌握了整个[删]人类思男。你是人类的一个慈爱的母亲，佳音的种接着人的灵魂！你思这是早上最伟大的爱！

太阳同我们人类也不知道有多少年少。它整年整月色的对人们很有力的照现着。你不但[删]你支持人类的生命，你还支持人类以外的一切生命。你可以使人不受饿，不受冻，并且使[删]有机的生命一天天的向上[删]。你的力量更比月亮还大，你简直把握住一部[删]的权力，你是人类一个最勇敢最公正的父亲，你佳音的保证着人的生命！你就是人类幸福的真理！

大地呀既有了这么慈爱的母亲，既这么有力的父亲，为甚么这一部分人不能了解到怎样来享受有些带阿娘多的幸福而为了贪为"利己"做出许多违背自然等的行为，反倒自然等的起倒，发生人类同虐得钱欠[删][删删]使大多数的劳动者——社会的生产者[删][删][删][删][删]受到少数人的[删]不劳动不生产的压迫，叛打虐杀，到夺一切人应有的权力和自由，使他们不能道一口气说一句有意的话。不能不自由，饥饿寒冷以至到于支持他[删][删]种种的痛苦。[删]

杨之华文稿《无题》之一手迹

连人数亿生活史上年中最不可缺少的爱情也被剥夺了去！何曾

我们的月亮妈妈呀！太阳爸爸呀！公理在那里！那你们说我们的物质生活在那里？你们说我们的精神生活在那里？没有！都没有！

有人说"没有饭吃，没有衣穿是不能，没有爱情不要紧"这两种生活中他们的图书究竟分了多少高呢？又有人说"那你革命者是认定的不是感情的"理智和感情怎么可以对立起来？在三年前有一位在交获署上工作的同志，他极天真的对我说"呀！我想你们的史太林一定是一个没有感情的人，不然他的工作为什么有这样像太呢！"我起会惊问他"你从何知道他没有爱情的呢？"他极着说"好像你跟起来一般同志都这样照记，甚至使我的脑筋饥印着那么一个影像。"他又极贪著的好奇的问着"史太林对他的爱人一定不是温柔的……"

我们说到这犯名头像看见像的哈哈大笑了一场。他的话太天真太有趣了。

他是一个有趣的孩子！他定是一个受着"革命的遗号之生"的影响的同志。我向他奇怪的问他：

"那你心祖想做一个史太林阳老么？"

他放我害兰一向向铅呆了起来。

我极更重视敬重史太林同志的工作和贵满。他像是一个革命

杨之华文稿《无题》之一手迹

杨之华文稿《从这一岸到那一岸》手迹

杨之华文稿《从这一岸到那一岸》手迹

血

一

天上布满了灰色的云，从早晨到现在，一点没有变动，大约今天太阳不会出来的了。在码头那边摆着许多只民船，堆满一袋袋的米。有七八个男小孩赤着脚在米袋上跳上跳下，从这只船跳到那只，又从那一只再跳到别一只船，前面几个逃着，后面几个追着。他们就在这些米船上很起劲的进行他们的野战！他们的母亲们，有的伏在船边上弯着身体洗尿布，有的在船艄那里摘炉子，从炉子里冒出很浓的黑烟，烟得她的眼睛都张不开，眼泪和鼻涕不断的流下来，她们是在忙着准备烧饭。有几只米船上放了很长的跳板，几十个船夫都在忙着卸货，从跳板上一直到石子堆的街道上满是骯髒的泞泥

杨之华文稿《血》手迹

2

的泥浆。他们就在这泥浆塘上川流不息的来来去去。在码头上非常之热闹，有挑担的苦力有武装的士兵，有做小生意的女人，有残废的讨饭，有顽皮的野小孩。人声非常嘈杂！了了特别听得清楚的，就是那种连重的喘着气的苦力们喊出来的声浪。这边，那边，从民船起一直到堆货栈上为止，在一条成斜线的跳上来往的苦力们，仿佛凑着拍子似的一高一低的呼出各种花样的音调：嗳哼，校育，嗳育，校育，嗳咿，嚄呀，嗳呵，嚄呵……尤其是几个年青些的苦力行桥外箩底，格外急迫。这种声浪就笼罩了整个码头！

在跳板底下的水栏，看得出赤着脚穿着背心，着手的徐驼底似的别之，他们跟着波浪流向岸的一边来。苦力们之中有的已在脱了上身的衣裳，把那件满了汗垢臭气的布衫搭在肩膀上，上面压着一石四五十斤重的米袋；有的还扛着没有锯行的空心杉棉。上面已染有各色的补绽和很多的油渍。他们露出了乾

杨之华文稿《血》手迹

独伊小妹：

你好！

立华从在斗争上发表的小说，那已请人抄了。现寄上。并附寄上抄写时用纸条，请参阅。

天气已发凉，当保重。

敬礼！

丁玲 1979.8.27.

丁玲致瞿独伊谈《豆腐阿姐》书信手迹

丁玲请人誊抄的《豆腐阿姐》

杨之华《隔离》初稿

杨之华《隔离》初稿（上有瞿秋白的修改笔迹）

杨之华《隔离》初稿（上有瞿秋白的修改笔迹）

杨之华《隔离》初稿（上有瞿秋白的修改笔迹）

杨之华《隔离》二稿手迹

阿毛

一、

工厂里像牛作的笨重的机器都仿佛睡了觉似的。矗得高高的大小烟囱也像死人一样也不会喘气的了。工厂的大门闭得紧紧的。这已住不是大都市上的工场了,而真是了在荒野里,一大大的坟墓了,或者也是邻间的寺庙庵堂罢。静悄悄的只剩了几个看管房子主村的印度巡丁。他们白天都是懒洋洋的吃着躺着到处寻觅阴凉的水门汀,在水门汀上铺着破烂的蓆子睡中觉。这摊样长久的休息,是出于他们的意料之外的。

街道上来往的人似乎给了痛痒疯狂的传染病,到处看见一家一家的挥手划脚很慌忙的疯人定。长方四布的小孩子飘着,最奇怪的就是长衫的朋友西装少爷,还有那些大腹不担也陷到了来。没有踏进他们穷苦人住的地方,并且同那人讲起秋来了,肚子饿了咽天饼也吃不得难以情了,好好的工人一直没有作活的称赞着佩服着。虽然他们——那些下等人並没有真正的懂得什么少爷的议论,腦子里把那些从来没有听到过的名辞生吞活剥地咽了下词

※ 杨之华回忆和思念瞿秋白的这六篇文稿，写在一个黑皮本中，没有注明写作的时间和地点。从黑皮本标签和文稿内容上推断，它们当完稿于瞿秋白牺牲之后。

无题

月亮同我们人类不知道有多少缘分，年年月月的对着人们静默的看着，一直看到人们的心房里，把人整个的灵魂吸住了，把人的思想情感活跃了起来。你可以使人快乐，使人笑，你可以使人苦恼，使人哭。你还可以使人安慰，使人焦虑。你的力量实在太大了，你简直控制了整个人类。你是人类的一个慈爱母亲，你经常的抚摸着人的灵魂！你就是世界上最伟大的爱！

太阳同我们人类也不知道有多少缘分，也是年年月月的对人们很有力的照耀着。你不但支持人类的生命，你还支持人类以外的一切生命。你可以使人不受饿，不受冻，可以使有机的生命一天天的向上伸长。你的力量更比月亮还大，你简直有把握住一切生命的权力，你是人类一个最勇敢最公道的父亲，你经常的管理着人的生命！你就是人类幸福的真理！

大地虽然有了这么慈爱的母亲和这么有力的父亲，可是因为一部分人不能了解到怎样来享受自然界所给与的幸福，而为了"贪心""利己"，做出许多违背自然界的行为，颠倒自然界的规律，发生人类间虐待好人，残杀好人，毁坏有用的建筑，浪费有用的财富，使大多数的劳动者——社会的生产者受到少数人不劳动不生产者的压迫，鞭打虐杀，剥夺一切人应有的权力和自由，使他们不能透一口气，说一句有益的话，不平等，不自由，饥饿寒冷以至受到不可支持的精神上的痛苦。连人类生活中，生命中最不可缺少的爱情也被剥夺了去！

我们的月亮妈妈呵！太阳爸爸呵！公理在哪里！你们给我们的物质生活在哪里？你们给我们的精神生活在哪里？没有！都没有！

有人说："没有饭吃，是不能，没有爱情不要紧。"这两种生活和生命中的因素如何可以分离呢？又有人说："我们革命者是理智的不是感情的。"理智和感情怎么可以对立起来呢？在三年前有一位在文艺界上工作的同志，他很天真的对我说："呵！我想俄国的史太林一定是一个没有感情的人，不然他的工作为什么有这样伟大呢!"我就含笑问他:"你从何知道他没有感情的呢?"他接着说:"好像听起来一般同志都这样说,甚至使我的脑筋里印着那么一个影像。"他又很含蓄的好奇的问着:"史太林对他的爱人一定不是温柔的……"

我们说到这里,忽然像霹雳样的哈哈大笑了一场。他的话太天真太有趣了。

你是一个有趣的孩子!你也是一个受着"革命的道学先生"们影响的同志。我问他,奇怪的问他:

"那你心里想做一个史太林同志吗?"

他被我突然一问问得呆了起来。

我很尊重很敬爱史太林同志的工作和言论。他确是一个革命的领袖人,然而我不当他是一个一般人所说的"英雄"或"超人"。他是一个聪敏、坚忍、用功精于革命理论、富于实际经验的同志,而且他一定是一个很热情的同志,虽然我没有亲眼看见他对自己的爱人情形怎样?

第一,我们革命者一定要清楚我们为什么要革命,很简单而主要的我们为了大多数被压迫者，连自己的要饭吃，要衣穿，要得到真实的爱情，要自由，要平等的<u>要求</u>而革命。要把这些权力从少数人那里夺回来，所以要有阶级斗争。

第二，理智与感情都是每个人天赋的本能，这两者不能分离，不能对立。

他有一致性，这一致性就要在每个人确定自己的思想，就是说确定自己的人生观里面可得出来的。然而确定思想和人生观不是一桩极容易而简单的事情，他要从自己内在的矛盾里面而经过交叉的，长期的斗争，然后才渐渐的得到最后的结论，只有思想确定了，感情可以随着理智而决定，而同时一切本人所有内藏的随时发生的矛盾和斗争就容易解决了。例如我们看见被压迫者队伍里面所发生的一件苦恼事，我们心上突然起感动，由此而同情而自己参加斗争。另一方面，看见压迫者自己有什么苦恼事，引不起同情，反觉他们自讨苦吃，而憎恨他们。

第三，革命者的工作力量就要从自己的生活里面来认识革命要求，因为人与人之间的关系像一支链条一样，一环一环的相接着。自己的痛苦与别人的痛苦，自己的要求和别人的要求，自己的情感和别人的情感，自己的行动和别人的行动，在同一的痛苦里面发生同一的要求，在同一的要求里面发生同一的情感，在同一的情感里面发生同一的行动。阶级斗争的力量是这样结成的，谁是朋友，谁是敌人也从这里可以分得清楚。

革命者不要怕说出自己的要求，革命者也不要幻想出别人要求，革命者不要想自己做一个"超人"，革命者不要自己做一部死的机器。

这样才能理智上把握住自己的任务，认清目标，这样就能够使整个工作顺利起来，这样使自己不会被虚伪所蒙盖，这样使革命的热情丰富起来，使阶级的友爱提高起来！我们要团结一切被压迫的多数人像一个人一样！

革命者为什么不要感情呢？恰恰相反，革命的热情真是每个革命者必具的条件。同情与憎恶，不满意与反抗的情绪从哪里来的？从几千万万人受苦受难的生活里，反映到革命者的心里，受到强烈的感动才出来的呵！"无情的人，他能忍心不顾几千万的苦人，能看着他们丝毫无动于衷，难道能成革命家。他们对于一切顺受，一切按着'老规矩'，婚丧冠祭，吃饭，睡觉，都有旧习惯统治着，难道他们能有真情？"

讲到恋爱问题，在我们的革命队伍里面看到两种人：

第一种是"清高人"，也可以说"革命的道学家"。说起来似乎他们看得恋爱头痛的，甚至禁止别人恋爱和可能的通讯。如在旅莫支部时代，简直风行一时。每个组长或书记监视情书，严厉的批评。1933年苏区的《中华日报》上曾有这样的意见，禁止红军家属通讯，把他们家信扣起来，这里我必须要说清这在战争时期有碍于军心，为整个革命利益的立场是对的，但是方法是不对的，消极的。因为这样反把每对爱人的心更不安，应当在积极方面怎样来使他们的妻子们慰劳和鼓励他们的丈夫，这才可以得到更多的效验。"革命的道学家"不但对于恋爱问题上这样，甚至他的工作方式要像印板印出来的字一样的死板，要使党员失了活泼性。冷酷的现像可以离开群众。

第二种人对爱情是放任的，随便的，见人会爱，爱了也可随丢。

在白色恐怖的笼罩下发生这样一种可怕的心理——横如今天不知明天的事,解决性欲可无标准的。这种现像实在可怕! 可怕!

我想这两种人虽然是极少数,但是对整个革命有不好的应[影]响和阻碍。我希望这种缺点做我们的教训,快快的改善和消灭。

革命的组织是历史的伟大的机器,要是不断的前进,愈快愈好,免除一切世界受难人的痛苦。每个革命的领导者都是机器匠,每个革命者是机器上的零碎件。要使机器前进得快,一定要机器匠把每个螺钉和轮子等等装置得适宜,换句话说,就是应该以各人的性情、能力、环境来分配工作,不要死板,不要浪费。阶级的友爱,真似发动机的燃料,没有燃料,机器不会前进。我们为生活而斗争,为主义而斗争,为反对冷酷的虚伪的社会而斗争!

话说多了,我现在要把我为什么要整理我们一些不完全的私人书信的意思说一说:

第一、我们的书信正像我们的人一样的普通,我们的爱情也正像大众一样的普通。这因为我们的生活与大众没有两样。不过可以使你们知道，我们在人生的旅途中，如何遇着真实的伴侣和我们生活的大概情形。

第二、我为什么把秋白与已故爱人的书信也放在一起呢？（1）因为她是我爱人的爱人。我的性情，凡是秋白友好朋友，我都能出于本能的发生好感而尊重。（2）在她[他]俩的书信上可以看到秋白虽然是被爱，而他既爱后对她的真挚热情非常浓厚。（3）见到了秋白与她因为思想上的不同发生许多矛盾的地方，不但在他俩之间是如此，同时看出各人自己内在的矛盾。

第三、在我俩之间关系上也可以看到他对我爱的真挚。他是一个多情者，我接受了他的爱，使我爱的生活得到非常满足，我深深的致谢他！感激他！同时也可以看出各人矛盾的地方。

第四、在我俩的书信上，带一种当时社会运动的记事性，使读者可以看出我俩在工作上的互助，在精神上的调和。

第五、[1]

---

[1] 原稿至此完结，后缺。

秋之白华

无题

抓不住的影儿呵！你绕住了我的心弦，我摆脱不了，我也不愿摆脱，不愿。你绕罢，愿你绕紧些，绕得愈久愈好。直到我死！

我的口里像含着一颗小小的橄榄，我细细的咀嚼着，又甜又苦。我细细的咀嚼着，又苦又甜。我贪心，我愿意含得愈久愈好。我怎么这样的贪心！连一个两头尖尖核儿也要含着舍不了吐出，如今它是这样的时常塞住我的喉咙……

"烦闷忧愁，[①]

和谁握手，

在这心神

不定的时候？

---

① 译诗参照原译文。

希望，希望，

绝无影响，

又何事

徒劳意想？

芳时易过

驹隙年光。

爱乎谁爱，

枉费心神，

暂时的——

不值得，

永久的——

不可能。

自视又何如？

陈迹都无。

苦乎乐乎?
一切比泡影还虚。

情爱呢?
可知,这甜情蜜意,
禁不起 ——
理性一闪,
迟早是 ——
雨消云散。

生活呢?
你且……
冷眼相觑,
才知道:
人生空泛,
人生真太愚。"

当我读着你译的列尔孟托夫①写的这首"烦闷……"诗的时候，我真不知道苦乎甜乎，人生真太愚呵！我这样贪心，这样贪心。十年，十年，一切比泡影还虚。抓不住的影儿呵，我走遍荒野，只见到烈日下一片长草，被风吹动的波浪。影儿呢？歌的余声呢？笑的余容呢？流的血迹呢？没有，没有，一点也没有了。我又被那个核儿塞住了喉咙！

我不能再想，然而这又做不到。这是怎么一回事！抓不住的影儿呵，你似乎时刻走近我，你似乎时刻远离我。你的面容惨白得可怕，你的不动的眼光紧盯住我，你无血色的柔顺的双手握住我的双手，你无言，你对我流着这么多的伤心泪。你走路原无起声的，我时常觉得你悄悄的尚在我的房中。你说话，原很少而从无大声的，我时常觉得你的音波尚在我的耳边。你笑原是含意非浅，我时常觉得你的笑容尚留在我的眼帘。你默默感伤，含泪吻

① 今译莱蒙托夫。

我，我时常觉得我的脸上尚留着你的泪迹吻印。你负病书不离手，你做事勤苦不休。你以笔迎战，沉着，沉着。你的一举一动，一言一行，都是沉着。连你紧绕我的情爱也是沉着。抓不住的影儿呵，你很像深夜里的明月，也很像青天里的白云，然而何以月在，人不见了呢？永远，永远！又何以云在，情爱失去了呢？永远，永远！贪心的"我"还痴想做什么，然而要痴想又怎么样呢！于是那颗核儿又塞住了我的喉咙。爱的味儿苦乎甜乎？

突然一声雷，似乎有人在我的耳边报告一个消息，××[①]地方有二千多失了联络的赤军被敌军围了，天上飞机炸弹像下大雨，然而那两千多人不愿降，而（在）一片雄壮的歌声中个个跳下了河！这是什么！我的眼前立刻显现着那个残杀的恶魔，高个子，充满私欲的眼光，英雄主义的个人权威，唯我独尊的气概，要想把中国的老百姓一口吞尽！然而恶魔一走到高贵的老婆房里，去见他所崇拜的武力皇上，立刻下了威严，双臂垂下，低头跪着，

[①] 原文如此。

服从，服从，一切服从。呵，恶魔，恶魔，你的心灵永久是没有的!

这里看到了一切孤儿、寡妇连我自己，是处在怎样一个社会？心灵，我们始终是有心灵的! 有感觉的。宁可我溅血以偿社会，毋使社会杀吾感觉和心灵。

无题

一个旧时代的产儿要过度[渡]到一个新时代的成人,这其间的路程多么遥远,多么困难。现实的生活虽然不断的变化,变化到千万现象,但在每一变化之中,就要经过相当的时间,要费去相当的血汗。每个人处在他自己的环境中,把他内部的心灵改变,亦同样要经过长期的磨折和不断的斗争。无论他有怎么强健的个性,他不可避免的要受到外界的阻碍。何况正处於宇宙思潮流转交汇的时期,没有现成的范畴而处处要靠自己的力量和智慧来创造的时期。又何况处在中国那样一个东方古国里,又何况处在一个中国士大夫的阶级里,经过相当熏陶于孔孟礼教官样家庭里的人? 又何况是一个弱体书生,富于情感的个性。

可是现实的生活始终动摇了旧时代的支柱,始终动摇了秋白的个性。他自离开故乡到湖北,到北京,到俄国,又从俄国回中国,到上海,到北京,到广东,到武汉,再到上海。又从中国再到俄国，再从俄国回到中国的上海，到江西，再到福建。在这十七年的过程中，他唱着由悲而愤，由愤而悲的歌曲，一步一步的向着人生的旅途前进。

他要洗刷从娘肚里带出来的血腥。他要撤废他周围的藩篱。像蛇脱壳一样脱一层又一层。不论在情场的生活里，不论在沙场的生活里都是一样，他受尽了外界所给他的压迫，他也尝尽了发自内心的悲苦、矛盾。矛盾甜酸苦辣的滋味，磨折了他的一生。如果没有好的天质，没有坚实的向上心，没有高尚的感觉，那他的琴弦早就被毁了。人的生活是波动形的，思想亦是波动形的。因此他随着自己的生活和思想，从心底里唱出或高或低，或悲泣或欢乐，或愤恨或咒骂的歌曲来配合和衬出琴手们的奇臻。他能够看出自己的矛盾。他能够了解自己矛盾的来源。这样他才能够与一切敌手来迎战，不屈不挠的达到他自己对于社会的责任。

他在赤都心史上对于自我的问题上曾这样答复：

"秋白的'我'，不是旧时代之孝子贤孙，不能为现代'文明'所恶化；固然西欧文化的影响，如潮水一般冲破中国的'万里长城'而侵入中国生活，然而……然而这一青年的生活自幼混洽世界史上几种文化的色彩，他已经不能确切的证明自己纯粹的'中国性'，而'自我'的修养当有明确的罗针。"

他对于自己的职任问题上，曾这样答复：

"'我将成什么？'盼望'我'成一人类新文化的胚胎。新文化的基础……"又说：

"……固然不错，我自然只能当一很小很小无足重轻的小卒，然而始终是积极的奋斗者。

我自是小卒，我却编入世界文化运动先锋队里，他将开全人类文化的新道路，亦即此足以光复四千余年文物灿烂的中国文化。"

……①

他在1925年1月12日，民国十四年十二月十八日（这是他的生日），于津沪道中曾写着一首"从死神的怀抱里"的诗。一二两节描写他在十五岁以前的情形，三节是写他十五岁到十九岁情形：

---

① 此处与下一篇文稿《无题》内容重复，故删节。

一

冷惨惨的阴风
飕飕地吹着；
青面獠牙的鬼影，
零零落落地舞着。
仿佛是死之神，
直伴我，到如今。

二

败落的阶级，败落的家庭，
曾经有公子哥儿的模样，
虽则也充过风流贵胄，
髫年便有那绮情奇想；
过几时典书买米
油盐酱醋，甘苦亲尝。

三

诗酒的生涯

浪漫的青春

只是高堂盛年衰病，

昔日的千金，今日的青灯

一针一线手亲缝

终竟是一死，换游子的自由。

寸土片瓦，都无安顿，

宙宇间留这万古长愁。

他的母亲惨死之后，即把弟妹们安顿在他的叔叔家抚养，而他与母亲的死柩，还留在冷凄凄的祠堂里住过一个短短时期。他的母柩至今尚留在祠堂里，没有钱可以安葬她。秋白在世时，每想起这件事，时常掉泪。

至于他后来离开祠堂飘流到一个姑母家，姑母家是在湖北，是一个大地主。他在这里住了半年，就到北京一个堂哥家里，依靠他哥哥过活，他的哥哥当时在北京政府陆令部做事。他自己考取了北大后，仍为穷不能入学，后又考入免费的俄文专科学校。他在这个时候正是站在一个三叉路口，险入岐途的时期。他接前诗这样写着：

> 四
> 飘零，一身！
> 尽留恋着前生
> 世变几曾入我梦？
> 只偷把年华送。
> 险的葬送在胥吏的身分
> 难道竟是湫龙槛凤？

他的家早就分散了。父亲在山东。兄弟姊妹呢，有的在南，有的在北，都寄人篱下，实际上已经没有家了。但是在中国的社会里，他既处长子的地位，自然需要他重新再建立起一个家庭。

就是他的族中,自然希望他再能继续所谓一个"治人之君子"。他自己呢? 这样或者那样,虽然还没有一个完全确定的人生观,但是社会的激荡,俄国革命的成功,中国五四运动的突起,这些就做了他的生死间的分水岭。他自己参加了1921年[①]的五四运动的斗争。他在俄专平日功课很好,为同学所企重。这时推他为全校代表。他负病奔波。有一天参加游行,开大会后回校,竟吐狂血。全床洒满了鲜血。这就是表现他有肺病的第一次。病好后,他开始学习写作,爱好文学,与耿继之[②]、郑振铎诸先生翻译俄国文学上的名著,渐渐倾向於无政府主义。于1921年[③]下半年,由友人介绍,充《晨报》记者赴俄。当时在俄国是一个饥寒交迫的新国家,他的去志虽已祥述于《新俄游记》和《赤都心史》,但他描述他二十岁到二天家中的情形,接前诗是这样写着:

[①] 此处笔误,应为1919年。
[②] 即耿济之。
[③] 此处笔误,应为1920年。

五

大海潮流狂卷，

散遍赤花灿烂

我也本是"无赖"

饥寒之所非远。

万千群众的求生，

却成求[就]了我的求死，

但愿"残年"岁月

沉浸在赤血苦汗里。

秋之白华

无题

我并没有见过他的母亲,但不知为什么,她的影象深印在我的脑筋里。当我发现秋白为母感伤的一刹那,似乎呈现在我眼前 —— 他的母亲的影儿,自杀的影儿,冷落的祠堂 —— 破旧的屋宇,天井里漫生的野草,屋内倒挂的尘丝,地面的泥苔,凄凄寂寂,久无人迹。在暗沉的侧屋里,摆着一个无人顾问的灵柩。二十年左右没有安葬。柩身的裂缝,成了群鼠们栖所的门户。昔日的千金已成今日的尘土。生前饮泪吞洋火,死后连祭台也无。一切的一切,联系到活人的痛苦。

在三年以前,先说说我们得到三个消息:

一、是旧友带信来,秋白的母柩已经坏到不能再停留在祠堂里了。

二、是他的父亲已做了乞丐和尚了,但没有下落。

三、是他的二弟云①已叛变了。

在我们的地下生活里，得到这样的消息，一二是刺激，无法可以解决。三是仇恨，增加了一个敌人。

很清楚的什么是"家"。"家"早就被社会划分了两个不同的阶级了。可耻的云，你就忘记了你母亲为什么自杀，你也就忘记了你的哥哥曾为什么而爱你，你忘记了整个社会，你应该滚到尘烟之中去。可耻，可耻！我早就看出你满脸灰黑色的不光明的预兆！

我与秋白第一次的密谈是在初冬时候，有一天深晚，我从外面参加罢工回家，敲门声带给他的欢喜，使他不自主的放下笔，在楼梯上含笑迎着我：

"怎么这样迟才回来？"

"开会开到这样晚，有什么办法呢！"

"你身上冷吗？"

---

① 即瞿云白，瞿秋白的二弟。

"有点冷。"

我就坐在床上,他拿自己的棉被替我盖上了脚。可是这条被不能暖我的脚,反被它的重量压得我不舒服。我揭去了被问着:

"这样重这样硬的被你怎么能够挨过一个个的冬天! 难怪你的身体会弄到这样坏!"

他惨白的脸上充满了欢喜的笑容,他说:

"这还是我祖母的嫁妆被呢! 我并不怕,因为十多年的冬天已挨过去了。况且,我现在已经得到暖我心的东西,身不暖不在乎,心不暖真是苦呵!"他笑嘻嘻的去整理桌上摊着的参考书和文具。

几天前我已整理过他的衣箱,二套粗布的小衫裤,已经破旧了的。二套破旧的西装,一套是夏天穿的,还有一套就是他平日出去上课时候穿的。此外一件女人的绒线大衣,似乎这件衣服带着一种说不出的感情上的悲意。很自然的使我宝贵它。还有一件他回家来常常穿着的一件枣红团花的旧棉袍,面上有一层龌龊的油光。袖底下已经裂开了细细的丝缝。他穿着这件衣服在电灯下晃着，似乎这衣服衬出他一种书生式的雅气，且与他的皮肤和身架也很相配和。我很喜欢他穿这件衣服，可是他常指着这件衣服，是带着苦意和血腥气的，他曾这样对我说：

"这件衣服的年龄也和那条旧被一样。这是我唯一的遗产。当我的祖父、伯父死过后，我们一家因为没有房子住，搬到祠堂里去了。这里的生活，这里的日子，我们吃的东西，都是我亲手去典质来的。我的母亲常叫我出去变卖家具和衣服。我记得再没有别的东西可变卖了，但是她最后还差我去卖了几只凳子和一件纱外套。我们吃饭，天天看见母亲的眼泪……"

"那么你的父亲呢？"

"父亲。因为我的祖父和伯父向来都在外边做官，祖母生疯摊[瘫]病终年卧在床里，父亲和母亲一向须得伺候她的病，不得离家，因此他也经年读读书，写写字，画画图，吸吸雅[鸦]片。他不事生产，自祖母死后，他看得全家穷不下去，即带了一位带白痴病的阿弟，到外边去教书。但他始终只有糊着自己的口，不能帮助家庭。我从常州中学毕业后，亦到一个常州过去一点的地方去当小学教员,但所得薪水每月不到十元,自己还要吸点香烟,也不能养活一家五口(母亲、三个弟弟、一个妹妹连自己有六口)。有一天,一个邻居突然的来到我的学校,说母亲病重要我回家。我回家,我看见的母亲已经不是活的了。她很不安宁的睡在板上,在凄寂的房里一切都改变了。桌上还留着一大堆红头洋火的头,用薄纸包得好好的。还有几封遗书,要求叔父和亲戚抚养弟妹们……'寸土片瓦都无安顿',这样她长别了我们……"他的声音渐渐降低,低到仿佛有什么东西梗住了他的喉咙。头也低了下去。我觉得这时候的电燈光也暗淡了起来。我的心……我被他母亲的影儿,惨死的苦恼,立刻与我白天见过的罢工工人的母亲们的苦恼,紧紧的连锁在一起。我的血沸腾在周身,把疲劳的睡神都赶跑了。

他仿佛从我手上的手帕里得到了些许的安慰。他脸上深愁的哀容,不久消失在我的怀抱里……他吻着我,又继续的说了下去:

"后来我把弟妹们安顿在叔父家之后,我很孤独的留在祠堂里与母亲的灵柩作伴。这样过了一个时期,我辞去了教职。我不得不离开故乡,由常州只身飘流到湖北。在那里,我有一个姑母,她家是湖北的一个大地主。房子很大,可是容纳不了一个绮情奇想的我。吃的东西也很多,但是不能充走我的饥饿。大约过了几个月,我就到北京去堂哥家。我的堂哥那时在北京政府陆令部做事。我想入大学,并且曾考取了,但是拿不出学费而再考俄专,因为这里是免费的。自然,我家里的人还希望我能够得到未来的官位,继续做一个'治人之君子'。我自己呢,险的掉了进去……"他像受惊似的鸟儿一样,突然的从床里坐了起来,去拿一支香烟,擦着洋火,吸烟。不知为什么,洋火对于我从此像做了我的仇敌一样,它常惹起我回忆他惨苦的故事。母亲的自杀,虽然我并没有见过他的母亲,然而至今还留着这么一个影儿……

如今她的儿子也同入了出冥。洋火换了子弹,自杀换了被杀,血是一样的从五官里流。

秋之白华

从这一岸到那一岸

我于一九二一年①初春,违背了父亲的"好意",没有等待他快要给我做备嫁的一张师范文凭,突然的离开杭州到上海。到上海做什么? 为了接受玄庐②先生给我的新计划。他打算我与剑龙③赴德求学。然而一到上海,进星期评论社,学习德文不到一个星期,计划又换了。说要我们学俄文,预备到俄国去。但读了一个月的俄文,又换了另一个计划。另一个计划是什么呢? 什么地方也不去,什么打算也没有。

星期评论社的生活,劳工神圣,恋爱自由,大同平等 —— 理论已经到了实行。—— 老爷、太太、姨太太、少爷、小姐虽在无形中还流露市侩的行动,可是也不能不留意了头们、二爷们的笑

---
① 此处笔误,应为一九二〇年。
② 即沈玄庐。
③ 即沈剑龙,杨之华前夫。

声和白眼了。饭须轮流烧,马桶须挨次倒。学者们提出的口号、印出的文章、演说的词句,各种主义满天飞——改良的,革命的,自由的,放任的,共产的,无政府的,三民的……如此无穷无尽。一个久隔于贤妻良母教学院里出来的我,不知道什么是好,看得眼花撩乱,莫名其妙。我知道我自己还像一个呱呱落地的婴孩,得自"母亲"给我的"头口奶",不知似甜似苦。"母亲"不久就丢下了这个婴孩,就从此管自己跑了,那我怎么办呢?要我重入贤妻良母的监狱已万不可能。但是前途茫茫,终于自己决定入教会学校读书。①

这时候,我只知道不满意现实的环境,只预感我会陷入于不幸的境地。果然不出所料,大家坐着一部回头倒车,有的去做尼姑(丁宝林),有的要自杀,而我呢,回故乡而结婚,而养孩子。于是生活已陷入于不幸的境地。我既没有斗争的意志,又没有确定自己

---

① 此处分段为编者所加,以便阅读。

的思想，个人社会等等问题，渐由自己的日常生活里来认识。现在回想起来，当(时)在星期评论社里所演的话剧，真似秋白所言。

"西欧日本新学说如潮的'乱流'湍入。东西文化区别界限之大，骤然迎受不及，皮相的居多。中国此时一辈青年，所受社会思想的训育可想而知；旧的'汉学考证法'，'印度因明学'不知道；新的，西欧的科学方法，浮光掠影得很。同时经济状况的发展，新资产阶级发生，自然而然，自由派的民治派的思想勃起，浮浮掠过。他们的确知道'要'了，可是他们只知道'要'……要自由，要平等……'怎么样？''是什么？'蒋梦麟说'问题符号满天飞'，其实就因为问题符号只在飞，可见还不知怎样设问，怎样摆这符号，何况答案！"何况"中国向来没有社会，因此也没有现代的社会科学。中国对社会现象向来是漠然的；现在突然间要他去解决'社会问题'，他从没有这一层经验习惯，一下手就慌乱了。从不知道科学方法，仅有热烈的主观的愿望，不会设问问及社会问题之人，置于社会现象之前，难怪他眼花撩乱。"

可是久旱的大地上得到几滴风云带来的秋雨般的问题符号，毕竟是使一般青年得到甘露仙滋的营养，开出几朵莓蕾。虽然在他根下的污泥是如此的秽浊屎料，时乘风扬溢。香臭的决战，胜负的决定还在遥远的的将来。

俄国革命的音波传布到东方。中国五四的火焰燃烧了青年的心窝。世界新旧两岸突现在我们的眼前。后面是黑暗暮色可怖，前面是白色晨光未明。然而明知道夜尽昼来，还是应该前进。可一条难河隔其间，脚上的锁链虽已脱了，无奈心上的锁链尚未裂，有的跨了一步就回头，有的在一条艰险的桥上就被河里爬起来的神鬼引诱去了。看他们一个个的走回头，看他们一个个的跳下水，连水纹都没有。呵，五四的一些"健将"不见了，但有人知道他们在"流水世界"上做"虾兵""蟹将"，甚至有的还得到"高官"，做了"军长"。自然这些人早就忘记了以前从他们口里出来的好听演词。这些早就像云烟似的消失了去。

受甘露仙滋营养的莓蕾曾有几朵开放成鲜花！秋日的白花虽

亦同有生命之绝日,然而毕竟耐过了霜露风雪的袭击,撤废了豢养的藩篱,摆脱了途中的"鬼神",仅藉文字的桥梁渡过了一条"难河",而到了光明的对岸,探险到饥寒的赤色邻国。从现实的生活里,浴洗自己的污泥,长途跋涉,取得欧亚文化的心得,搬运新种子到东方古国。从此古国青年辈受到火焰万丈的照耀,得有今日苏维埃之成立。

他在回国后曾这样的告诉青年们:

"唯实的,历史的唯物论有现实的宇宙。无产阶级为自己利益,亦即为人类文化担负历史的使命。凡在现实世界中,为现实所要求以达这'新'使命的,则社会意识的表示者都不推辞:代表此一阶级的利益,保持发展人类文化。资产阶级文化已经破产,……亟起直追!现实世界中'奋斗之乐',就是他的报酬。于现实生活,社会之动流中,须得实际的论证方法,那才走得人类文化史的一步。中国当代的青年! 注意为是。……先知道中国'是什么?'然后说'怎么样?'……至于'我们''要什么?',且放在最后再说。"

他从幼年时候起一向酷爱文学,在十岁左右,几乎把中国几部名著旧小说都已过目。在中学时代,就开始做中国旧诗。这些诗,我只看见一本作文抄本上写着的几十首。我把它寄存在一个地方,现在不能找到。从前据他自己说,他的诗还不只这一些,然而在飘流的生活里,已经失去了。他在北京求学时代,就开始文学[①]

[①] 原稿至此完结,后缺。

无题

结婚后我与××[1]的情爱已经到了难产的时期。希望成为虚望。一片热情投入在冷潮的浊海里,被蹂躏着,被磨折着,过着不得已的生活,等到肥而美的孩子落地的时候,我只有含着酸心泪儿凝视良久,自言自语的说道:

> 这是生活的滋味
>
> 一阵痛
>
> 一阵怨
>
> 痛只痛爱成了怨
>
> 怨只怨社会的黑暗
>
> 但愿我自己不将

[1] 原文如此,指沈剑龙。

污秽传给你

但愿你不是一个

父母的掌中珠

  数不清的母泪

  洗不清的血腥

靠只靠你自己的创造和斗争。

伊儿,你何不幸!

当你落地一声叫

定好了父母离婚的予兆

你在娘肚里原是爱的结晶

到了世界上已是爱的牺牲

你的哭声剧震了产母的心

暖和的娘肚

冷酷的世界

秋之白华

你暂时都不能了解

产房黑暗

血腥充满

这是人间的生活

当孩子在三早的一天含缩［嘲］着我的奶头时，我的心理上的痛苦甚于身理上。我受不住这样的滋味，将我原有的健康完全损伤。在一个这样难以度过的产期里，满月到接生的李医生那里去的时候，他夫妇俩已不认识我是谁。他们惊奇而带同情的安慰着我，然而诊治"心病"的药在世界上还没有人能够发明。

我在产前已把孩子的名字定好了——叫作独伊——这是我的誓言，其意我不再与他生第二个孩子。这是理智的结论。然而我的情感跟着我模糊的人生观，还没有把候望变成为完全的绝望。一方面想着丢开他和孩子去做工，甚至做娘姨也可以。但同时还会跑到妓院里去寻找他，守候他，似乎觉得还有挽回的余地。可笑的幻想又给我延长了一年多的痛苦，直到他要我"滚"的时候，才毅然的决定了。我在未决定前,曾遇着这样一位青年。他①是因反帝被法国当局驱逐出境,押回中国的。由朋友的介绍,与玄庐②结识,暂住玄庐家。这时候我适从上海生产后回家。他在几个月的生活里,似乎认识了我的处境,对于我发生了各种希望。然而我自己的幻梦像蛛网般的笼罩着,我不能接受他的希望。我也不能爱他而接受他的爱,使他失望。爱郁像疯狂般的与我斗争,而终于无用,飘流他省而去。然而他留了我后来行程中的一盏明亮的路灯。他在未去前曾介绍我许多朋友,这是1922年夏,并且介绍我入了SY③的组织。

我记得第一次他介绍我的朋友就是秋白的未来爱人王女士④和王女士的知己冰⑤。他和她们都是湖南人。她们并不是SY组织里的人,然而她们是脱离家庭的解放了的女子。我穿着一件粉红

---

① 即陈公培,又名无明。
② 即沈玄庐。
③ SY,社会主义青年团的英文缩写。中国社会主义青年团创建于1920年。
④ 指王剑虹。
⑤ 指冰之,即丁玲。

秋之白华

色的纱衫，黑纱裙子，与那青年同进一个黑色□[1]门。在客堂里席地而坐的几位女友，穿着短裤和露臂的背心，捧着碗，吃着面条，笑呵呵的迎着我们，似乎她们见了男人一点不拘束的。我就惊奇她们这样装饰，不避男人的眼光去加一件外衣。我与他们彼此交换问姓之后，我默然的坐在一只屋角里，而她们用着生疏的眼光时常飘到我的全身，从头到脚。这里我与她们之间的思想、生活、习惯，实隔着遥远的距离。她们比我先进得多，我奇怪她们的行动，也正像她们奇怪我的一样。似乎她们的眼光使我不能多坐片刻。这是1922年的时候……

然而因为生活的磨折，失望的警告，于1924年初春，使我不得不离开农村小学和我的家庭，再求学海上，寻找旧友，得望道[2]先生的介绍，考入上大[3]社会系读书。我的主观的痛苦和客观环境的要求，似乎我应该走上社会运动的道路，接受校内外义务的工作，使我的脑筋一刻不休息。因为一休息，就会痛苦到牛角尖

[1] 原文此处不清。
[2] 即陈望道。
[3] 即上海大学。

里去。我应该自拔，不该自杀。于是我就开始参加丝厂和烟厂的罢工。从此我自身的痛苦与一般女工们的痛苦联系了起来。我藉着显微镜的力量，把一切现象放大了。这里看到资本家和军阀官僚帝国主义的压迫，以及被压迫者的各阶层的联合反抗。群众运动使我不孤独了，使我的生命似有所依靠，使我积极的参加各种斗争。

我入学不到几个月，校内国民党左右派的冲突一天利害一天，学生中、教研员中大概分为三部分，其中两部分的人时在学生会议上发生对立的现象。在七月间，不知为了什么问题——我回忆不起来——施存统先生辞职。学生会派我和其他三位同学到存统先生家去挽留他复职。他与秋白同住一所房子。我们把挽留的职务做完后，顺便去问候秋白爱人王女士的病。我们早已远远的听到了尖利而悲惨的呼声。等我们轻轻的走进病房，一个瘦小得奇怪的病人在床上躺着，但不时的将上身强力的弯曲举起，她用自己的双手要求拥抱秋白，并时时吻他，不断的叫他。而他很慌乱而苦恼的弯手去抱她，也发出同样悲惨的呼声。汗与泪混在一起的从他头上点滴的流着。旁边娘姨和她们的朋友都现着沉默而惊骇的脸容。王女士的身上已没有一点肉,只存了一副骨骼和骨上面包着的一层薄皮。可怕又可怜的病人叫着:冷,冷……要开水,开水。热水不断的在她头上拨,然而她说还要热一点的,热一点的,简直把开水滴上去,她都不觉热,只觉冷。狼狈的秋白捏住了她的手不断的流泪,似乎他的眼光里含着形容不出的忏悔和祈求。绝望已笼罩了他整个思想。我们只无话可说的呆立了许久,听着王女士的声音一点点的低下去,看着王女士的力气一点点的退下去,最后她没有可能再举得起她的上身或她的手。她像烧完了油的灯火一样,渐渐的灭了下去……

再过一忽儿,秋白撤开了她的冷手,把他自己身上已经浸透了汗的一件白汗衫从头上剥下来丢在地上,站在屋角里,双手盖着眼睛悲伤的痛哭着。我们的眼光丢到死人身上,又丢到他活人身上,感动得站立不住。整个屋子里的人都寂静了下来,只有凄然的哭声沉浮在空气中。我们四人怅然的步行到校里,走进饭堂里,捧起饭碗又丢下饭碗,似乎肚子一点不饿……

在生前的王女士仿佛与我的联系绝少而谈话也不多。我算起来一共见她五次面。第一次已如上述；第二次也为了学校事去她家，只见她在房里哭泣；第三次在马路上碰见她；第四次她已躺在病榻上。这一次她曾问起我的生活，交谈了一些。最后一次，她的眼光已经无暇亦无力来顾及到我们身上了，但是她留着给我一个这样清楚的惨死的影儿。而这一个影儿与我出于意外的紧紧的联系了起来。

秋白曾告诉我有过这样一件事：

"在1924年三月间一个晚上，我从外面回去，她问我'你今天到哪里去了'，'我到鲍夫人家去替××①去当翻译'，'以后××那样的女人，你一定会爱她'。"

哪知道在后来真的应了她的话。不但将她已得到的爱人让了给我，使我得到十年爱的幸福，无限的，而且她还将她自己不愿见他死的痛苦也赐与了我，无限的。

---

① 原文如此，××指杨之华；鲍夫人，即鲍罗廷夫人。

白华

我现在在无限的痛苦中,回忆着她和他的生前事,读着她和他生前的日记和书信,这都是现实生活的过去,这都是爱之诗意,也都是思想之谜语。

他俩的结合虽仅半年,然而半年的甜苦滋味在遗笔中一一存在着。我含泪提笔将它一字不改的照原文录下,以做纪念。

※ 这是一篇讲述码头搬运工人悲惨遭遇的短篇小说。文稿已经誊写清楚,系杨之华笔迹,其间偶有瞿秋白的修改痕迹。原文无写作时间。

血

一

天上布满了灰色的云,从早晨到现在,一点没有变动,大约今天太阳不会出来的了。在码头那边横着许多只民船,堆满一袋袋的米。有七八个男小孩赤着脚在米袋上跳跳蹦蹦,从这只船跳到那一只,又从那一只再跳到别一只;前面几个逃着,后面几个追着。他们就在这些米船上很活泼的进行他们的野战! 他们的母亲们,有的伏在船边上弯着身体洗尿布,有的在船梢那里扇炉子。从炉子里冲出了很浓的黑烟,烟得她们的眼睛都张不开,眼泪和鼻涕不断的流下来,—— 她们正在忙着准备烧饭。有几只米船上放了很长的跳板,几十个船夫都在忙着卸货,从跳板上一直到石子块的街道上满是肮脏的泞滑的泥浆。他们就在这泥浆路上川流不息的来来去去。在码头上非常之热闹,有挑担的苦力,有武装的士兵，有做小生意的女人，有残废的讨饭的，有顽皮的野小孩。人声非常扰杂！可是特别听得清楚的，就是那种迟重的喘着气的从苦力们嘴里叫出来的声浪。这边，那边，从民船起一直到堆货栈上为止，在一条成斜线的路上来往的苦力们，仿佛凑着拍子似的一高一低的哼出各种各样的音调：唉唷，杭唷，唉唷，杭唷，唉呀，哼呀，唉呵，哼呵……尤其是几个年青些的苦力叫得格外响亮，格外急迫。这种声浪就笼罩了整个码头！

在跳板底下的水里，看得出赤着脚弯着背，荡着手的像骆驼似的影儿，他们跟着波浪流向靠岸的一边来。苦力们之中有的已经脱了上身的短衣，把那件脏得发出臭气的布衫搭在肩膀上，上面压着一百四五十斤重的米袋；有的还披着没有衬衫的空心棉袄，上面已经有了各色的补绽和很多的油腻。他们露出了干瘪的胸膛和瘦削得可怕的肋骨，在紫红色的皮肤里掀起了心的跳动，跳动得全身的血管像要爆裂的样子。从堆栈里出来的苦力，都拿着自己的衣角，拭着额角上身上的汗珠。

"今天气闷得不得了呀，热得要命，我的肚子饿得叫了。"拭着汗的一个苦力连走带说的嚷着。

"时候并不早了,今天这许多米,单是这几个人背不完的呢。东家真会省钱,何不多雇几个码头上的小工,他们很想赚几个外快呢,我们也可以少吃力一点。"——走在后面的一个回答拭汗的朋友说。

"呵,我以为是哪一个? 就是你,老吕哥! 你怎么这样蠢! 给他们来卸,我们不是少赚了钱吗? 今天多吃力点不要紧,明天拿工钱的时候就好看了。哙!①老吕哥,你看,你的大女在船梢上钓鱼呢,她的辫子翘得像牛拉尿似的高! 你倒有福气,回到船里就有人搬饭你吃,还有人钓鱼你吃。我没有老婆,还得自己烧饭。我看你——真福气。"

"你要多赚钱,那么快走呀。前面的米袋背来了,快让开! 你是要钱不要命的,多赚多赚,明天拿工钱不见得会多给的。你说有老婆有儿女就是福气。真是相反,这许多人吃就要吃煞人!"

① 哙,普通话念"快 kuai",上海话音 knue,似有普通话中打招呼"喂""嘿"之意。下同。

秋之白华

吕步人嘴里说着，很快的跑上前去了。

沿街的店家已经准备着吃晚饭了，电灯发出了透明的亮光，像眼睛似的闪着，在码头上来来往往的人更加杂了，军警们的枪杆子在灯光底下显得更加亮。他们非常敏捷的留意着码头上的小瘪三，仿佛他们对于每一个下等人都起了怀疑似的，一点不放松的防备着，尤其对于摇船的苦力特别来得严厉！

在堆栈附近，一所黑漆墙门上两边挂着两块白漆黑字的四方形的木板，上面写着几个正楷大字：

| 航政重地 | 闲人莫入 |

在门口还站着两个穿制服的兵士。他们看见前面来了一位穿西装的，他胸前挂着一块青天白日的徽章，在灯光下模模糊糊看得出几个细小的——××军需署……等字样。守门的兵士立刻举枪行礼，那个穿西装的一点不慌忙的举起右手行了一个答礼。里面的人似乎听出"要人"来了的声音，大家都慌乱得不得了。在

慌忙的脚步声中，发出一种哗啦，哗啦的牌声，还闻得出一股股鸦片烟的香味。"这可不得了。"横在榻上的一位局长快快起来，把烟具藏好，走出门来。一下子把局里的空气换了个样子，静悄悄的迎着要人的到来。

"邱同志，你今天辛苦了，亲自出马来办军米，请到会客室里去坐罢。"一位青白得没有血色的局长恭恭敬敬的对邱库员说。

两人走进了一间小小的会客室，靠近窗子那边放着两把椅子，一只茶几，他们就坐在这里继续谈话了：

"昨天你对我说的话，我都照办了。船上的米大概今天是来不及卸完的了，我已经派人去通知准备明天再卸，并且已经派军警去看守，一切可请放心！你这样热心待人，真是钦佩得很！感激得很！"局长笑眯眯的斜着身体对邱库员说。

邱库员很灵敏的看了看周围没有旁人就说：

"那有什么呢，在家靠父母，出门靠朋友，大家都应该互相帮忙的。前次关于运土的事，我确是觉得对得起朋友的，大家都得了些意外的快活。现在在抗日剿匪的时候，政府实行了减缩政策，其实高级长官们并没有什么要紧的，因为他们可以'不在乎此'，当然，在下级办公事的人不得了。所以这种事情为了吃饭问题不得不……陆同志，你现在的一切都还顺利的吗？"

"学法律的人当然还要会用法律，不要被法律来用我，这是最要紧的，这是最要紧的。当然朋友帮忙也是重要的。我现在一切倒还托福，不过意外的开支也大！"

"你说的很对，讲到法律两字，不但要会用法律，还要把死的法律变成活的法律，要学到魔术家的手段，这才是配得上做大官。像从前在军需署的谬某人，他就知其然而不知其所以然，弄出来的'鸭屎臭'。大家都骂他是……其实哪一个不是……不说他罢，不要忘记了正经……昨天所谈的米，一切技术上的事务要拜托老兄的了，那边已经接头好了没有？货要今天晚上交出去才好！至于这三十四船公米的运送，我已经派好了三个忠信的职员来相帮，总之这许多米明天一定要卸完。师部那里催着呢。时候不早，我要走了。"

"知道了，一切遵命照办，放心！放心！那你不多坐一下谈谈吗？"

"不，还有别的事要做，我的内人多心得很，夜深了回去终是叽哩咕噜的……"邱库员站了起来：

"再会罢。"

"再会。"

门外的黑漆包车已经等得好久，车夫阿二还没有吃过夜饭，他等得不耐烦的时候，看见东家走出来了，心里高兴起来，很快的站起来拉着车子就跑……邱库员坐在车上暗暗的盘算着自己的一切，似乎有些不祥的感觉……可是他的智慧、自信可以克服一切的，"船到桥门自会直"，不必多过虑的。他的车子经过茶馆店门口，在隐约中听见了："看洋鬼子呀"，"看吃粪的老爷呀"，还听见大家哈哈哈……的一种刺讽似的笑声，邱库员听了好不高兴。他想："这种下流人！太没有礼貌，坐得歪歪斜斜，真不成个样子！"正在这个时候，从斜面丢过来一大个泥块，丢在他的肩膀上，他回顾头来一看，赤着脚的野小孩逃进了弄堂口，邱库员狠狠的骂了几句"下流！""抓到局里去！"可是车子走得很快，顽皮的小孩们早就逃得远远的了。拭得发亮的车轮子闪得非常之快，一下子就拉到了公馆的门口。

二

到了第二天的上午，在船上的米已经卸完了，穿着长衫的两位验查员，拿着铅笔和日记簿，很忙碌的一个验一个写，似乎一点没有讹错，签写了收据。

另外有一大堆苦力拥挤在堆栈门口，人声非常之扰杂，你一句，我一句，听不出究竟说些什么。只看见他们的嘴都在动着，指手画脚的闹着。有的露出非常凶狠的样子，有的表示不服气不满意，脸涨得红红的，青筋爆绽的叫出了一种洪大的声浪。有的口张得很大，举起了露骨的拳头，似乎要动手打的样子。还有几个年老的船夫坐在街沿上，敞开了衣服，仿佛饥饿得耐不住似的。在群众的周围有个做小生意的老太婆，扎着头布，提着蓝[篮]子走来走去的兜揽着生意："大饼要买吗？""油条要买吗？"她围了他们走了几次，但是没有人去理会她，只有一对对的发着黄色的眼睛，对着篮儿看，而没有拿着铜元去买来吃的人。只有坐在街沿上的一个老头儿，怕羞似的低低的问了她一声："可以欠账买个饼吗？工钱拿到还你，等一等就还。"无情的老太婆当作不听见的走了过去。老头儿就再也不开口了。

在人堆里忽然有一位头发发着油光的少年，站到了凳子上面，指手画脚的疯狂似的很响亮的对着群众说：

"我是航政局里来的，本来叫我来付工钱的，你们怎么这样的不讲道理，一工要算两工，天下哪有这样的便宜事，算两工的钱是没有，只好暂时不付。如果你们再要强辞夺理的闹，只好送你们到局里去再说……"

群众听了之后，大家轰起来了，声音也更加杂乱了，紧张得很。忽然从人堆出来了一个高大得像牛一样的苦力，很愤怒的叫了起来：

"到局里去，大家去！别怕，工钱一定要拿两工，——昨天到今天，做多少要算多少，这就是我们的道理。"

鼓掌的声音，叫喊的声音，一时充满了整个码头，来看热闹的人愈拥愈多了，那个少年很神气的问：

"说话的一个叫什么名字？"

"我叫吕步人！"很敏捷的答复了。

有几个人在人堆里低低的对着自己旁边的人说："老吕真是个抱义气的人，每件事情他都爱领头的，他是好人呀！直爽得很！"在群众之中又有人叫起来了：

"饿死了！还不发工钱。我们还要做别的生意呢。"

"快发工钱！一定要两工！"

那位少年看情形不对，还是溜了为是，——到邱库员那里去请示罢——他又继续着说：

"你们既然这样，我没有这许多钱可付，你们再等一下，我去代你们向军需署要钱。"

他说完之后，就离开了群众，每一个苦力都对他狠狠的看着，有的自言自语的说：

"到军需署，我们也不怕，不讲理的就是这般东西，我们摇船的每天都可以看到你们的狠毒，我们要的是自己气力做出来的工钱。你们要的是什么……你们看见了柴船米船……粪船都是要眼红的，要敲竹杠的。你们像粪一样的臭，毛厕里的蛆虫！"

今天的太阳已经不像冬天的太阳一样的了，大家从早晨卸完米之后，站得三四个钟头，晒得头都要昏了，地下的热气冲到苦力们的脚底心里，有点发烫。可是大家想要工钱，不得不挨着饿再等回音。三五成群的坐的坐，躺的躺，叹着气摇着头，闷闷的在堆栈的周围等候着，卖大饼的老太婆和那个卖甘蔗的小伙子又是这样不耐烦的来兜揽生意了……"四个铜元一节甘蔗要买吗？""大饼油条要买吗？"……

那个少年三脚两步的跑到航政局，由航政局又跑到邱公馆，走进邱公馆就看见了邱库员，同着一位烫着发的穿得齐齐整整的女郎，面对面的坐在客堂那里吃饭，旁边还站着一位男当差，很正经的，很小心的伺候着。那位少年一面招呼着，一面恭恭敬敬的对着邱先生，对着邱夫人行了两个九十度的鞠躬礼。

"邱先生邱太太都好！米已经卸完了，并且都检查过了，一点也不错，除工钱以外，一切都已照办。本来付工钱的事也可不必劳神你，但是无知的苦力，真是像强盗一样的凶狠，一定要一天当作两天的算，他们要算两天的工钱，闹了一上午，我弄得没办法来请教的，一则我不能作主，就是局长也不能作主，工钱相差一半。二则这般野蛮的工人像牛一样的不听话，在码头上天天同我们闹的。如果再不给他们一点颜色看，办公事的人再不能做事的了。"

说到这里忽然有一位瘦长的大约有三十四五岁的男人进来了，看上去像侦探的样子。在他的脸上最惹人注意的，就是他的两只精明的眼睛，像猎狗似的。他见了邱库员行了一个礼之后，就把瓜洲有人私卖军米的消息告诉了邱库员，并且说明在瓜洲的米是邱库员所办的一批军米之中的。这件事说出之后，大家同时的沉默了几分钟，那位邱太太觉得很奇怪，"为什么一个来说货已卸完，收条都签了字，并没有错误，一个又来说在瓜洲地方有人私卖军米？"她看丈夫的态度却非常之镇定，只是点着头，管自己吸香烟。她暗暗的羡慕着："丈夫的能力确是超人的。"她正在想入非非的时候，邱库员吐出一口浓烟，皱了一皱眉头，举起手来把落在太阳穴上头发向上一搂。他的眼睛没有目的呆看，嘴

里自言自语的问:

"怎么……怎么……有这样的……?什么……什么人……去……盗卖的呢?"

接着,他又很迟重的对航政局里来的一位少年说:

"知道了!你可以先去,工钱等我的回音再发,现在你可不去理他们,我就来,我自有办法的。"

"是,是,……那么再会罢!"少年很得意的走出去了。

"当差的!把菜饭搬去,你吃饭去!"

他继续的问下去:

"你是侦缉队那边来的吗?你们从什么……"邱库员说了半句又缩了回去,他临时改成这样说法:"你们的队长叫作什么名字?你已经报告了公安局没有?"他很细致的探着。

"是的,我是侦缉队里来的,我们的队长叫作李安生,我们得知这个消息以后,知道盗卖军米事关军政,当然认为很重要,所以立刻就报告了公安局。"

邱库员听到这里,突然的站了起来,在吃饭桌的周围绕着圈子的说：

"是……是的，这是对的！你们大概可以明白当地的情形，这一班船夫，我看靠不住的，你们既然报告了公安局，那么我们应该先到瓜洲去检查，如果真是军米，那么当然要严办这班船夫。——他们现在还在码头上等着发工钱，如果是他们盗卖的，可以一网打尽。我同你一路到水上公安局去。"

他狠狠的叫出车夫，坐上包车就走。邱库员坐在车上，一种内心的不安已经不是昨天晚上回家时候的情绪了。"这次有点儿倒霉"——"幸而事前没有告诉太太。"

邱库员到了水上公安局，同局长商量之后，决定先派警察大队去把船夫逮捕起来。同时他自己同着第×区的特务队到瓜洲去查勘，——竟在王家街一家米铺里发现该项军米，约有二百多担。他并没有说什么，这当然是在他"意料之中"的事情！

而那边的警察大队已经立刻开到码头上去。队伍非常严肃，一队约有三十多人，整齐的脚步声，仿佛凑着拍子似的，唪哇，唪哇，唪哇……的走着。离开队伍五步光景的指挥官，姿势非常神气，他在太阳底下看着自己的影子，听着整齐的步伐声，仿佛觉得全身的血液都在沸腾！他还故意仰着头，使那金丝眼镜闪着五色的光彩。

航政局早在十分钟以前接到了公安局的电话："工钱慢付，警察就来。"职员们都起了一种似高兴非高兴，似安慰非安慰的情绪，大家都想："你们不是要凶，要加工钱，要……现在要给你们尝尝滋味了。"他们已经预备着看看这场把戏。

饥饿的船夫们已经像吃了迷醉药一样，闹着要回音，要工钱。哪知道突然间来了许多警察。其势凶凶的包围了船夫，警察们带了麻绳，挥着棍子，在人堆里乱打。劈啪……劈啪的响着。船夫们之中，有的两手捧着头，弯着身体，想从人堆里逃出去，有的吓得冷汗直流，钻到群众里面去，有的呼号哀求，有的痛恨得发狂似的乱叫，有的拍着胸膛叫"去好了"。看热闹的人，在旁边低低的议论着："究竟为了什么事？""工人自己没有知识，这样无理的要求是要不得的。""为什么要不得？他们昨天整天的摇了三十四船米到这里，把这许多米又从船上卸到堆栈里，足足化了一天半，算两天的工钱并不多。如果叫码头上的苦力来搬当然还不够，天地良心，他们起早落夜的辛苦，终是真的。"……那个卖油条大饼的老太婆，看得竟在那里摇着头，瘪着嘴。在这种各人不同的情绪中，忽听得有人高声的命令："都给捆起来！"一下子三十多个船夫都捆得像螃蟹一样的连成一大串，那个指挥官睐着眼睛对着几个凶狠的船夫冷笑……"下流的强盗……走罢！"

中间一大串船夫，两旁武装警士沿街的走去。呼冤的声浪充满了街道。在各店家的伙计们大家都伸出头来探望。过了一忽儿，他们都已押到保安处看守所里去了。

小小的看守所里，被雨打湿了的墙壁已经起了霉渍，潮湿的泥地到处有了大大小小的水洼子，没有凳子也没有窗子，这许多人，挤在一起，充满了臭气，上面一盏暗淡的五支光的电灯对着犯人们诉苦。外边起了大风，一忽儿雨呀雷呀电呀都一齐的来了。他们就在这个时候，受了极刑的敲打。屋内呼号的哭声，救命声，同着外面的雷雨声很凄惨的互相呼应着。在各犯人的心上仿佛这已经是他们的末日。昏的昏过去了，没有昏过去的人也希望早点见阎王。本来，他们能够有什么口供呢？他们做梦也没有想到"盗卖军米"！

在黑暗的夜里，一个扎着头布的赤着脚的小姑娘，撑了破雨伞，提着一盏已经被风吹灭了的纸灯笼，冒着大雨，慌慌忙忙的跑到码头那边来打听阿爹的消息。在黑暗中看见了娘舅吕步人的一只船，在船篷的缝里透出了红的亮光，她就在岸上叫：

"娘舅！娘舅！"

没有回音，只听得里面呜……呜……呜的哭声，她立刻跳到船梢上，船在水里晃了几晃。披着头发带着红肿的眼睛的舅妈来开门了。大家沉默了好久。一盏洋油灯的火光似乎喘着最后的一口气。破烂潮湿的尿布挂在船篷里的绳子上，到处堆着碎的杂乱的肮脏的破东西。瘦得惊人的小孩躺在烂布堆里哑……哑……哑……的独自啼哭着。旁边坐着两个哑口无声的表阿姐和靠在表姐膝前的两个小弟弟都呆呆的对着那只洋灯望着。扎着头布的小姑娘开始问舅妈：

"我的爹，从早晨到现在还没有回家去，妈妈急得要死。"

舅妈很迟重的叹了一口气说：

"他们都到局里去了！警察捉去的，我们都……看……

得……急……死了。吓……也吓……死了,小孩子都哭,如今王法是这样利害,我们有什么办法呢!这一家人天天靠着他摇船出来的钱吃饭的,现在……只……好饿……死呵!"

"犯了什么法……真的,……你们看见了我的爹也去了,啊呀!那我怎么回去告诉妈妈呢?"

到了第二天,船夫们的亲属都听到了这个不幸的消息,她们每天都要跑到码头上来几次,来打听她们的丈夫在看守所里的消息。

三

过了几天公安局接到了上级军政部的命令——"着将所有在押的嫌疑犯一齐解到军政部去讯办"。五月廿六日的上午九时,警察把三十多个船夫两人一铐押到车站的南面月台,等候九点四十分钟的锡京班车子解京。一批赤着脚的船夫都表现着枯干憔悴萎靡的样子。他们头上的头发,脸上的胡子都像长得很长了。在额上的皱纹加深了,有的皱紧了硬而发黑的眉毛,像已经生了病似的。有的走起路来一跷一跷的了。有的在头上扎了灰黑色的毛巾，在毛巾上还染有紫红色的血渍。手铐上的铁链声不断的响着，坐的坐，站的站，——他们和其他的旅客们互相看着，沉默着。正在这个时候，忽听得从车站里来了一阵急忙的脚步声，大家抬起头来一看，原来是一般穿得破破烂烂像讨饭一样的男女老小的家属们，蓬头垢面拖男带女的赶了过来，大家都围住了在月台上的犯人。一下子在月台上充满了犯人和家属们相互的号哭呼冤声。大家牵着衣，拉着手痛哭流涕的呼出救命的声音，他们的声浪是抖动的，嘈杂的。在一片的嘈杂声里面可以听得清楚的，只有小孩们继续不断的叫喊：

"爹爹！""爸爸！""阿伯！""我的爹爹！""爹爹回去呀！""爸爸不要上车子去！""爹呀！"

一个在地下滚着的女人痛哭得喘不出气来，只是滚着，滚着……满身沾上了地下的灰尘。

旁边看的人没有一个不酸心，那几个女学生拿着雪白的手帕拭着眼睛。那个无情的汽笛声嘟……嘟……嘟……嘟从远处送了过来。这时候的哀哭呼喊又像暴雨似的加紧了一阵。警察不能够再"忍耐"了,下了动员令,拿着枪把子,木棍子,赶开男女老少的家属们,各犯人。大家流着眼泪一眼不眨的盯住了自己的父母,妻子,儿女。那个受伤最重的吕步人到处的找寻自己的妻子,"怎么一忽儿不见了呢?"在月台上充满着狂呼的声音:

"爸爸呀!"……"爸爸呀!"……"爹唅!……怎么你管自己去了呢!""我们要饿死了呢!"……大家还是伸着手追上去。吕步人的大女儿追上了几步牵着阿爹的衣角,牵得紧紧的不肯放,警察手里的一根无情的棍子落到了她的小手上,分离了……她的父亲和那些船夫都已经上了车子,她和父亲之间已经隔着一座万里长城。不但她,所有三十几家的家属都和父亲,丈夫隔开了。今生今世还有会面的日子吗? 吕步人的大女儿回头过来又找不到母亲。她问她的弟妹们:

"妈妈到哪里去了?"

"不知道!"

"妈妈! 妈妈! 我在这里! 你来呀!"没有回音,没有……小孩们到处的询问她们自己的母亲,问路警,路警也说:

"不知道。"

问旁人，旁人也说：

"没看见。"

她们正在急得要命的时候，看见绿旗挥了，汽笛嘟……嘟……嘟……叫了，车轮已经开动。忽然间前面轨道的两边溅出了鲜红的血来。不断的吹着警笛，轧轧的车声停了下来。车站上的人都拥过去看：

"啊呀呀，不得了！……有人轧死了！"

"还是女人！"

"半爿面孔已经不知道到哪里去了！"

"啊呀！右手只剩一只大拇指了呢！"

"这是哪一个呀？"

"要不是刚才问我的那个女孩子的妈？"

"她还站在那里，叫她来认认看。"——一个路警很快的招呼那几个站得呆呆的四处张望着的小孩。她们走过去，以为找到了妈妈，哪知道看见的妈妈已经是在血肉模糊中的妈妈了！……

/ 白华

"啊呀！啊呀！妈妈呀！"

"妈妈！妈妈！答应我一声！"

"妈妈！妈妈！爹不见，妈又不应呀……"

两个女儿三个儿子一齐的伏在阿娘身上哀痛得哭不成声了！

车站上的职工却忙着赶开他们，叫人来抬尸首。大家都不讲话，各人做着各人的事……而那些小孩们的悲惨的哭声已经送进了犯人的车箱，吕步人觉得仿佛这是他自己的儿女的哭声，他立刻回忆到在月台上老婆对他说过的话："离开了你，我们会饿死的，我是不愿先看见五个孩子饿死"……"临别时候忽然的不见……想轧死的一定是她罢？"……吕步人要求下车来看，但是官法森严，不准他下车。他就从窗子里伸出了他的受了伤的扎着毛巾的头周围的探望了一下，看不见尸首，但是听清了在那里的哭声真是他的女儿。他狂叫了一声：

——"阿姑！"

阿姑是他大女儿的名字。大女儿哪里还听得见外边的声音——已经昏过去了几次。可是他的一个七岁的儿子跑来了，

手指着轨道说:"妈妈 …… 躺在那里 …… 血 …… 脸已经只剩半爿 ……"他脸上的血色突然的消失了,声音咽住了:

"那 …… 你们 …… 怎么 …… 办呀!" —— 然而无情的车轮已经转动了,一下子像风驰电掣的向前去了。从远处看得见吕步人在窗口拼命的挣扎着,仿佛这种挣扎的目的是要跳出窗来 …… 他的哭声还隐约的可以听到 ……

在铁轨附近的土墩子上,躺着一个半爿面孔血肉模糊的女人。而轨道上的几根枕木之间,还剩下几个血洼子。

谁来收拾这些剩下来的血? 谁来"收拾"那些剩下来的五个孩子? 谁呢?! ……

※ 这是杨之华以"一·二八"淞沪抗战为背景撰写的短篇小说，发表在丁玲主编的《北斗》杂志第二卷第二期（1932年5月20日）上，署名"文君"。

豆腐阿姐

——呵……弟弟乖，宝宝乖，不要哭，妈妈回来给你吃。——阿姊上身屈倒在床上，一只手拍着弟弟，一只手在枕头下摸索香糕。她一面口里叫着，一面心里焦急着：香糕已经吃完了，怎么今天吃得这样快，昨天爸爸放工时候才买回来的，莫非他只买了两个铜板的糕吗？

天已经暗下来了，房间里已经充满着灰色而模糊的微光，静悄悄的浮动着。一阵阵的西北风从门窗里吹进来，盖在草棚上面的草簌簌的响着，飞动着。一位十岁的小姑娘坐在床门前，冷得手都冻肿了，脚底下的火缸还是早上妈妈出门去的时候放好了火的，现在已经像死人一样的没有热气了。房间里放着一张桌子，一只跷脚的长凳和一张床，床上的破旧的帐子，像在酱油里煮过一样的颜色了，盖在小弟弟身上的一块破的棉花，还是她亲生姆妈的嫁装[妆]棉被，底下填着的是外婆家里送来的草。在桌子底下的马桶已经有三天没有倒了，臭气不断的被风吹过来，一阵阵的送进了她的鼻子里。东也一堆尿布，西也一堆破布，挂在窗口的一只饭篮在摇荡着。小姑娘肚子饿了，今天妈妈放在桌上的两碗冷饭，上面放着一条咸鱼，一把盐菜，早已吃完了。直到现在，没有吃过别的东西。她想走到门口去，望望妈妈回来了没有？她在桌子上摸着洋火想点灯，但是，灯里的洋油又没有了。只好慢慢的手扶着壁，很小心的一步一步走出去。看见邻舍家里，都上了灯，烟囱里一股股的烟飞了出来，好像间壁的夜饭已经烧焦了，香气一阵阵的飞出来，小姑娘闻着，自己嘴里的口涎却在一口一口的咽下去。她问着邻舍的王家婆婆：

——你们王家妈妈回来了没有？为什么今天的妈妈还没有回来呢？

——听说今天厂里要发工钱，她们都还没有回来呢，你的小弟弟睡了吗？你真乖，领得弟弟很好；再等一下她会回来的，你去看弟弟罢。妈回来的时候，你对她说，我经手的一笔当头，要她去取出来还给六娘舅，因为他过新年要穿的。你说不明白的，

秋之/白华

她回来，就叫她到我这里来一趟。——王家婆婆这样说。

她回转身来，弟弟又在哭了，她跑进房门去，在门坎里绊了一下，跌在地上，她冻得爬也爬不起来，正在急得要命的时候，听见了破院子的大门响了，脚步声进来了。

她现在的妈妈是一个不长不短廿二岁的丝厂女工，虽然不是十分漂亮，但是五官长得很端正的，从小就在厂里，已经有十年光景，厂里都叫她豆腐阿姐，为的她的皮肤很白嫩，男工们常常喜欢同她"打绷""吃豆腐"的；尤其在铜匠间里的阿明，是她最爱同他搭腔的。她在厂里有为难的事情总要阿明去帮忙，尤其要争工钱的时候，总叫阿明到账房里去说情的，因为账房先生还同阿明有点远亲关系，他的生意也是那位账房先生介绍进去的。可是，自从他俩在前年结婚以后，他就不大肯听老板和账房先生的话了。阿明的性情变得格外躁急了，说话的时候总带着不好的脸孔，一来就要生气，做工也不像从前那样的勤快。从前做好了工还帮着去收拾账房间，现在，放工时候还没有到，他就把袖子一卷，帽子一戴，走到自来水龙头那边去洗手了，有时候，还偷着时间看闲书。因此，他的亲戚——账房先生，不像从前那样喜欢他，而且时时要提他的错处，想法子来开除他。前天不是为了他的老婆的事情，又叫他到账房里去骂了一顿吗？因此，更惹起了他的恨。他的心绪很坏，虽然只有卅二岁的人，可是，有时候他的脑常常会发呆的。他自己感觉得不像前几年单身生活的时候那样的灵敏和活泼了，忍耐心一点也没有了。

阿明时常想到在厂里要受气，要吃工头和账房先生的埋怨，朋友也比较以前少了，恨不得明天就跳出厂去不做工了，换一个地方去，也许会比较好些罢？但是，另外一个念头是：现在失业的这样多，找生意是十分困难，又没有其他的朋友亲戚可以介绍他。尤其是家庭的负担一天重一天，从前的老婆，死过以后剩下一个女儿已经十岁了，现在的又生了一个小孩，都在眼前。每天等着吃的有七个嘴巴，母亲同小兄弟们那里，每月要带去七块洋钱，还要每月抽出七块钱来还债，讨老婆的债，本来讨老婆买的一些东西可以拿去变卖，又被火烧掉了。自己的工钱，每月有

白华

二十块,老婆的也有十五块,合算起来也并不少了,可是总不够用。这样一间草屋,也要出四块钱一月的租,真是要命。这样,又不能离开这个厂,这个断命厂,命里注成要忍耐,要在此地受气,要在此地挨骂,要在此地受湿气,要一天做十二小时以上的工作,要跑来跑去修理那些像吃人一样的机器,要听见使人烦恼的机器声,要闻着那种使人反胃的油气和臭气;走到生火间热得要穿单衣,走到另一间又冷得要穿棉衣,满屋子充满着蒸气,觉得全身的不舒服;在厂里又没有像家里那样自由,可以随时脱衣穿衣,只好冷的时候熬冷,热的时候熬热,有时从这扇门跑进那扇门常常要刮着可怕的冷风。

他从厂里放工出来,一路的想……同前面走来的一位年青姑娘重重的碰了一下。一声"杀千刀"把他惊了一跳,打断了他的思想。他笑了一下又继续的想起了一桩事:

总算现在唯一的安慰——有了豆腐阿姐,费了很多的心力,经过几年的相思,有时候晚上总翻来覆去的睡不着,觉得孤独,觉得冷静,一方面又担心着她会被别个年青的先生(职员)"吃了豆腐"去。还记得她有一天曾经过生火间门口的时候，被几个男工拉了进来，调戏她，我那时候虽然笑着，在心头实在恨死了他们。大家都想捏她的"药水铃"，——她在那时候穿的又单薄，胸前突出很丰满的处女的奶锋，引诱着所有"谗痨鬼"。那一次是我做了好人，把她放了出去。那时候，我才第一次手上触着了又暖和又柔软而带有弹性的……她的……。我从此更爱她，更妒忌别人了，哈哈……现在她是我的了，我们有了小宝宝，会笑的小宝宝了。可惜她太辛苦，她在产后没有得到调养，生育过十天就去进厂了。现在她比以前瘦了些，幸而她的身体本来还健康。……他提着饭篮，在放工出来的路上，一面走，一面想着这些一件一件的可恨可喜的事情，低着头一步一步的离开那条光明的马路，穿进一条又暗又狭的高高低低的泥路，跑回家来。

　　他走进门来，就听见小的在床上哭，哭得喉咙都发着哑声，一口气拖到很长，几乎哭不转来。大的在地上，门坎里面"呜哩呜哩"的叫着。"唅！你怎么躺在地上呢？"他一面抱起了女儿阿毛，一面快快跑过去抱起小宝宝。"呵……弟弟要吃了，弟弟真可怜，怎么一个人在床上哭，没有人来理会？呵……弟弟乖，我的宝宝要吃了。"他似乎以为小宝会懂得的这样叫喊似的说着，一面把吹得冰冷的嘴去亲着小宝宝的嘴唇。小宝宝的嘴旋来旋去的要想吃，碰着了冷得可怕的嘴唇，他亦当作奶头拼命的啜，虽然四个月的小孩该知这并不是真的奶头了。他每天从早晨四点钟吃奶之后，直到上午十点钟的时候，对面一位沈家嫂嫂来喂他一次，以后他要吃的时候，总是他的姊姊嚼了香糕来喂。他刚生出来的时候，长得非常之大的，现在瘦了些。他很像他的母亲，两只眼睛很大，眉毛亦很秀丽，鼻梁高高的，笑起来两边都有酒窝儿。

——阿毛，把灯点起来，——他对女儿说。

——没有洋油了，我老早就想点的了——阿毛回答他。

正在这时候，豆腐阿姐一只手提了小饭篮，一只手拿了一瓶洋油，在臂膀底下夹了两包吃食，慌慌张张的走来，把门推开，在黑暗中已经听到阿明在家说话的声音。虽然她今天受了满肚子的气，但是一听到他的声音，她总觉得有意外的安慰，说不出的好过。

她很快的把手里的东西一放,就把小孩从父亲的怀里抱过去了。

—— 你快把灯点着,饭烧起来,我的肚子饿得发叫了。外边真冷呀!—— 她一边说一边坐在床边弯上了右脚,解开了衣襟,把涨得又痛又硬的奶头放在小宝宝的嘴里。大家沉默了一会,只听得小宝宝的喉咙里"咕嘟咕嘟……"不断的咽着。突然间他咳嗽了,在小喉咙里咽得来不及,放出了奶头,奶都洒了出来。他母亲的白色内衣上已经干了的一片奶水像刮过浆似的硬。

—— 阿明,我真气死,你想,今天发工钱的时候,这个月的赏工不给,反而还扣了工钱,说我在前几个月里迟到的几次,都要现在补扣,今天我只拿到五块六角。他妈的,还说生意不好要关厂。今天一位工会里的人,同着什么叫蛇喂局里的人一路来的,对工友讲"东洋鬼子要闹事,要我们静心做工,每天多做些,不要管闲事,这样才是爱国。"他妈的,你晓得那只烂污货收了我们的会费,现在穿得多漂亮,她跟着蛇喂局的人一路来的呢,你看见吗?

—— 你且不要管她,她会有好结果么!? 自己的钱拿少了

秋之白华

是真的。——他拿过灯来放在桌上,顺便把灯来照了一照在母亲怀里的小宝宝,伸过右手去抖着小宝宝的嘴角,小宝宝笑了,在喉咙底里呵出"可……可……"的声音,他要想讲话似的。大家都笑起来了,笑他的面上鼻子上都堆着嚼过的香糕;再看看阿毛的脸,鼻子底下拖着两条鼻涕,眼屎都堆满了眼角,干枯得发黄的头发乱蓬蓬的盖在头顶上。看过去真是一个可怜的孩子。父亲一边笑,一边想着她的可怜。

豆腐阿姐放下小孩,就同着阿明去烧饭。她看一看房间里的零乱的杂务,使她发愁。像豆那样大的火光,仅仅照得出大家的面孔。要想洗尿布,没有自来水;要想补衣服,又没有线了。马桶满得不成样子了,还是先去倒马桶罢。她倒了转来,看见王家婆婆坐在她房间里,愁着眉头,脸上堆着许多皱纹;一见她进来,就叹着气说:

——六娘舅来过两次,一定要你们赎当头,他虽然在纱厂里做工头,可是,生意也不好,东洋老板凶得很,今年过年预备不发存工呢。他还说明天一定要的。要过年了,大家都是难关到了,人家买鱼买肉，我们大家怎么样呢？唉，老有老的苦，小有小的苦，大家都有说不出的心事呵！

—— 不要说起，—— 说起真要上吊，明天他来，只好再恳求他，实在没有钱赎当头。今天只拿到五块六角，还受了不少的气才领到的，要把这钱去赎当头，大家就只好饿死。老婆婆，你真是好人，没有你替我们说情，我们真是苦死了。—— 豆腐阿姐弯着腰替小宝宝换尿布，说得真可怜。

老婆婆很为难的，慢慢的从里面走出去，还自言自语的叽哩咕噜的说着：

—— 你不能赎也是真情，不过他要来逼着我老太婆。……这里暗得看不出。唉！这样的苦命，也是乌黑大暗的命呵，为什么不早点死？！

—— 妈妈，肚子饿了！要吃饭，妈妈要吃 …… 阿毛像一只饿瘪了肚子的花猫似的，缠住在妈妈的后面不断的叫着。

—— 真会烦，就有得吃了，快把桌子移开来，凳子摆好。

一碗青菜，一碗豆腐，三碗白饭，都盛得满满的摆在桌子上，

白华

热气一股一股的向上冲着。总算一天之中吃着这一顿热饭,大家都并不作声的吃着,嚼着。在静悄悄的黄昏里,半明半暗的房间充满着三张嘴里发出的"哈呼哈呼"的声音,混杂着碗筷的叮当声。在板壁那边,挂着手巾的竹竿的上面,印着三个拖长了的黑影,歪歪斜斜的浮动着;再少许低一点的地方,竖起两只长耳朵,像兔子似的一踵一跳的忽低忽高的移来移去,一下子一个高长的黑影站了起来。突然间听得阿啾一个喷涕,满桌子散开了许多饭籽,——小姑娘的两条鼻涕拖得很长,母亲用筷子顺便的向着阿毛头上重重的敲了一下。阿毛的两只圆兜兜的眼睛,充满了亮晶晶的水分,呆呆的望着母亲,熬住了眼泪,畏缩缩的放下筷子,走到板壁旁边站着。

——讨气的小鬼,还不来拾干净,白饭哪里来的呀!爹娘的血换来的呢。你要遭到天雷打杀。——她带着不好看的脸色"叽哩咕噜"个不了。

床上的小宝宝又在哭起来了。虽然她还没有吃完饭,但是,即刻转身去抱起他,一只手拍着,一只手解开衣服塞进奶头到小宝宝的嘴里。她疲倦得腰痛脚酸，只想在床上躺下来了。但是房里摊得乱七八糟，垃圾堆得满地都是，碗筷还没有洗，头发几天没有梳过，房间里到处都是灰尘；再看看自己的手瘦了许多，一条条的筋都突出来了，心头上忽然把许多事情都想起来了：扣工钱，存工不发，米贴取消，阿明的工钱还没有拿到，六娘舅那里的当头，沈家嫂嫂那里还要给每月一块钱，——她真是好人，每天来喂小宝宝奶吃的，做产时候还欠着一笔收生费。年节又到了，自己不过年倒不要紧，但是，老舅妈那里的一笔年礼不得不送的，不然明年春茧上市的时候会吃她的苦呢，去打一次花会罢，失败怎么样呢？外边的风实在大，明天要一早起来，不愿意收拾了，还是早点睡觉。可是想来想去又觉得睡不着了，摸摸自己的脸像火烧似的发着烫，继续又想起来了这许多的债。回忆到没有出嫁以前虽然爹娘早死，弟兄间并不和睦，但是每月收入除出一半分给兄弟，其余的够自己吃用也勉强的可以过去。现在呢，欠了这许多，看看小宝宝也瘦了。

　　——阿毛爹，唅，阿毛爹，总得想一个办法，小宝宝这样瘦下去，我自己的奶子涨得发痛。你明天进厂去的时候同账房先生再去商量一下，可不可以上工去的时候把小宝宝带进厂去？——她一厢情愿的要他去办。

——我真不愿同他去讲话，他摆出账房的架子，已经拒绝过我多次的要求了，他恨死了我，我也恨死了他。从前本来可以带进去的，后来因为喂奶就要偷懒，所以现在不准了。小孩子在家要受饿，可是带进厂去，在机器间里也不是好事。不是从前天通庵的恒裕和虹口的大伦丝厂里，在机器底下压死了几个吗？他们睡在机器旁边，或者机器底下，总是十分危险的。最好穷人不要生小孩，让有钱的去多子多孙！穷人生了都是讨债的。

——那末你为什么要讨我来，要生这个讨债的小鬼？一个不够两个呢？痛不痛在你身上，你这个糊涂鬼！——她不知不觉的心在收缩着，喉咙口里又作起祟来了，两大点眼泪突然的从眼眶里流下来落到了小宝宝的额角上，小宝宝的手脚同时跳了一下，头旋了几旋便睡熟了。她看着小宝宝，又继续的说下去：——生进去的时候快活，生出来是讨厌的了！明天你去弄死他好了，只要不给我看见，你拿去杀死了我也不管……——她抽搐着，愈哭愈悲伤了。

——这又不是我的不好，恨我做什么？好睡了，碗筷我都洗好了，明天来得及早上再烧一餐，来不及不烧也不要紧。冷饭多着呢！总算我说错了，你不要哭罢。——他安慰她说。

大家不作声了，床底下的老鼠咬着板壁脚，"格粒……粒……"咬个不了。外边的风吹着草棚背后的树林，从树林里发出一种可怕的声音。阿明看大家都睡着了，在房间里的打鼾声同着老鼠的走路声相互的呼应着。他翻来覆去的睡不着，预备明天怎样去要求账房，应该怎样说法才妥当。他还想去借一笔钱来过年，应该买一点她欢喜的东西送给她。天气这样冷，她还没有帽子，明天吃中饭的时候偷偷跑出去买一顶罢。什么颜色的好呢——紫酱色的罢。想到这里，他就伸出手来摸着挂在帐钩上的一件短棉袄的袋，还有一块二角。够的，听沈家嫂嫂说只要八角大洋就好买的了，明天还是要她去买，女人知道女人的心呢。从远处送过了一阵拖长的汽笛声，接着"克隆……克隆……"的笨

白华

重的震天动地的响着，汽笛忽然的停止了，又重新叫了两声，呵，夜班车到了。在这时候他忽然想到火车头的力量，他自己会修理机器的，假使有人来请他去修火车，那末他要比在丝厂里舒服些了：他爬上火车"嘟……嘟……"同着火车里的朋友们去游杭州、苏州、南京，还可以去看看吴淞口的海岸，……大轮船，洋鬼子，海鸟……"我要做只鸟，自由自在的可以去飞……飞……飞到高的天空，一切一切看……不……见……了。"

二

微微的白光从窗口里送了进来，工厂里的汽笛声一次两次了，讨厌的声音几时可以不听见它呢？他俩急忙的从暖和的被窝里起来，穿上衣服，看起来，时候不早了，只好把昨天的冷饭拿去，早饭到厂里再说罢，夫妇俩脸也来不及洗便动身去了。阿明忽然记起一桩事：

——你先走一步罢，我要到沈家去走一走去，托她替你买顶帽子去。

豆腐阿姐一步并作两步的走，走出家门经过一条小路，向着青云路顾家湾那里一路走去。从远远的地方望过去，厂门已经开了，一个一个黑的影儿在厂门里面移动着，门口站着两位岗警，手里拿着棍子，腰边还挂着手枪。她走近了厂门，那位麻皮岗警问她：

——唅，你夹着的一大包是什么？又拿衣服来洗了，幸亏你这张"照会"长得还不错，不然把这包东西来没收呢。唅，放工来谈谈罢。为什么皱着眉头，眼睛这样红肿？阿明欺侮了你，我会帮你的……

——杀千刀！人家忙死，你还这样高兴，狗东西！

她走进大门经过账房，顺便的装出笑脸对工头招呼了一下，听见机器已经开动了，就把饭篮一挂，开始工作。车间里的人声和机器很混乱的使人忍耐不住的轰动着，大轮盘上的皮带不断的循环的滚过去，上面黑色的油点子一闪一闪的闪过去，觉得头在发晕。她想或者因为肚子饿了的缘故，她偷偷的拿着刚才门口买来的大饼一口口咬着，左手还是把一根一根的丝接到铜钩子上面去。她正在做得起劲的时候，从机器声里面带出了小宝宝的啼哭声；她发愁，她回忆，她想到了昨夜的悲伤、忧虑现在的生活，和将来的命运。整个屋子里充满着白色的蒸气，像人放在蒸笼里面烧，烧得满身都是潮湿，由汽变成的水，在周围的墙壁里、门窗里、屋顶上都在一点一滴的落下来，好像它对着人哀哭着。但是哪一个都不能来了解，来安慰，像她昨天的泪珠儿落在小宝宝的额上一样的没有得着任何的回答。她抬起头来看看周围的工友："她们不都是和我一样吗！"

时候很快的过去，已经放了吃中饭的汽笛声。豆腐阿姐很急忙的偷偷的从机器底下拿出一大包尿布和脏了的衣服，跑出门去，向着自来水龙头那边走，把铅筒拖过来，把龙头一旋，水像很愤怒似的喷了出来。她担心着这样响的水声会被工头听见，运气还好，鬼都没有一个走过来。她用尽了力气洗着，还没有洗完，后面的骂声已经从远处愈送愈近了。

—— 你又忘记了，吃饭时候来洗衣，上工时候来吃饭，你跨进厂，时候已经不是你的了。自来水，是老板出钱买的，用多了，不是我们做工头的要受骂吗？你总是要来破坏厂规，快滚开！

一位四十多岁的工头紧了牙齿恶狠狠的骂着。

——好人,不要骂了,让我洗完,快了,我饭可以不吃的,上工时候一定不吃饭,让我洗完罢。她这样求着洗着。

——不吃饭,不吃饭……自来水就应该给你用的吗?你不听,倒要做点规矩给你看。——他不管三七廿一的就把洗好的一半拿去了,拿到生火间里去了。豆腐阿姐一面追着,一面哀求:

——老伯伯,我们是苦恼人,求你不要拿到账房间,还我罢。

她跟着他追进生火间去,看见衣服和尿布已经塞进去了,那炉子里正在喷出飞红的火星。她吓得不会作声,对着火光呆看。炉灶旁边捧着饭碗的生火间的工友们,看看豆腐阿姐,又看看工头。有的皱着眉头,有的放下碗筷,碗里还留着小半碗白饭,重重的从心的深处叹出一口大气。大家都听着灶肚里面的"劈拍、劈拍"的声音,只有工头的脸上表示着复仇的高兴。

豆腐阿姐慢慢的回转身来走出生火间,碰着了王家嫂嫂。王家嫂嫂拿着碗筷走过来对她说,阿明在账房里闹着,不知为了什么事情,你去看看,要他忍耐些罢。——她跑到账房那里,看见

白华

账房先生的脸很凶的对着阿明苦笑着,而阿明两手叉着腰,气得脸都涨红了。

—— 你想,阿明自从同你做亲以来,一天没有好过,忽儿要这样,忽儿要那样。今天又说硬要把小孩带到厂里来。这是破坏厂规的事,你们要想叫我吃不成饭。要知道,我吃不成,你们恐怕也要饿死呢! —— 账房先生对着豆腐阿姐说。

—— 好了,他要求得不好! 不过你要知道我的小孩在家里饿肚子,天天哭得气都转不过来,难道我门是应该断子绝孙的吗? …… 她回答说。

—— 吃公家饭,做公家事,不能因为你的孩子饿肚子就来破坏厂规。那末其他几千几万的工人都没有孩子的吗? 难道都死完了吗? 年纪轻轻,要懂些世故人情!

讨厌的机器又开动了,大家都去上工了,豆腐阿姐似乎像喝醉了酒一样的冲过去,阿明更气得像个木人儿一样的笔直的站在壁角里。

从远处传来了"嘟 …… 嘟 ……"的声音,发亮的蓝色光漆的汽车已经开进了大门，岗警们竖起了右手，对着汽车致敬礼。汽车"轧……轧……"的响了几声，便停止了，里面走出一位穿着黑色西装，外面披着狐皮大衣的老爷，圆脸尖鼻子，在鼻梁上面拚着一副闪光的克洛克。他的肚子像女人怀着六个月的胎一样的突出着，在大衣的外面显了不平均的样子。看过去，他是一个会打算的会办事的很敏捷的有钱人。在他的旁边还有两位高大的穿着黑色袍子的保镖。他很快乐的走进了账房，似乎他有十分急要的事情要来干的样子。

账房先生连忙起来点着脱了发顶的头，笑眯眯的恭恭敬敬的招呼他：

——今天怎么来得这样早，行里已经去过了吗？

——是的，……现在职员们都吃饭去了，我有很要紧的事情来的，行里已经得到消息，——东洋人要在今明两天起事呢。你这里还有多少现款？工钱已经发了一半，还有一半我看可以慢慢发。我想或者我顺路把这里的款子带了出去，你可以不必把这件事告诉金家少爷和其他的人。你在我这里已经做了多年了，从前老太爷也是为此很信任你的，你为我出力，当然是知道的……——他轻轻的说着，右手摸出一只白金表来看了一下，——快要两点钟了，我……我要回家去吃饭，我看明天还是停工的好。……

阿明偷听得很起劲，刚才所受的气不知道飞到什么地方去了，但是，心中扰乱着，发生着许多新的疑问。他偷偷的走了进去，继续做他的工。

那位账房先生走到里间去转了一下，拿出一只小箱子亲自送到汽车上面。一下子汽车开动了，"嘟……嘟……嘟"从大门里面走出，向着西面闪了过去。

账房先生回到账房，很慌忙的整理抽斗和账薄，还有许多张的钞票，都放进了自己的袋里，很不自然的样子对着朱先生说：

——今天提早一点钟放工，请通知总管车，还要写一张布告，通知总工友，厂里货少暂停几天，快把通告写好，在放工以前贴出去。

到了五点钟总管车抽了汽笛，很响的叫了起来，各工友听着了以后，一下子在各间里的人声和脚步声，代替了机器声音。大家似乎有了意外的快活，叽叽渣渣的吵得乱七八糟，一堆一堆的黑影儿从各间里出来，争先恐后的要挤出短木栅去，岗警的棍子在空中挥着，小姑娘的叫哭不断的从人堆里发出来。豆腐阿姐的一切感觉都和平日不同了，似乎觉得空虚得不得了，又似乎觉得呼吸都闭住了。她挤在人堆里，觉得自己已经没有存在的一样。附近她周围的人群都对她看着，大家都在议论纷纷，大家都替她难过。一传两两传三，没有一个不知道她今天所发生的事情，大家以为今天所以提早放工是为了她，怕厂里闹出事来。

阿明就在门口等着老婆，把刚才老板来过的事告诉了她；在他俩的前后还有许多其他的工友，他也告诉了他们。大家都很惊奇似的，可是谁也没有完全了解这件事情，因此他们并没有议论这桩事，而在议论着账房先生的不好，豆腐阿姐的触霉头。

青云路上的电灯，点得闪亮的，三五成群的男工和女工，大大小小的走着说着，一批一批的闪过去。在路旁的流氓都在叫出惊人的声音，调笑年青的女工们；卖吃食的小贩，很起劲的兜揽着生意。女工们摸着衣袋角，但是，并没有看见拿出一个铜子来。阿明夫妇也是一样的舍不得摸出来，他们渐渐的由热闹的闪亮的大街跑进了冷静而黑暗的小路了。

阿明夫妇走着，远远的就看见草棚东边的树木在黑暗里摇动着。王家的一只黄狗竖起了尾巴"汪……汪……"的对着人叫。但是看见了王家的嫂嫂，它却改变了样子，摇头挥尾巴的高兴起来，很亲热的在她的裙子边钻来钻去。阿毛同王家的小弟弟在大门里面演着文明戏，阿毛的头上缚着许多破烂的碎布条，跳跳蹦蹦的转来转去，手里捧着一个碎布做成的小人儿，嘴里还唱着自己杜造出来的调子。一个亦七岁光景的小弟弟，脸上画着一块白一块黑的花脸，一张红纸贴在鼻子上面，像猴子似的跳来跳去，手里还拿着一个有眼的铜脚炉的盖头，"当……当……"的敲着，嘴里呼出"呵……呵……"的声音。他俩在两面房间里照出来的微光底下跳动着，玩得正在出神的时候，阿明夫妇跑进家门口就对着阿毛发气：

——你的弟弟在房里哭，你不去管他，自己在这里做什么？

莫要讨打。阿明在阿毛背上重重的打了一下。豆腐阿姐像飞似的跑进房门，抱起小宝宝来，嘴对嘴的吻了一下，便坐在床上喂着奶。她的眼泪一点点的不断的落到衣襟，落到小宝宝的耳朵和面孔上面。

她只觉得心头痛一阵，四肢冷一阵，想起了工头的凶狠，想起了账房的威逼，……她伸起右手扭着鼻子，把两条鼻涕向着地板上一挥。阿明听得从地下发出的声音，急忙的放下手里的木柴跑了过来，站在她的面前，呆呆的面对面的看着。一向很有勇气的阿明现出了苍白色的脸皮，蹙紧了眉头，眼眶里亮晶晶的水突然的滚了下来，跟着不断的像潮水似的涌了出来。但是，他脸上的肌肉抖动着，握紧了拳头，豆腐阿姐仿佛听见他在狠狠的咬着牙齿。惨淡的灯光底下充满着悲哀和忿怒。在这沉默之中各自回忆着十多年来血汗的生活：疲劳、饥饿、恐怖，一件件的闪过，什么希望也都毁灭到干干净净，他们像滚在瀑布似的浪花中间，像已经沉没在海的深处，像躺在荒野上的墓地里，———已经腐烂了吗，已经没有生气了吗！？阿明喘出一口气来，觉得自己还会动，还有呼吸，这真比活埋还要痛苦。上有多病的老母，下有妻子儿女，呵……不能……不能这样活下去……

阿毛看得发呆，头上扎着的五颜六色的碎布条还在飘荡着。她似乎要想解开爷娘的莫名其妙的苦闷，轻轻的走到桌子边，把摆在桌子上面的纸包一拖，就拿了过来，很小心的拿给阿明，然后向后面退了几步。

——这是沈家妈妈要我给你的——阿毛说。

阿毛把它解开一看，原来这是他送给老婆的礼物，他亲亲热热的跑过去，把帽子套在她的头上叫着：

——好姐姐！……

虽然豆腐阿姐还在流泪，但是她的心事已经被这柔软的叫声溶化了一大半，羞答答的说了一声：

——人也活不成，还要什么帽子呢！

——死？……这样讨人喜欢的小宝宝，他在看着你呢，我在这里呢，你哪能死！好姐姐，心宽着罢，我去烧饭给你吃，阿毛也一定饿了的。

王家婆婆又跑来了，她很慌忙很着急的说：

　　——六娘舅又来过了，他一定要的……他并说：日本纱厂里面的东洋人，今天下午在厂里鬼鬼祟祟的在一间房子里，秘密开会，究竟商量了些什么，并没有能够知道。不过拿进去的手枪很多，厂门口在早几天已经放好了机关枪。外边谣言很多，风声是不好。六娘舅的以前的中国纱厂里的老板，也住在曹家渡那边，听说今天下午用三四部装货车把贵重东西和家眷都搬到法租界去了，到了他的丈人家里。那开车的阿二，是六娘舅的堂哥哥，所以六娘舅会知道。并且六娘舅自己的家也搬进租界了，搬的人还不只他们。没有事还好，一有事我们怎么办呢？——可怜的老太婆对着阿明嫂嫂这样说了一大堆。

　　——是的，有钱的还有地方逃，没钱的是办不到。你想厂里的老板这样凶，本来今天应该发的一半工钱都不发，反而拿回去了。阿明的工钱没有拿到手，你想拿什么赎当头呢？怎么说得到逃难？这样的生活，还是早死的好！——豆腐阿姐说到这里，她的眼眶里又流出眼泪了。

王家小弟弟来叫祖母睡觉，这个老太婆叹着气走出去了，一面说着："明天再见，过来玩玩。"

阿明吃过夜饭之后，感觉胸部非常气闷，跑到外面去走走，顺便想去打听打听外面的消息。走出大门就听见到处有狗汪汪汪的叫着，沿着铁路那边叫得更利害，而且轰隆轰隆的火车，来来往往特别的多，火车站那里的汽笛声长长短短的不停止的叫着。他一个人在小路上走得有点害怕，他刮着洋火吸起烟来，有些狗就特别对他叫得利害。他身上的衣服很单薄，风吹得更加冷起来了，眼睛的周围也被风刮得发痛，于是他停止前进，回到家里来。黑夜里的星光在远处高房子上面的电灯都在闪着，而这里是恐怖的黑暗。到处送来的声音都带着忿怒的烦躁的情调，又惹起了他的不好的感触来了。他觉得身上重得不得了，好像背了几百斤重的担子一样，身子也直不起来，压在他胸部的怪物，使他的呼吸非常之困难。他连想到他的前途不也是在恐怖的黑暗之中吗？他走近了草棚，看见自己房门外面有个黑影儿在那里浮动，突然的听见了声音：

——阿明，我怕……怕你出去不来了……这样冷，跑去做什么？害我怕得不敢走进门来，也不敢走出门去。我烧好了开水，等你喝茶，小孩们都睡好了。

——我因为听王家婆婆说外面风声不好，所以出去看看的，外面没有什么动静，不过火车声今天特别的多。

他俩关好了门，一个坐在床边，一个坐在长凳子上，阿明的两只手放在茶壶两边烘着。他俩冷得说话的声调都有点发着抖动。

——冷呵！喝点热茶罢。阿明喝了几口放下碗来对豆腐阿姐说：

——万一有事发生，我们怎么办？商量一下罢。当票要拿好的，别人的东西总应该要还的，衣服是随身，只有小孩们怎样办呢？逃到什么地方去呢？我想在这里离开火车站不远，总是不好的，还是到江湾母亲那里去。不过恐怕他们那里的米也已经吃完了，这里也吃不到两天的了。他很认真的对她说。

——逃也死，不逃也死，预备什么呢！饿死倒不如打死的痛快。——她虽然这样说，但是看了阿明的面色苍白得可怕，似乎危险已经摆在眼前，说话时候有点断断续续的接不着气似的，在喉咙里有抖动的声浪。她停了一忽儿,脸上也现出了一块青一块红的颜色,拿过阿明手上的茶碗喝了几口已经冷了的茶。

——或者不很要紧,中国政府不会同日本人打仗的,像北边张学良那样,并不抵抗,就把东三省奉送给日本了。还是不要逃罢,不过大家做亡国奴也是不好!

——怎么叫做亡国奴? 她问。

——像马路上的工厂门口站着的红头阿三,就是亡国奴;国家灭掉了的百姓就是亡国奴。

——东洋小鬼这样坏,要想灭掉中国,我想不成功的罢。

——如果中国人个个像张学良一样,就可以成功。中国做官的带兵的,都是混蛋。不是报纸上这几天里都登什么禁止反日抵货的运动吗? 在南京、上海枪毙了许多反日的学生和工人吗? 为的是他们反对不抵抗。现在是不讲理的世界,在打仗的时候,哪一个枪炮多,就是哪一个胜利,打架也是一样的,如果像昨天你洗衣服的时候,你的力气比他大就打死那个狗东西。

——时候不早了,睡罢,商量是商量不出什么来的。做亡国奴也是天命，现在我们的生活哪里比红头阿三好呀！已经一样了。——她说着解开衣服，脱了鞋子爬到床里去了。

三

房间里又静下来了，有胡子的老鼠先生又上了市，它们在静悄悄的黄昏里很自由的找寻吃食，一只大老鼠爬上了阿毛的竹床。阿毛身上盖着的一条蓝布的棉被已经到处露出发了黑的棉花，老鼠在她的四周围兜着圈子，它像人一样的饥饿，咬着阿毛的一件破棉袄的袋子。可怜的阿毛不知道有了多少天没有洗过手脸了，她的手指缝里嵌满了黑泥，脸上就更脏得不得了，堆积在嘴角里的残余事物发出腥膻的臭气。饥饿的老鼠就在她的嘴角上啃起来了，阿毛从梦里痛醒过来，叫着：

——啊呀……啊呀！爸爸，老鼠咬我，啊呀，血流出来了！

大家都惊醒了，小宝宝也开始哭起来了。母亲在朦里朦懂之中很快的把奶头塞进小宝宝的嘴里，哭声立刻就停止了。阿明在梦中似乎听得各种各样的杂乱的声音。灯里的火油快要完了，半

白华

明半暗的一粒火光从已经煤黑黑的灯罩里透出来,现着一个可怕世界。阿毛一面叫,一面看见从帐门里钻出一个闭了眼睛的黑头,头上面竖起了硬而蓬松的毛毛。她吓坏了,她拖着棉被罩在头上,过了一忽(儿)灯就熄灭了。

阿明以为自己是在做梦,很疲倦的又睡着去了,不料那个阿毛又叫了起来,甚至连邻居也都从梦里惊醒了。

阿明也醒了,细细一听,才明白并不是做梦,房里阿毛哭着,房外听得了另外一种可怕的爆竹声和大大小小的"劈……拍、轰……隆"的声音。呵,这是有钱人请菩萨了。他妈的,钱这样多,爆仗放不完似的。唅,不是的? 怎么上面像有飞机声呢? 难道打仗吗? 他钻出头来,叫着阿毛:

——做什么? 做了怕梦? 乖些,不要紧的,莫怕。

——血流得真多呢! 爸爸!

阿明想,难道飞机丢进炸弹来了吗? 怎样她还能这样清楚的说话呢? 我也并没有受着什么伤,奇怪。他伸手去摸摸小宝宝和他的老婆的鼻子,都很好,都有呼吸的。再摸摸自己的脚也没有什么痛。

"哈！阿毛，你究竟痛些什么？"他就披了衣服起床来看阿毛了。这才看清楚，阿毛嘴上被老鼠咬破了一块皮。他从袋里拿出一块赃得发黑的手帕替她揩了一揩，要阿毛睡下去，把她被盖好，走开了。

他走近窗门，从一条像手指那样粗的窗缝里望出去，飞红的天，天上似乎还有黑烟，一股股的冲上去；从红光里又有白色亮光的火星飞动着。"劈拍劈拍"的声音愈听愈近了。忽然又"嘶……嘶……"一声，从草棚上飞过去一条亮光。他轻轻的开出房门，走向房门对面的人家，在门边听了一下，里面也在轻轻的说话带着抖动的声调。他惟恐惊扰人家不敢问他们，仍就回进了自己的房里，移开帐子扯了一下棉被。豆腐阿姐也早就听见外面的声音，只吓得不敢作声。她侧转了上半身，伸出手来捏着阿明的左手，捏得紧紧的，冰冷的汗从手心里出来。帐子里面要比房间里还要暗些，他俩面对面的相互闪着发出亮光的眼睛。

窗外的微微白光透了进来，步枪声听得更清楚了，上面的飞机也更多了。

——大约在车站那里打罢，你起来，穿好衣服，你多穿一件衣服上去，会冷的。我要走到王家去问问，同他们大家商量商量看。

白色的亮光壮了他的胆量，他自己觉得比初初听见的时候要好得多。他从自己的房里出去，一直的跑到王家，轻轻的叫了几声，门立刻就开了。

——真的打仗了呢，你听到吗？——王家嫂嫂这样对他说。

——阿福哥昨天回来了没有？他在外面跑总知道一些情形的。

——回来了，他的胆子大得很，还躺在床上的呢。

阿福打了个呵欠，伸了一伸腰，捏起两只拳头笔直的坐了起来，一面穿着衣服，一面离开了床，笑嘻嘻的说：

——勿要急，急也没有用了。——他的手扶着门，把脚上拖着的鞋子穿好，就把房门一开，再回转身来在桌上拿着自己的一顶灰色呢帽，很快的跑出去了。他的老婆从里面追了出来。

——小弟的爹，小弟的爹，不要出去呀！

可是已经来不及了，他已经走得老远。阿福的老婆急得哭个不了。她的婆婆正在点着了一对小小的红烛、三支香，供在神堂底下的一张方桌子上，口里念着"急救经"，双膝跪在地下，两只瘦得露骨的手合并得整整齐，一心一意的拜着，驼着背叩着头，头一直低到地上。

过了不多时候，阿福很急忙的跑回来，把帽一脱放在桌上，从袋里摸出一支香烟含在嘴唇上，刮着一根洋火点着烟，他坐在床边的一只方凳子上。他的眉毛粗黑得像板刷一样，三角形的眼睛，团团的脸，胡子长得很旺，在一堆黑胡子中间露出了发着紫色的嘴唇。他的身上穿着一件已经旧了的黑布袍子。他的身体很长大，两只粗而有毛的手放在脚膝上，喷出一口很浓的烟，稍稍闭了一闭眼睛对阿明这样说：

——我已经去看过，外边乱得个不得了，门户都关闭着，逃的人还是很多。刚才出去的时候，四周都有枪声，听说这里附近的车站——天通庵车站已经被日本兵占领了去，所以这里的枪声倒比我出去以前稀少了些。不过人有说，在北火车站、宝山路、横浜桥那边，打得很利害。宝山路上的火烧得很旺，在这里附近也有几间房子烧着，满天都是黑烟，真是糟到极点。出去当然是很危险，不过不出去更加要危险。我想再不出去是没有时候可以出去了。我是没有地方可以去逃难,自从失业到如今,朋友那里个个都有债,不能见他们的面。我想你的母亲住在江湾,暂时去避一避再说。只有向着这一个方向比较容易过去,避开车站,从田埂里绕过去,东西当然不能带的了。

——唅,你们听,上面的飞机轧轧轧轧的……——阿明的老婆也急忙忙的跑过来。

在这个时候,小人和女人都哭起来。每个人的脸色都发着青,有的躲在角落里,有的躲在床底下。那老太婆吓得像死人一样,不过口里还在念着佛。只有阿福和阿明比较镇定些,互相商量着。

——他妈的,死也是命,横竖总有一死,何必怕呢?我看还是照阿福哥的意思,大家一起走出去,到母亲那里去,小孩子我们两个来领。——他的手指着豆腐阿姐要她抱起小宝宝来。

大家各归各的草草收集了一下。老太婆也慢慢的爬了起来,一起走出去。周围的声音又是"咯……咯……咯……"的不断的增加起来,其中混杂着"轰……轰……"又是劈劈拍拍的在空中浮动着。这些声音好像完全在草棚的四周围,邻舍都没有声音,大概都已经逃了出去。到处都冒着黑烟,白天好像变作黄昏了。树林里的鸟窝里不会飞的小鸟儿很惊慌的叽叽叽的叫着,似乎它们也在哀哭。没有人拉的黄包车在冷静和恐怖的街上停着,有的已经翻倒了,在旁边躺着正在流血的死人。在弄堂口有些像穿着制服的兵士,歪歪斜斜的倒在地上。还有黑色的警察制服很狼狈的丢在十字街头和垃圾桶的旁边,旁边还横着长杆子的步枪。背着包裹抱着小孩的男男女女:有的在街的两边靠着店屋排门很惊慌的奔着,有的像老鼠一样的缩着头,团紧着身体躲在弄堂口,有的突出着眼睛,张开着手在十字街头乱冲。在十字街头已经堆着许多沙包,穿着灰色制服的兵士都手忙脚乱的在沙包里面轻轻的商量,有的已经躺在沙包上瞄准了枪头。来来去去的子弹在空中飞着,阿明一家四口同着王家的老小,也从小路里出来在枪弹底下冲过了大街,向着荒野里逃去。不料走到火车站附近的时候,王家老太婆,脸发了白张开了口,"呵……呵呵"的气从喉咙底里喘出来,已经蜷在地上不能走了。离开他们不远的地方,有一大堆人群正在那里叫,很雄壮的叫"杀……!"望得见这些人向着车站那一边冲过去。阿福提过小弟给他的老太婆,自己背起老太婆就逃,从右边又穿出一队兵士追上去。在这个时候,大家都冲散了,阿福和阿明夫妇走得最快还在一起,阿毛、小弟和阿福的老婆落在后面,不知道到哪里去了。这正是打得很紧张的一忽儿,中国兵和日本兵正在交锋着,上面的飞机正在对准着中国兵投炸弹。阿福和阿明没有办法可以回转去找寻了,也不能停留在这里不逃,只好沿着田埂逃进江湾路。在江湾路上的人,没有一个不慌忙,一堆一堆的奔着。将近江湾的时候,有些人走过来探听消息,他们七张八嘴的问着逃难的难民。一位年青的店员对着阿福说:

—— 在你的背上的老太太已经不像个样子了呢,她已经……前面究竟打得怎样了?

阿福的身体弯到地下,一只手扶住母亲,慢慢地转过身来一看,吓了一跳,这是怎么一回事?连忙"姆妈,姆妈"的叫她,而她并不答应了。勇敢的阿福到了这个时候,眼泪也直奔的下来,对着阿明说:

—— 现在怎么办呢?后面的老婆儿子……

—— 事情已经这样了，回转去是危险的，以后再想法。这里离开跑马场不远了，我的家就在跑马场的西南边，还是快点背她到我的家去。—— 阿明抱着小宝宝这样说，他也洒了几点同情泪。

　　走近了家门，阿明先敲门进去，里面一个又瘦又病的老太婆躺在床上流着泪。两个小弟在旁边坐着劝她。她一看见阿明夫妇和小宝宝，脸上立刻放出光彩，现出稀微的笑容，但是惊喜的眼泪还是直奔的流下来。

　　—— 我……我……怕……你们逃不出来了，总算老天保佑，还能够见着你们一面。那边怎样了？阿……毛呢？

　　—— 那边不得了，阿毛在路上失散了，同着王家嫂嫂和小弟一同失散的，还该去找呢。阿福哥和他的妈妈同我们一路来的，他妈已经吓死了。现在外边，在外边。—— 他又回转身走出去了。

　　阿福站在门外面，旁边躺着一个闭了眼睛的母亲。他的双手捧着头在那里很悲哀的哭着，阿明呆呆的望着他，不断的流下泪来，大家都抽搐起来了。阿福抬起了头，眼睛已经红肿了。

　　—— 我不能够忘记你，你是个好人，你去拿点草来盖在我妈身

白华

上,我现在去找老婆和儿子,死活没有一定的。如果找不着,我也不再回来了,我已经决心要去当兵了,死也死得痛快些。失业到如今,哪一天不是过着地狱的生活。大家却以为我是一个坏人,这难道是我自己要坏的吗? 不得已才欠债的,被压迫就要反抗。我当然还是要干的,我不是吹牛,这点儿志气是有的。现在时机到了,还要逃什么命呢? 我已经新认识了几个朋友,在十九路军当小兵的。你如果要找我,我可以留个地址给你。——他就拿出铅笔来写了个地址交给阿明,同阿明握了一握手就跑走了。阿明感动着,呆呆的站在门口看着他的后影在江湾路上渐渐的模糊下去。

阿福已经走了大半天,总是绕不过去:不是逃难的人说得吓死人的阻挡他往前去,就是碰见兵,不等他开口就把赶着往后跑。最后,他才绕到了一条小路。可是,天已晚了,太阳早就没有了。暗淡白色的黄昏里,一切都是模糊的,荒野里的坟山,高高低低的堆着,两边的树林似乎会走路一样的向后面移过去。离开马路不远的地方有一大堆的房屋,屋上面的烟囱已经像死人一样的不会呼吸了。到处看不见火光,草地里有窸窸窣窣的声音,前面"咯咯咯……咯咯咯"的响。在西边的天空中，火光烧得很旺。东边远远的黑暗地里，爬出了一个巨大的笨重的，像塌车似的东西。它向前直冲，发出可怕的震动的声音。这个东西的后面，似乎还有许多人，拿着长杆子，伏着身子往这边跑。阿福有点害怕，——"这是日本兵来了。"—— 他很小心的避到路边的一个竹园里面去，—— 预备等他们经过之后再向前去。可是，他觉得饿，觉得冷，他举起头来一看，原来这就是做地皮生意的朱家。这所房子还造得不久，他想有钱的人早已逃走了的，为什么不爬进去偷点东西吃吃呢？他向来有点本领，虽然身体很长大，可是很灵敏的。他就用力的抓住靠近火墙的一支粗竹杆，两手往上一拉，像猫似的溜上去了，再向前一冲，已经拉着墙角，爬上了屋顶，听得里面没有人声，他就大着胆把灶屋上的天窗玻璃敲碎了。再听一听，没有什么人，他就用力的把一枝横在天窗中间的木头拉断，两只脚先宕下去，一跳下去了，把袋里的洋火刮着，找到电灯开关。这是他的世界了，把橱门一开，不但有鱼有肉，而且有年糕、蛋糕，还有他从来所没有看见过的吃食。他不管三七廿一吃饱了

秋之/ 白华

再说。这样一来,他不但不饿,而且也不冷了。他吸着香烟在天井里独自兜圈子,天上白色的星光在红云里面闪着,炮声、枪声、野狗的叫声,不断的不断的送进他的耳朵。他已经听得疲倦了,走进灶间在稻草堆里一躺,立刻就睡着了。

天亮了,在院子里的雄鸡啼个不住。他一醒过来就把肚子吃饱,到处找寻利器,他急忙的拿起一把发着亮光的菜刀,塞到年糕的包里,把很多的吃食都带了出去。经过后门和竹园向西边直奔,今天这里已碰不见逃难的了。他走进火车路,想找寻着已经失散的三个人,但是连影子都没有。前面有许多兵士正在掘着战壕,他怕他们会赶走他,就立刻走上前去,很亲热的招呼着兵士们,而且解开纸包,拿出年糕和其他的食物分送给他们吃,嘴里说着:

—— 你们真勇敢,真辛苦,我愿意同你们一块儿死。你们是十九路军吗? 听说政府不要抵抗要镇静,怎么现在十九路军和日本人打起来了呢?

兵士们看他很好,大家都分到了一小块年糕,吃得很有味的。其中一个脸带黄色的说:

——丢那妈，哪里是长官要打！我们弟兄们天天闹，再不抵抗我们要……我们不愿做亡国奴的，不肯卖国的。你老百姓来帮助我们，再好没有了。我们在江西剿匪，吃了不少次的败仗，就是老百姓不帮忙，没有一个，没有半个……他们对×军好，帮×军。

——×军就是老百姓，老百姓就是×军，你这……这个笨家伙，要老百姓打老百姓，当然是不肯的。现在不同了，现在我们打的是日本帝国主义。——另外一个歪斜的戴着他的帽子，——有"青天白日"徽章的军帽，——嘴里嚼着年糕，斜过身来对着那黄脸的一个弟兄说：

——我的全家，失散的失散了，死的死了，现在我决意要同你们在一起，去打日本帝国主义。是的，我们大家都是老百姓，不肯打自己的人。我同着许多人部是从工厂里开除出来的，——还不久呢，——为了我们在两个月前参加了反日的示威，老板通知公安局、市党部说我们是不良份子，还捉到监牢里坐了几天。你们想，同是中国人，却有两个不同的世界。我不但自己来帮你，还可以去多叫几个来帮忙。

到了第二天,阿福就领着五个失业工人一起来了,大家都起劲的帮他们掘战壕,帮他们烧饭。其中有两个,还带两杆发锈的驳壳,可是只有两排子弹,打完了就要兵士们想办法。

——你们这些傻家伙,那地上死兵身边还有长枪,不会拿吗?子弹,我们这里分一点去好了。

这样,阿福就算"当兵"了。

阿明自从阿福离开之后,没有一刻不在惊吓之中记挂着他,而且回忆他一向是个热心朋友,很好的好人,同他共事十多年了,他总是情愿自己吃苦,喜欢帮助别人的,就是太爱"干"。那年北伐军要到上海的时候,也是阿福带他去"造反"的,他们失业也是为了这个缘故;我的阿毛,他的老婆和儿子,几天都不见回来,一定遇着了不幸呢;况且在这里天天饿肚子,一天烧一顿,一顿吃一碗,上面的飞机到处丢炸弹,炮声枪声一点点逼近来了,到处火烧着,再不出去,真是死路一条;为着朋友,为着自己一家的饥饿,只好再逃到租界上去,找碗饭吃,拉车子也好,当兵去也好。他把这个意思告诉了母亲和老婆。

豆腐阿姐看看大家,饥饿和惊吓决定了一切。她只是发抖,没有说"是"也没有说"不是",当然主意是没有了。不过听得阿明要出去,当然自己和小宝宝也要跟了去,她说:

—— 你 …… 去,我 …… 我和小宝宝也同去。

母亲和大家都哭起来了,但是为了在这里要饿死,当然也不阻拦儿子出去,不过她心里害怕:母子也许不会再见的了,虽然阿明答应找到生意马上就送钱回来。她心里只转着一个念头:命里注定没儿孙送终,死 …… 死 ……。她闭着眼睛念了几声"阿弥陀佛,阿弥陀佛"……

他们三个就在当天动身了,走得不到半里路程,就看见了穿着黄色衣服的日本兵,还有一两个便衣队。他们看见阿明鬼鬼祟祟的想走过去,就拦阻他们。日本兵之中的一个,似乎是一位军官,嘴动了几下,日本兵就上去一把抓住,解开衣服来检查,当时就在阿明的袋里摸出一张纸条。一个会讲中国话的便衣队,问他这张纸条上的地址是什么用的,阿明不肯回答,他脸上背上挨着了好几下,打得他更加发狠不讲话了,——他始终不肯说出来。又看见一位军官嘴里动了几下,立刻拔出枪来对准阿明的脑袋,就是"啪"的一声,——阿明像鸡似的倒在地下。

——不好了!我的阿明!我的老天!啊呀!不好了!豆腐阿姐跪到在地上狂叫狂哭,在她怀里的小宝宝也号哭起来。

一位日本军官抬起手来指着豆腐阿姐,一个日本兵就抓住了她,打了几个耳光。看小孩子还是号哭,就拿起刺刀,亮晶晶的闪了一下,小孩子已经落在地下,再加上两三刀,小孩子的头和身体已经分开,有了鲜血的刀子还在小孩的衣服上揩了几下。他的母亲突出了眼睛,竖起两只手来扑在地下的血堆里晕过去。过一忽儿她醒了过来,张开眼睛一看,又晕了过去。到了第三次醒过来,她简直是疯狂了,她叫:——阿明呀……阿明呀……小宝!我的心肝!你俩怎么不会答应了呢?啊育!我的老天!……她跪在血堆里,双手紧紧地扯住了胸口的衣襟,头向着天狂叫狂哭。正在这个时候又走来了一批日本兵,看她还年青,就捉了她去了。她已经不会开口,只觉得昏昏沉沉的……

蒙蒙的小雨，地上已经湿了，堆着的死人也已经数不清了，血同水溶化在一起，炸坏了的房屋像庞大的垃圾堆，……一切一切都不完全了。

天渐渐的发黑了，除出有日本兵的房屋之外一点亮光都不见了。江湾汪家的祠堂做了日本的司令部，附近司令部的房屋都驻扎了日本的炮兵步兵。阿明的老婆就在步兵驻扎的一所高大的房子里。她在一间点着红灯的客堂楼上，身上的衣服剥得干干净净，绑在一张有弹性的钢丝床上。换班下来的日本兵，像发狂似的喝着俄国的烧酒，唱着东洋的单调的爱国歌和淫浪的小曲，跳着西洋式的舞蹈，大家轮流的奸淫豆腐阿姐，还有其他的年青的中国女子。竖在高房子上面的白天红日旗随风飘荡着。

饿得肚子已经瘪了的野狗，到处找寻着吃食，血肉模糊的死人大大小小的躺在田埂里和马路上。一只黄狗低着头走来走去，用它的长而发着亮光的鼻子闻着尸体的周围，它想挑选一块比较好的人肉来吃。

秋之白华

早晨七点钟的时候，日光从东边照来，忽然豆腐阿姐看见了一个雪白胡子的道士，手上拿着一个桃子要送给豆腐阿姐吃，并且告诉她，如果要看见阿明和小宝，就一定要吃这个桃子。她吃完之后，真的阿明走来了，他还抱着小宝宝，而那个道士已经看不见了。她高兴得不得了，她跑上前去抱过小宝宝来，阿明同她吻着，像结婚后第一夜的接吻一样的亲热，她忽然觉得从阿明的鼻子里面喘出两股热气。她张开眼睛一看，才知道并没有阿明，也没有小宝宝，而只有一只黄狗，狗咬着一个躺在她旁边的小孩子的腿。

——呵！我为什么在这里？不是我到过家，到过大洋房，同着阿明逃难，现在阿明呢？到哪里去了？忽然听得在那边马路上有"嘟嘟……嘟"的声音。在太阳之下飘扬着一面红十字的旗子，像飞似的过来了，她立刻本能的撑持着坐起来：

——救命……救命呀……

穿着白色衣服的看护，叫开车的停下来，可是已经闪过豆腐阿姐的前面去了。她就用了一切力量站起来，——她并不觉得身上是一丝不挂，她只想赶紧逃，赶紧离开那只黄狗，赶紧追上阿明和小宝宝——她追上前去，但是走了三步又倒在地下。看护们就走下来，把她抬上了车，她又晕了过去。

等到她醒过来已经躺在病房里面的床上了。她觉得嘴里异常的干燥，肚里非常之空虚，她看见有人从她面前走过，她就抓住了她：

——我要吃……要吃你的人。

一位看护吓得脸都发了红，后来，好容易扳开了她的手，给她打了两针。然后，有人拿了一碗稀饭来给她吃。她吃了几口就不要了，似乎现在要比来的时候清醒了一些。不过她的神经还不时的错乱，一忽儿哭，一忽儿叫，"阿明，阿明"的叫声，充满了整个难民收容所的所谓病房。

这样，她在难民收容所里面住了二十多天，医生们忙得医外伤的难民，对于这位无名氏，除出每天给点儿药之外，并没有特别的来看护。当然年青的临时看护的小姐，也有点害怕走近她。她没有亲戚来看，很孤独的很冷静的躺在一间亭子间里，哭着闹着，自言自语的说着。难民收容所的男女是分开两处住的，男的在爱文义路某某里，女的就在对面的弄堂里，医生和看护并不多，所以跑来跑去的就这几个。

有一天，一位李医生跑去看一位受了弹伤的某男子。他来此已经有了一个多星期了，他常常问起："你们在江湾看见一个穿蓝布棉袍江北口音的阿明没有？他有卅二岁，不长不短。"差不多在每一天他都要问起几次。李医生回答他：这里的难民固然都是江湾附近救来的，可是并没有这样的一个男人，不过在女的难民收容所里面倒有一个每天叫着"阿明"的疯婆儿。他就把怎样救了来的经过告诉了他。

这位男子突然的想起：不要是阿明的老婆呢？他要求医生去看她，并且告诉了他自己同阿明的关系，以及他受伤的经过。医生认为他的伤口已经好些了，所以并不阻止他，而且医生认为没有亲戚朋友的难民，在收容所结束的时候都要成问题的。况且这个疯婆儿，人人都讨厌她得要命，她有了熟人，就好交代了。

到了第二天，二月廿九日下午，这个受了伤的男子，很忧虑的走出自己的难民收容所，穿过一条马路走进了上面挂着一块白布黑字的门里面去，同着看护走到那间狭小的病房里面。他一看：

果然是阿明的老婆,不过她瘦了许多,他轻轻的叫着她:

——阿明嫂嫂,你怎样?

阿明的老婆从梦里惊醒过来,觉得这是很熟的声音。她张开了两只大眼睛盯住了他,两只手慢慢的从被窝里伸出来,撑起了上半身,非常奇怪的看看,突然间她叫了出来:

——阿明! 你是我的阿明!……

——我不是阿明,我是你们的朋友,你们的邻舍,我是阿福。

她一把抓住了他,像疯狗似的跳了起来。

——你是阿明,我认识的,你是阿明,是我的阿明。我要回去看我的小宝宝,要喂奶给他吃,他哭得不得了,我的丈夫,我的亲人!……

她拿起一件旧的又破烂又龌龊的骆驼绒的袍子穿上去,这还是难民收容所里捐来给她的,她穿好了之后,低着头尽是看,似乎嫌那旗袍太脏了,立刻又脱了下来,把它反穿在身上,头上扎了做绷带用的纱布。她突然的从楼上一直冲出了大门,冲出了里口,沿着爱文义路向东面乱跑,转转弯弯的乱跑,阿福在后面追着。看见对面来了电车,她似乎害怕得要命就回转身来,又往西跑,嘴里叫着骂着,后面跟了许多野小孩子和看热闹的人。野小孩子向她调笑叫骂,后面阿福追得气都喘不过来。他的脚上受了伤的伤口还没有完全的收口,他走起来还是跷着脚的。疯婆儿一路逢人就问阿明的下落:"你看见我的阿明没有?"人家就问她:

——阿明是你的什么人?

——是丈夫,被东洋杀千刀杀死了,还杀了我的儿子——她用非常之大的声音说着。

阿福在后面听见了"被东洋杀千刀杀死"……的声音,突然的震动了他全身的血管,他的四肢都发抖了,他跷着脚追上去还想问个清楚,忽然又听见前面有人询问她的姓名住址,她也在回答别人:

——江湾人,同着丈夫和四个月的儿子一同逃难出来,在路上就被杀千刀的东洋人杀死了,小宝宝哭一声,就是一刀切成两段。……阿明,阿明——我回来了呀!——她说到这里又大叫起来:——啊育! 我的阿明;啊育,我的小宝宝;啊育! 我的心痛得……我的丈夫呢? 我的小宝宝呢? 好乖的小宝宝,讨人喜欢的小宝宝,……他们都到哪里去了?阿明回来罢,……——她叫到这里倒在地下晕了过去。

马路上来来往往的人,都忙得各管自己的事情。汽车上的洋大人笑眯眯的看着车窗外面的"景致"。吃得肚子大大的洋行买办、工厂老板,坐在汽车里,抱着穿得花花绿绿的姨太太的腰。还有那些党国大人们的小姐、太太,穿着高跟皮鞋,"叽咕叽咕"走进戏场、跳舞场的门去。外国巡捕拿着棍子赶着看热闹的小孩子们,黄包车夫的脚底"嗒嗒……嗒嗒"敲着柏油马路,难民们在收容所里哀哭得要命。而这里,在黑暗的马路旁边,靠近发着臭气的垃圾桶,躺着一个直僵僵的疯婆子,她已经没有了呼吸。阿福坐在她的旁边,呆呆的望着,他的眼睛里放射着悲惨的忿怒的火星,……也许绅士们要说:这就是凶恶的"杀人放火"的眼光!

一九三二,四,十五

※ 这是一篇杨之华创作，经瞿秋白修改的中篇小说。其成稿大约在1933年底瞿秋白离开上海赴苏区之前，未见发表。作品再现了20世纪20年代中国工人的悲惨生活，也折射了五卅运动、上海工人武装起义、四一二反革命政变等一系列重大历史事件的侧影。作品初稿的题目是《隔离》，文稿完整，瞿秋白在这一稿中的修改字迹清晰可见。二稿更名为《阿毛》（阿毛系小说中的女主人公），内容也有增删，未完，或许是瞿秋白赴苏区之前的讨论稿。现存的手稿，虽然写到黑皮本的最后一页最后一行，但最后一句话是不完整的，小说内容也中断了。现在无法了解二稿是否完成，或后半部是否遗失。二稿在人物、结构等方面都与初稿略有不同，为保存史料，特将两稿一并刊出。

隔离初稿

一

工厂里，像牛似的笨重的机器仿佛都睡了觉。竖得高高的大小烟囱，也像死人一样不会喘气的了。大门关得紧紧的。这是大都市上的工场吗？不，……这是荒野里乡绅的坟墓，也许，这就是乡间的寺庙庵堂罢。静悄悄的只剩了几个看管房子生财的印度阿三，他们每天都是懒洋洋的吃着，躺着，到处的找寻阴凉的水门汀，在水门汀上铺着破烂的席子，很满足的从鼻孔里呼出那种没有人来干涉的得意的打鼾声。

街道上来来往往的人，似乎发了什么疯狂的传染病，到处看见一队一队的指手划脚的很气愤的疯人儿。长方白布的小旗子飘着。最奇怪的是那些长衫朋友和西装少爷,还有些白嫩的小姐也跑到了这里来。他们似乎从没有到过这种穷苦人住的地方,而现在他们是在和穷人讲"道理"来了。好奇的工人一点没有作伪的称赞着,佩服着。虽然他们——那些下等人并没有真正懂得公子少爷们的高深议论,可是,把那些奇特得不可思议的名词生吞活剥地咽了去。他们唯一能够了解的还是在弄堂口墙头上画的大小不同的乌龟,在底下写着大英国主义,还有那些被巡捕房屠杀的死人照相。在这些图画和照相里像有毒菌似的飞到工人的脑筋里去了,老的,少的,男的,女的,都像疯狗一样的叫喊着,在露天里,在房子里到处开会选代表,虽然罢工已经有两个月,但是一点没有疲倦的干着。大家都带着一种神气,一开口就是工会。有什么事情发生的时候,"凶狠的"纠察不管男的女的都喜欢用这样一种口气:

"娘格戳×,到工会去讲话。"

好像工会是个审判厅,常常发现审判走狗的事情。

白华

每天到工会里来的人非常之多,即使没有什么职务的人也喜欢跑来打听打听:"发不发救济费?""同外国人讲好了条件没有?"

这是一座五开间的平房,门口挂着"第五办事处"几个字样。在它周围除出竖着烟囱的工厂之外,只有破旧的平房和草棚,竹园和树林,田野和村庄。这是沪东穷人窝。自从设了办事处之后,这个穷人窝就热闹起来了。到办事处来的人都像开足了电力的机器,被经理们支配惯了的穷人,居然自己也"有了分工":什么总务,宣传,会计,女工,纠察等等,各部分都有自己的办公室。走进大门,就可以看见一个大的天井,在中间的一间屋子里摆着许多白木长凳,算是穷人的大礼堂罢。有许多流着汗,穿着草鞋的苦力,一点没有秩序的坐在那里谈论,带着灰泥的紫黑色的脚搁得高高的,手里捏着破旧的草帽,扇着赤裸的胸口,在八仙桌旁边站着的人,拿了碗在茶缸里搅茶喝,仿佛他们刚从别处干了事回来的样子。在天井里,年青的男工同小姑娘嘻嘻哈哈的调笑着,突然间那位总务主任跑到天井里来了,皱了一皱眉毛,对着姑娘们说话：

"从上海杨之华原注：那些地方的人对引翔港、杨树浦、曹家渡、小沙渡等等还不认（为）是上海的，他们对于有少爷、小姐、太太来往的大马路……才认为是真上海。来了两位女先生来同各厂女工代表讲话，怎么你们还在这里嘻嘻哈哈呢？快去，快去，女工部正在开会。"

一忽儿四五十个女工都挤了出来，在每次会议以后，那些淘气的青年男工总是喜欢在门口闹一阵乱子，叫喊几声，竖起了大拇指："刮刮叫，总代表。"有的张开了粗鲁的两只手，像老鹰捉小鸡似的阻碍她们走出来。"杀千刀"，"戳你娘的×"——一阵骂声飞了过来。可是他们正在欢迎着这种骂声。

自从狡猾的倭奴和绿眼睛的东西洋大人残杀革命的民众之后，上海以至全国的工人都像堤防溃决了的潮水，冲破中国几千年来的奴性，青年们的心都像烧红了的铁，斗争的力量，像在西伯利亚铁道上的火车头几万里路的前进着，呵，男的女的都跑上了极高峰，这是第一次，一切一切都到了一个非常状态，用着一切力量想解脱铁的锁链。

中国下等社会的人心突然的起了变化,他们愤怒得不管一切,他们不肯像从前一样的忍耐,服从;他们不肯像从前一样的尊敬自己主人;他们像牛去了穿鼻子的绳子,马去了勒口似的,不肯听话;他们的眼睛里无所谓租界章程,官厅法令,做起自己的事来,非常起劲。就是像阿毛那样安分守己的人也卷到了这个浪潮里面去了。她同一切青年工人一样的气愤,可是她有一点是同别人不同,别的青年愈是起劲做事愈是喜欢"打棚",尤其是在男女的关系上是要寻开心,然而她连这一点都忘记了,不,她不是忘记,她不过要强制着自己。

她与别人不同的就是她的灵活的,诱人的眼睛。时常使许多男子爱慕她,但是总被她的冷淡和严厉的态度所吓退。他们失望可是并没有绝望,总希(望)她笑一笑也是好的。她的血色比较不好,然而她非常清秀。后来大家都叫她"尼姑阿毛",工友不管女的男的,大家都爱她的耐苦,爱她的热心,但是青年工人没有一个不暗暗的怕她,要说她在男女的关系上为什么这样的冷静，这样的不爱笑，这样的不喜欢寻开心！唉，可惜，可惜……

到工会里去的女学生很多，但是去得最勤的要算是一位姓张的。她是浙江人，在上海也多年了，工人听她说的话虽然不能尽懂，可是比起卷舌头的四川、湖北、湖南、广东人要好得多，所以大家都很欢迎她。大家都叫她张先生，有时候又叫她是"穷小姐"①，——她见着任何一个都是笑眯眯的，她没有架子，很和气很殷勤。只要她一到，那些女工们都围住了她。

有一天她去的时候，在工会右边的一个旷场上，已经挤满了男女工人，很有秩序的排好了队伍，男女纠察在四周围招呼着，各厂的代表忙得很，洋钱角子的声音在人堆里叮嗒叮嗒响着，大家的目光都集中在有这种声音的地方，前面的人在脸上表露出一种喜欢的样子，在后面的人急得相互的问着："多少？""这次发几天的？"在这里，张先生才看得出神，那么多的人，有这样好

---

① 原稿此处为"弥勒佛"，后作者将其统改为"穷小姐"。

的秩序,各厂管各厂的发,各间也有各间的管理,却是工人自己。但是她感到女工们比男工要差些,识字只是千中挑一,会写的简直可以说没有。四处发钱的地方,她都看到了,——没有女工,只是男工在那里写的写,叫的叫,叫着每个人的名字,挨一挨二的发过去,后来张先生也去相帮了。从早上发到下午四点钟,没有吃中饭,也没有休息,张先生和其他的人一样,没有流露疲劳的样子。发完了,她在工会里坐了一下,已经领到救济费的女人,纷纷围住了她:"钱从哪里来的? 是学生拿来的吗?""还是从商会拿来的吗?""还是从总工会拿来的?"有些不大清楚的工人一句句的问着。

"以前也有商会的,那是各地民众捐来的——上海商会不过暂时垫一下。听说这一次发的款是从外国工会寄来的,有德国、英国、日本、俄国,俄国捐的最多。"——张先生很和气的回答。

"女先生,我们要打倒外国人,怎么他们还拿钱来给我们罢工的工人呢?"

"唔,我们要打倒的是有钱的外国资本家、帝国主义,而不是外国工人，他们同我们一样受到本国资本家和政府的压迫。世界上只有两种不同的人，一种是有钱有势的，一种是没有钱没有势没有自由的。这两种人是敌对的，是斗争的。外国工人都是我们的好朋友，外国资本家都是我们的敌人。世界上只有一个国家是工人的国家，那里的资本家都打倒了。几千万工人，大家共同作主，管理国家，还有自己耕田的农民也和工人一起。那个国家才是真正的民权国家，因为那里的资本家地主都不准干涉国家的事情。因此，那里的工人能够领导农民去建设社会主义。社会主义是什么？就是工厂哪，土地哪……都归工农公有，吃的穿的东西大家都能享受。这个国家就是俄国。他是世界上第一等的好国家，他们不但工会有款寄来，就是政府也捐钱来给中国工人。"

"张先生，我们也要有这样国家。"

"天下没有吃现成饭的事情，要大家起来创造才可以达到像俄国一样的国家。"

"张先生，你今天辛苦了，不要回去罢，到我们家里去吃饭

秋之白华

罢。"——那时候工人对于所谓"学生先生"总是很相信的,很亲热的。牵着张先生的手,很殷勤的要求着,这个那个都愿意她到她们家去。不作声的阿毛似乎很满意张先生的解说,她嘻开[①]了嘴,露出雪白的牙齿,对张先生笑了一回,她也要求张先生去谈谈,并且说明她家里没有男人,很清静的,如果张先生不厌[嫌]怠慢还可以宿夜。

"好的,走罢。"——三三四四的走出了工会大门,在门口碰着一个高大的胖子,两只手反背着,一对发黄色的眼睛到处的张望,也不开口。这使冷静的阿毛立刻就觉得了。她走了一段路,对张先生和小姊妹们说:

"唅!你知道在工会门口站着的像四金刚的是谁呀?"

大家回忆了一下:

"不知道。"

"你们怎么都没有留意的呢。'穿长衫'的人来闲看终不是好

---

① 嘻开,形容高兴地咧开嘴微笑。现在上海话已无此表达。下同。

家伙,他很像巡捕房来的包打听①。"阿毛斜着身体对大家说。

走着,走着,人一个个的少了下去,大家各归各的回家去了。阿毛和张先生很亲热的向着那静悄悄的荒野泥路上前进,远远对着一个飞红的太阳,半边已经躲到远处树林的后面了。一朵朵的白云在青色的天空中慢慢的移动着,一堆堆的竹园,环绕着破旧的矮屋,田里有三尺多高的稻,像黄色地毯似的铺着,它被东风吹得像波浪似的一起一伏的推动过去,张先生的黑色绸裙随风飘了起来,她俩似乎忘记了一切疲倦。

"张先生,你看你的裙子吹得多好看,像在海船上的风蓬。"

"我们在这样的荒野上,好像是在海里一样。你看,前面的太阳红得多好看。它做我们的船老大好吗?"

"呵,张先生,穿绸的觉得凉爽吗? 我们无锡是出丝的地方,我七岁就同姆妈进了丝厂的。她做丝,我打盆的,在我手上还可以看得出烂过的疖疤。你晓得,打盆的每天在烫水里面搅丝,要

---

① 包打听,警察局或巡捕房密探。下同。

搅十三个钟头,热天烂起手来,真真痛呀。—— 你的手真白嫩,在骨节上还有小涡儿。我还进过织绸厂,那时候已经在上海了。你看,那边一所高大的房子有烟囱的,这就是我现在做工的永安纱厂。里面房子真大呀,单是女工有一千多,连男工有两千多人。"阿毛的手指着那一所房子。

这段话使张先生听得心上不好过得很,她似乎很难表白她自己那条绸裙子的来源。她从心的深处叹出一口气说:

"阿毛姐,世界上一切都是颠倒的。穿的人都不会自己做,做的人都没有穿,这两种人好像是在两个世界里一样。"

不知不觉的已经走到了阿毛家门口,一位头发花白了的老太婆穿了夏布短衫在门口站着,面貌有点同阿毛相像。不过她看起人来,两只眼睛是眯瞇[1]的,她跟了阿毛一同进来了。她慢慢的拖着一把竹椅子拖到张先生前面:

"请坐坐罢,这里很脏,鸡屎和柴屑堆满着天井。"

---

[1] 眯瞇,上海话,形容眼睛眯成一条缝,音 *miqi*。下同。

"很好,谢谢老婆婆。"

阿毛和老婆婆都走进去了。天井里有三只鸡,一只高脚的雄鸡,两只雌鸡,咯咯咯的一边叫,一边用尖嘴巴在柴屑堆里寻找着食物,含一含又吐了出来,对着张先生看了几眼。从别的矮门里走出来一个女人和一个五六岁大的女孩子,在她们的脸上凸出着一个个红色疮,看了一看坐着的张先生,又走了进去。又从另外一个门里出来了一个矮胖女人,手里拿着鸡笼子在墙角里一摆,又走了进去。张先生觉得有人在窗门里面偷看着她,并且听得喊喊哑哑的声音。

后来阿毛搬了饭出来,老太婆拿出一只小方桌,三个人就在天井里吃饭,老太婆的两片薄薄嘴唇向着左右抿动,她仿佛肚子饿了吃得很快。一忽儿又进去把柴和木屑拿了出来,在天井里烧起烟堆来了,嘴里自言自语的说:"这里的蚊子像老鸭一样,咬起来很利害。唔,阿毛要张先生饭多吃点,真真怠慢,小菜一点也没有。"阿毛和张先生自顾自的谈论着:

"这里的房子是自己的呢? 还租人家的?"

白华

"哪有自己的房子呢,自从我的爹死了以后,母女两个逃债到上海。这房子是租来的,这里一共五开间的平房,有四份人家,房东是本地人,他们自己住的中间两间,其余三间都是房客,对面两家也是纱厂里当工头的,在我们间壁的一家,男人在药店里当伙计的,他的两个妹妹同我在一个厂里。现在她们回乡下去了,就要出来的,我们出到三块洋钱一月的房租。"

"那末你每个月有多少工钱可以拿呢?"

"做得勤快一点不请假,大概廿块总有的。"

"你今年几岁?"

"廿岁"

"那末比我小一岁。"

"张先生,看起来你要比我年轻得多。你坐一坐我还要去烧茶呢。"

阿毛进去了,老太婆坐在竹椅上打磕睡。在月光底下显出了她的头发更加白了。她驼着背,慢慢慢慢的把头低下去,一忽儿又举了起来,喘着一口气,又慢慢慢慢的低下去。秋凉的微风阵阵的吹过来，幽静的星光一闪一闪的给世人不幸的信号。呵，抵制美货，调查司法，讨论关税，一切一切，中外政府在暗地里干的鬼把戏，串通商会，把救济费来扣留，欺骗，禁止，失望，恐怖，已经像一阵阵的乌云似的扼到头上来，——张先生在这静悄悄的夜里，暗暗的转着念头。

"呵，老婆婆，秋凉了，不要在这里睡觉罢。"张先生叫着。

从梦里惊醒过来的老太婆，打了一个呵欠，伸了一个懒腰，朦里朦懂的说：

"不要紧，我们惯了的。先生，外面条件讲得怎样了？唉，可恶的洋鬼子，杀人不怕血腥的洋鬼子，吃着中国，穿着中国，住着中国，还要杀死中国人，真是比老虎都不如呀！"

"是呀，所以大家要罢工。不买他们的东西，要把他们赶出去。唅，老婆婆，阿毛配了亲没有？她满有本事呀，她办起事来，有些男人还比不上呢！"

"啊唷，先生，我们是苦命的人，家里没有男人，免不了要受人的欺侮。她是一个奇怪的人，她吃素已经吃得五年了，她也不要嫁人，说到嫁人要同我发火。"

"那末，你为什么不劝劝她呢，吃素要把身体弄坏了的。"

"是呀，劝她不肯听，有什么办法呢，吃素倒还是小事，无后才是大事呀。"

阿毛提了一把蓝花粗瓷茶壶和三只饭碗，从房子里走出来，已经刮到了"配亲""无后"的话，很不好意思的，似乎讨厌着姆妈的多嘴。张先生接着茶，对阿毛说起笑话来了：

"阿毛姐，你如果要修行，我介绍你到杭州去，那里有许多有名气的庵堂，不过在那里的尼姑是偷荤吃素的呀。照你那么诚意，西天大老爷要罚你做苦工。"

"吃素，并非修行，我也不想上西天去。不过希望下世再不要像今世那样苦，今世已经苦够了。张先生，你要知道我们穷人吃素和吃荤没有什么不同。那些尊贵的荤菜只有做老爷、太太、小姐、少爷的人才有福气吃。"

"那么你为什么不要同男人讲话，要讨厌他们呢？不是你从前主张工会里男的和女的不能在一起开会吗？你看现在在一起开会一起办事，不是很好吗？"

"说到这里，老实对你说罢，我还是看不惯。你看见吗？他们在会议以后放荡到这样：打着架，男工们把姑娘捉来当马骑。有些人嘴里说得很好听，到工会去办爱国的事情，等到跑到工会里看见漂亮的小伙子，爱国的灵魂早被阎王吊去了。丢了自己的脸还不要紧，把工会的脸也丢掉了。那些穿着黑色绸裤子，腰上束着雪白阔马带的都不是好路道的人呢！"

"不好的人当然是有的，应该大家来教育他们，后来自然能够消灭那种不好的现象，男女关系是应该很自然的，不要那么过分的害怕男人，过意（的）讨厌男人，过意的怕难为情。因为愈是这样过分的害怕，讨厌，怕难为情，那就更加要增加男人的好奇心了。不是他们见了这样的女人在会场演说的时候，总喜欢叫出奇怪的声音来吗。现在慢慢的已经比较最初时候要少些。无论哪一桩事情只要惯了就没有什么的。阿毛姐，你姆妈在这里睡觉不好罢，我们进去。"

一间暗瞳瞳的房间又矮又小，热气臭气自然首先迎到张先生

秋之/白华

的鼻子里去。张先生打量了一下：白木床，蓝色夏布的帐子，时髦美人的月份牌。方桌上堆满着零零碎碎的东西：一口旧式的时鸣钟，烛台，香炉。在角落里面放着破旧的两只箱子，它年岁大概同她的姆妈一样大的了。一盏冒着烟的洋油灯放在靠着窗的茶几上。

"张先生，丢脸呀，这样龌龊的房间，这里是朝西的，所以格外热。"阿毛拿着单布到处的揩着，似乎很慌忙的。

"唉，你不忙，不要紧……"张先生发现了在床边上面席子底下露出来的半张字纸。她随手抽了来看：是一张传单。她立刻问着阿毛：

"你识字吗？传单可以看吗？"

"啊，哪会看传单呢！不会看真苦，我很爱传单上的话，我常常托间壁赵先生读给我们听的。可惜他不是时常回家的。他有两个妹妹，大的叫作林弟，小的叫作爱弟。林弟比我们多识个字，但是也不能看传单。她是我的好朋友，她是很活泼很真挚的。"

噹……噹……两点钟了。疲倦了，讲话的声音渐渐的低了下来。老太婆不断的抽鼾，灯光仿佛像衰老的人一样：暗淡的，愁闷的，疲倦的，慢慢的枯干了下去。

　　阿毛在第二天早晨拿了一面小方镜子照着自己的面孔，怎么脸晒得这样黑了呢，额角上似乎有一层薄薄的皮似乎要脱下来。"呵，自己辛苦了几个月，姆妈怨骂着，别人又讥笑着。办事又那样的困难，不干罢，又不好，外边几百几千的工友都是那么起劲的干着，不能，不能，还是要干下去，直到讲好了条件。工人自己是不肯在外国人面前丢脸的。"——阿毛照好了镜对着窗子呆呆的想着。

　　不好的风声一天多一天。每天到茶馆店里坐坐的工友们，已经被店老板和店伙计讨厌的了。在小菜场里荡着的女人，在鱼摊上，在菜担里[边]，乱七八糟的尽扯着又拿不出钱来买。小贩们感觉得这些婆娘都不是生意经。呵，救济费几时再发呢？戳他娘的！难道饿死了不成。徒然在街上寻找，寻找不着，回家去听小鬼的哭声。还是到工会里去问问。

　　工会里来来往往的人一天总有几百。不好的风声已经落到了工人的耳朵里了，大家都是非常气愤。正在议论得热闹的时候，忽然从外边来了一群工人，急忙得气都喘不过来，急先恐后的报告着上海的消息：

"呵，上海今天闹了乱子，码头工人打总商会。你们晓得，在报纸上天天登载着各地有款寄来，外国工人也有款汇来，哪知道总商会起了黑良心，不肯再发给我们……"

"戳他妈妈！打死他们！"听众们煞紧了牙齿，伸出拳头在桌子上敲的敲，叫的叫，骂的骂。

忽然另外一个人接着报告：

"事情还不是这样简单。听说外国人同中国政府已经在暗里讲好了条件，出卖我们，要我们无条件上工，外国人勾通中国政府，政府又勾通商会，这样就把救济费扣留起来了。"

"卖国贼，杀千刀！在他们的×心子里想出来的好法子，算来，工人也不能饿着肚子来爱国的，戳他娘的，应该要打，我们大家去打，只要工会下命令。"——站在旁边的那个老太婆情不自禁的骂了出来。

"不要紧，我们有总工会，总工会自然会有主意出来的。"

"工会就是我们大家，我们大家就是工会，主意要大家来想。"——阿毛在墙角里发出尖利的声音。仿佛她在要求大家讨论应付的办法。

"总工会，总工会！政府已经预备好了。"

"预备好的是什么？"

"刀子，洋枪，锁链，像猎狗一样聪敏的探子，也许在今天就有聪敏的猎狗混在你们这里呀！"

一个秃头的老头子，射出尖利的眼光，露骨的右手摸着自己的八字须对听众们警告似的说。

"哼，这一些有什么用处，不能够的，猎狗！谁晓得哪一个是猎狗，拖出来打死它！"

阿毛在最近一两星期以来，受到不少刺激，这样刺激只有自己知道的。自己工厂里的人都向她要发救济费，不好的风声又不断的落到耳朵里来。走到家里看房东的白眼，听姆妈的埋怨，她没有办法可以应付，自己的嘴还是每天的要吃进去的。她正在想得气愤的时候，一只饿得肚皮瘪瘪的野猫噌的一声从箱子里跳了下来，对阿毛叫着。这对于阿毛火上加了油，她拿起一只长凳子，要想一下子打死它。猫逃出去了，她追上前去，一追追到大门外面，一直追到大路上。前面迎上来的，正是爱弟的哥哥赵先生，穿着竹布长衫，圆口的黑鞋子，笑眯眯的招呼了阿毛。他展开了浓黑的眉毛，含着情意的眼光，伸出双手来接着阿毛手里的凳子。他用温和柔软的口气劝告阿毛勿要动气，仿佛他已经看出阿毛是在借着猫发恨似的。阿毛的脸突然的红了，心脏跳动得非常利害，她的含羞的视线从赵先生的脸上慢慢的移到了泥地下，又慢慢的抬起来送了一个微笑。凳子是接过去了。阿毛回头走进大门，向着自己房间直跑。赵先生拿了凳子，也走进了自己的家门。林弟听见脚步声就从床背后走了出来；爱弟更高兴得像鲜虾一样的跳了起来。

"哥哥，妈妈有东西带给你吃，我去拿来。"她从桌子底下拖出一只篮来，把三个草纸包交给了阿哥，嘴里还是不断说着，"哥哥，妈妈这样记得你，给你东西吃，你记得她吗？阿姊同我吵架，她不对我好，对阿毛姐好，她拿来的东西不给我吃，给阿毛姐吃。哥哥你要对我好，你要常常回家来。哥哥，打开包罢，里面究竟是什么吃食？"活泼可爱的爱弟，像蜜蜂似的嗡嗡嗡的在赵先生周围绕着。

"小东西！只晓得吃吃，不做工哪有吃呢。工厂就要开门了，快去做工，做出来的钱给你买好了。滚开点，盗生的。""盗生的"是赵先生的口头谈，他说话总带着一个这样的口气。

赵先生坐了下来，静静的想了一想，仿佛他有什么话要说而不说的样子。林弟从床头里拿出十多张传单，要求哥哥对她解说。"你等一等，我去叫了阿毛姐一同来听。"

阿毛和林弟一同来了，大家静静的听着，他一张一张的念了过去。念完了，他慢慢的说：

"你们还不知道吗？这些传单还是烧掉它罢。"

"做什么？"

"总工会已经被封了，还捉了人，在店员联合会里也捉了人去呢！"

"吓！为什么要捉？封了总工会怎么办呢？"

"这次事情里面，你们大家忙煞，我一点也不忙，在罢市时候，我也仍旧照常吃饭睡觉，还同朋友去玩了几天，后来开了市，还是照常一天做十三点钟，有时候，还替别人代做夜工。我是打定主意做'菩萨',不参加什么运动,盗生的,对也好,不对也好,我不说赞成,也不说反对,盗生的,世界上的人一个都没有好的。唔,已经生在这个世界上有什么办法呢,性急也嘸用,做一天算一天,盗生的,马马虎虎,也是一样的有福气。人同飞禽走兽一样,口眼一闭什么也不知道。盗生的,争什么呢,个个像我一样做菩萨,天下就太平无事了!"——赵先生,笑眯眯的说着自己的主张,好像把阿毛和林弟所发的问题一起都丢开。

阿毛听了再也不能忍耐了。

"请问赵先生,个个都像你一样的做菩萨,国家亡了也不管,那么大家都要做亡国奴了,你这种话不对的。"

"对也好,不对也好,盗生的,哪里现在不是同亡国奴一样吗?哪里中国人还算不上亡国奴吗?"

"做亡国奴终还要苦些,只有给人家看门站马路的福气。哥哥,你的主意一定要打消!不是从前有个美国女人来这里说道理吗?她说:

'人家在你右边打一个巴掌,你就让他在左边也打一个巴掌。'

你晓得，这都是鬼话，神话。哥哥，你的主张同她说的差不多。"

爱弟听得厌烦了，催着哥哥解开那几个草纸包，尽叫，尽吵，吵得哥哥非打开包来看一看不可。打开了，看见了，尝着了，心服了。

这时候的阿毛气得话也说不出来了，闷闷的坐着。两只发火的眼睛盯着赵先生的脸。

大家都沉默着，沉默着……苍白色的黄昏也渐渐笼罩下来。

二

饥饿，恐怖，失望一步步的逼紧来，这也不好，那也不好，上工罢，不服气。坚持罢，饿肚皮。呵，想了又想，寻不着第三个办法。淘气的汽笛声一天天一次次的叫着，催着，家小们也不断的啼哭着。呵，终究只有逼到了提着饭篮走进铁笼子去当牛马和奴隶。

小沙渡和南京路上的血迹仿佛已经践踏到地层里面去了。高等的华人和东西洋大人，这时候已经避暑回来，回到了安静了下去的上海，——一切仿佛都已经恢复原状。东西洋太太、洋小姐和竖着耳朵的洋狗坐在汽车上兜兜圈子，仍旧那么样威风凛凛。中

/白华

国西崽还是低着头，*yes all night*[1]的捧着洋大人，广东和宁波的阿妈照旧的推着洋囡囡坐的车子到"外国"公园去吸新鲜空气。吃洋饭拿洋钱靠洋人生活的上下侦探正在竭力讨好，献着自己的功劳。

一切事情都是颠倒的，都是不平的，都是烦闷的，都是气愤的。仿佛穿着蓝布短衫的下等人都中了什么毒菌似的——烈士们腐烂了，他们尸首上的毒菌染到了工人身上去了。他们看见工场上的一切东西就会生气，听见一切声音就会不耐烦。他们回到家里会打老婆和儿女。他们放工出来不愿回家去，喜欢到酒店里去喝酒，哪管在袋里没有钱也要去的，因为店老板不肯给他拖欠的时候，他也可以吵一场骂几句出口气。那些笨头笨脑的女工，现在也一样的会动气。她们常常打猫打狗打自己的儿女。有时候自己的头发梳不通了，拔几根也痛快一场。当然的，在工场上也一样会发牛性。他们都像山上的刺猬一样了，碰不得了，一碰就会刺人。

[1] 英文，意为是，好或遵命。

是不是五卅烈士们的血完全洗刷尽了呢？不，这不过是一阵"阵头雨"，不过是几朵黑云带来的一阵。黑云终究要被大风吹过去的，落下来的阵头雨终究要流到江里海里去的。鲜红的太阳终究又要从东边走出来的。烈士们的血迹也终究留在沙泥里。鲜红的血，热烈的血还要掀起巨大的风涛。

　　看，海水江水已经是混浊了的，血和在水里。水流动着，不断的从西流到南，从南流到北，经过长江，经过南海，经过东海。它流遍了全国。它的波浪一高一低的滚着，滚着，虽然在上海一个大浪滚了出去，但是余波还是在杨树浦、引翔港、曹家渡、小沙渡……到处的一波未去一波又来的起伏着。呵，上海是不能安静的了，全中国是不能安静的了。看，香港的工人还在发疯。不但在城市里，就是乡村里的笨如牛、蠢如猪的那些傻子也开始了顽强的抵抗。他们异想天开的企图着赖债赖租赖税。自然，靠着租税吃饭的蝗虫，凸出着眼睛，一边上呈文，一边拿枪来救自己的命。

　　上海的金融界听到这种不好的消息自然不能安心。中国、外国的名流……有的在西山，有的在东山……都已经讨论了，商量了：怎样应付那些生了翅膀的穷人。老板找经理，经理找工头，工头找领导工人的代表。他们认为代表终是祸根，非把他们和她们个个开除出去不可，不然，终不会断绝祸根。上海的各厂家，天天听到大批开除工人的消息。

在永安厂里第一个被开除的，就是那个尼姑阿毛。

工厂门口的岗警反背着手在街沿上走着，似乎闲得没事做。他抬着头在那里呆看着屋顶。工场上的机器声轰隆轰隆帖拍帖拍地不断的送到他耳朵里来。仿佛听得厌倦了，他很想暂时的离开门口，走到街上去换一换新鲜空气，然而这是不可能的，脚上仿佛锁着链子似的不能动。他皱着眉毛叹着气，想到自己的命运比狗还不如。

在账房间里的先生们的笑声和滴嗒滴嗒的算盘声混杂着。坐在账桌旁边的矮胖老头儿，眼睛在摊开的簿子上打滚。右手的手指缝里挟着一支墨笔，用大拇指推动着算盘上的黑子。仿佛他忙得什么声音都听不见。除出了他，其余的人都在谈论着：从吃豆腐谈起一直谈到国家大事。

"秀才造反，三年不成大事！唉，中国年年不太平的，我活了四十年，没有一年不闹乱子的，不过从不曾像现在的情形，什么工人也要干涉国家大事了。"

"秀才在什么地方？哪一些人是秀才？从前的已经死完了，现在的还没有生出来。学生怎么说得上是秀才呢？你看拿马温①在工场上拣来的传单这么多，一看里面的字句，狗屁不通。"

"说起传单真希奇。它又不生翅膀，怎么能够飞到工厂里来的呢？"

"笨虫，传单当然不会飞的，是那些代表想吃天鹅肉，想吃学生的豆腐，想讨好学生，把它带进来的呀。不然，为什么要开除阿毛呢。阿毛看见我们像尼姑，看见学生像婊子。你看，她的眼睛生在额角上的；在这里的男人，她的眼睛捎都不肯捎一捎的。总管车也恨死了她。前天夜工的时候，细纱间里的小姑娘坐在墙

---

① 拿马温，又译为拿摩温，英文 number one 的音译。始于旧上海英纱厂车间，工头一般编号为 No.1。后其它外商、华商也用来称呼车间工头。下同。

角落里睡觉,她虽然也算是个工头,但是吃饭不管闲事的让她们睡。后来阿二看见了,把小姑娘打了几下。她倒来反对打骂了,还鼓动着别人来反对。这样人不开除还了得吗?……"

正在说得起劲的时候,从里面传出了一阵混乱的人声:"关车,关车","要不做大家不做","反对开除阿毛"。哗啦哗啦,唧唧哑哑的声音,由细纱间到粗纱间,然后又到摇纱间,轧花间,一下子,这几间房子里面迟重的机器声,都停了下来。很扰杂很紊乱的拥了出来。先拥到账房间,在那里的人吓得逃走了。后来就拥到写字间,关在写字间里的经理,仿佛声音到了门口才听得。他是留学回国的学士,自然遇着这些事是不慌不乱的开了门。他穿着一身藏青呢的西装,嘴里含着香烟,架着玳瑁眼镜,他的脸像马面一样的长。他的嘴少许向右面歪着,说话的时候更加看得出。然而他非常大方,悄悄的对门外吵闹的工人说:

"我只有一对耳朵,你们这样多的嘴巴讲话,怎么能够听得清楚呢?你们要什么?你们推举代表来对我说,不然,吵到明天也是没有结果的。"

"我们都是代表呀,""阿毛也就是我们细纱间的代表,你们把她开除出去,我们一定要摇班,我们反对无故开除工人。"

"哪有无故开除人的道理呢?总一定有缘故才会开除的。"他要维持他的尊严,不得不装出那种威风的样子,他又补充一句:

"工厂里的行政是不准你们干涉的!"这句话没有解说,女工们是不懂的。当然,他是故意这么说的。

可是经理的话还没有说完,外边的群众又轰了起来。在杂乱的人声中,忽然夹杂着洪亮的,刚强的叫喊声了。呵,打包间的男工也得知阿毛被开除的消息,而赶到这里来了。人愈加多了,声音愈加响了,经理想走出去,但是不可能了。他的面色少许泛了一层青白色,声音也低微了些,似乎比刚才温和了些,他说:

"开除阿毛的消息,我还没有听得。阿四!你去叫了账房间的何先生来。究竟为什么开除阿毛,我来问个明白。当然阿毛没有什么错处是不能开除的。"

过了三分钟,那个瘪嘴驼背的何先生,从人堆里挤了进来。

经理问他:

"阿毛为什么开除的?"

"不是昨天厂里已经打了电话到府上吗? 李经理,事情是这样的:为了一个小姑娘在做夜工的时候去睡觉,管车阿二打了她,后来阿毛同阿二吵了起来,并且她鼓动别人反对打骂。事情当然不是这么简单,别的拿马温都来说,如果阿毛不去,他们做不下去了。在工场上传单时常发现,工人不受指挥,你说他一句,他要回你两句。……后来我们决定开除她。"何先生说完之后,对工人刮了一个斜眼。

"戳你娘的,开除一个人那么容易! 打死那些要开除阿毛的狗子。"

吵声又从外面飞了进来,那位歪嘴李经理听了这些话之后,默想了几分钟,一股股的浓烟从鼻子里嘴里不断的喷出来,后来他就对着何先生说:

"开除阿毛,……应该要先调查一下,如果传单确实是阿毛拿来的,或者别一个人拿来的,这当然要严厉的查办。但是现在还不能拿出确实的证据来。所以暂时要叫她回来工作，等到调查清楚了，那么再来商量也来得及。"

"是……是，是。"驼背的何先生似乎很为难的样子走了出去。

歪嘴经理的写字椅转动了一下，……

"戳你娘的，假惺惺的，哪个不知道你这个婊子，调查个屁！传单是我们大家发的。"

"呵！阿毛姐明天来上工了，呵，要求达到，呵，进去进去，呵……呵……"大家拍着手，跳着跳得高高的，在人堆里蹿起来。只听得写字间的门砰的一响，歪嘴经理听得那种呼声和骂声，恨不得把这些野蛮的畜生，个个都来枪毙！

一场风波就在那沉重的机器声里平静了下去。

黑暗的夜色来到了，汽笛嘟嘟……的吹响着。照例工人们在放工之后，大家急急忙忙的各自回家了，那一天是例外。大家都挤在厂门口，街道上，打听交涉的情形，特别是关心阿毛的人争先夺后的跑到阿毛家里去。一下子在阿毛的门口堆满了很多的人，你一句，他一句的报告给阿毛听：

"今天好极了,大家替你出了一场气!"

"我们先在细纱间里关车,后来就分散几个人到粗纱、摇纱间⋯⋯去通知,啊呀,后来,就不得了,许多许多人都拥到写字间门口。后来,后来,呵唷,我说不出了⋯⋯"一个女工像放连珠枪似的卜落卜落的说,说得涎沫都溅在别人的脸上。

接着又是一个口吃的女工讲。

"包⋯⋯包围了,写写写字间,吓⋯⋯得那个⋯⋯个歪⋯⋯歪⋯⋯歪嘴经理,没没⋯⋯没有办法,他他⋯⋯他想⋯⋯出去撒⋯⋯撒尿,我们⋯⋯大大大家,不准⋯⋯他出去⋯⋯"

"呵唷,气闷煞了,还是我来说,大家包围了写字间,要求他答允,他看得人多了有点怕,所以他答允你明天去上工,但是要调查传单是哪一个带来的,查出了就要吃生活!唔,他还假惺惺的说,不知道你被开除的事情,其实他作的主意呀。那么不要脸的婊子!"

这些情形,都出于阿毛的意料之外,她以为她走了就完了。她自从早晨被账房间下了牌子以后心里非常不舒服,闷闷的不开一句口，她的姆妈料想一定没有好事情，又埋怨了她一番。她一个人很孤独的睡在床上，暗暗的流着眼泪，这时候她只觉得一切都是空虚，没有朋友，张先生到哪里去了呢？一切一切在她的眼前都是灰色，她哭得眼睛红肿。后来听见了她们的报告，似乎压在阿毛胸前的一块大石头揭了开来，她满身觉得轻松了，然而她并不高兴，只觉得惭愧和兴奋。她的眼泪直奔的流下来，但是嘻开了嘴仿佛是在笑，这时候她要说什么呢？她似乎要发狂！大家看得都沉默了，只剩得那只白花猫喵……呜喵……呜的在阿毛的脚跟边转着。突然间，阿毛对着大家说：

"今天太晚了。我明天还是进厂去，后天是星期，我们到平民夜校去谈罢。"

大家出去以后，阿毛回转身来看看，仿佛一切都换了一个样子。灯光亮了，母女相爱了，没有误会，没有隔膜，姆妈盛饭给女儿吃，拿面水给女儿洗。她深深的后悔着，后悔过去对女儿责备太凶了。到这时候才明白，并非女儿多管闲事，朋友义气是应该。母亲的慈爱感动了阿毛。阿毛觉得姆妈老了，瘦了，半年以

秋之白华

来给她的痛苦太多了。她在被筒里暗暗的抽咽着,到醒来的时候才知道自己是在梦里。可是,很自然的不能禁止自己的抽咽。翻了一个身又迷矇去了,仿佛她躲在林弟的怀里哀诉,一点点的泪珠儿滴在林弟的臂膀上,她的上身似乎被林弟的手臂抱得紧紧的,她从手臂里得到一种力量,又仿佛这是林弟的哥哥。旁边还有那个玲珑的爱弟在偷偷的笑她。她不敢张开眼睛看一看,她觉得很服贴很温柔,还是躲在这里,永远的躲在这里罢,眼泪润湿了她的干枯的心灵。早晨雄鸡的啼声把她从好梦中惊醒了过来,她张开了眼睛,很清楚的回忆了好几次。然后,懒懒的伸了个腰。姆妈的手抚摸着阿毛的脚。

"这是姆妈的心肝,姆妈的肉呀!呃吓,呃吓……"

阿毛也很自然的撒起娇来了。迟了,快起来罢,阿毛觉得眼皮发重,精神不好。然而呜呜……的汽笛声已经送到了。她急忙把林弟、爱弟拉起来赶着上工去了。

阿毛上了工场,自然惹起多数拿马温的不舒服。尖利而带讥讽的眼光对着阿毛,故意的不同阿毛开口,然而没有办法能够使他们的耳朵不听见在机器声中的欢笑声，——欢迎阿毛的叫喊声。阿毛穿着一身蓝布衣裤，提着饭篮慢慢的走进去，经过像藕丝似的雪白的，一排排，一行行的纱线。机器旁边的女人都斜着眼睛对阿毛迎笑。阿毛高高兴兴打着招呼向着里面走，她的位置在最后一排，大约有十部机器，两人管一部，总共二十个人是归阿毛管理的。她也算是一个工头，所以她也和别的工头一样有权利可以在这一排机器旁边走来走去，有时候她还要超过这个范围。她是细纱间里的包公了，受了怨苦的人都要到她面前去诉苦，对她很亲热并且很信任她。

然而阿毛从这一次小小的风波以后，她有点不大自由了，那些工贼常常暗算她，监视她。她进进出出的时候，似乎常常有人跟在她背后。她不敢把这些事情告诉她的姆妈。可是，从别方面早有风声灌到老太婆的耳朵里去了：什么巡捕房里注意她，她在外面轧姘头，有的还说亲眼看见在马路上同着男人一起走。老太婆暗暗的担心着，但是又不敢直接去问她。几个月以来，在她额角上的皱纹加多了，夜里睡不熟，她屡次的想探问阿毛对于婚姻问题的意见,然而总找不到机会,也寻不出一个线索。这些将信将疑的风声,时常扰乱着她的内心。

阿毛很快活的工作着,她一天天的比从前活泼起来了。然而,她始终觉得自己的力量太薄弱,林弟又不老练,她很想找张先生谈一次。可是托人带口信去,终得不着回音,从上海来的人,不是个个都细心的,有时候没头没尾的空谈一顿跑去了。办法呢,也跟着走了。要找他们又没有一定的地址。在阿毛的思想里不管是私的或公的,都好像一把乱发一样的理不通,她又想去找林弟的哥哥,可是他又像个菩萨,不肯管闲事,事情又一天天的逼紧来。她想不通了。她自己感觉得仿佛从高山上有块大石头一样的要掉下来,要压到她身上来。她有点害怕:或者这块石头会压死了她。她自己倒也不在乎,几百几千的朋友呢!后来她从机器的声音里听到了一种巨大的力量,想着了这几百几千人的力量。她笑了,大家干罢,一定要干。

在十二月五日那一天,不知道从什么地方传出了一个消息,由工头通知账房,由账房通知经理,由经理通知老板,据说又是阿毛等领头的要实行摇班了，并且一切都已经商量好了，一共有八个条件。这样一来，可不得了，老板经理工头开会议讨论，决定比工人先下手。第二天的早晨，在厂门口多了十数个荷枪的警士，对于来往的工人实行严厉的检查。大家都看清了这种情形是非常的了。阿毛走进马桶间去，在那里已经有粗纱间的五小妹和摇纱间的王大嫂等着。过了五分钟光景，大家都出来了。不久，在墙壁上发出了唧唧唧的声音，这边响了，那一边也响了，亮晶晶的眼光从藕丝似的纱缝里互相的打着招呼。各间的工人都轰了起来。机器立刻停止了动作。排列在机器上的纱线零零落落的拉断了。绕纱筒子到处在地上滚来滚去。杂乱的脚步声和人声充满了工场，仿佛个个都像疯人院里的疯人。沾着满头满身棉花屑屑的人群，大的小的男的女的横冲直撞的挤来又挤去，一堆一堆的挤到大门外面。武装兵士们的枪腿和棍子飞到沾着棉屑的人头上乱敲一顿。像发了牛性似的"暴徒"拾了大小石块子向着武装警士丢了过去。不到十分钟，两方面的人都有受伤的。全厂二千多的工人在厂门外的一块广场上开了一个大会，首先就通过了八个条件。还推举好了代表。一下子警察大队赶到了,把群众从广场中驱逐了出去。亮晶晶的刺刀在后面追赶着,皮鞋脚的声音像马蹄似的咆哮着!

北风起了,年关将到,饥饿、寒冷,疾病和失业的恐慌逼得全上海的工人呼号。租界和华界天天总有工潮,尖利的刺刀和枪炮似乎失了效用。徘徊和犹疑已经不是工人所需要。再也不能忍耐的了,只有干,只有坚决的干……

永安厂的工潮一闹闹到七天光景,在讨价还价的会议里总算得了一个结果,资方答允了五个条件。当他们复工的那一天早晨,鞭炮声震动了整个沪东区。呵,难得的,难得看着了早晨的太阳光!

条件中的第一条就是不能无故开除工人。在工人强烈的"压迫"底下,至少要暂时的遵守着。可是,那些男女代表们的终是厂家的心腹之祸,非要想个妥善的办法不可。呵,有了,不是老怡和厂里已经得到了效果吗!

恐怖的风声已经谣传了好几天,然而阿毛还是照常的去上工。夜里回来,她和小姊妹们照常到平民夜校去上课。她们从千字课本里所得到的字也不少了,她们对于读书的兴趣一天浓厚一天。虽然有些人竭力的侮辱她们说这不是学校,这是"寻爱场所,风骚养成所,公妻训练班"。为什么要这样的侮辱呢? 第一,自然你们这些"贱货","下等社会的女人"怎么配得上识字呢! 只有有钱人家的小姐少爷才有资格。第二,工人夜校确是管理工会和经济政治斗争的速成班,自然这是在老板、经理、工贼们看来是大逆不道的事情。第三,当时已经发现了新式的"青白哲学",说中国的固有道德是仁慈,不是斗争,是要继承过去的周公、孔子的道统,不是要创造什么将来的新社会——而那些"平民学校"却专门讲些什么斗争。呵,但是这样说法有什么用处呢? 学生一天天多起来,甚至十个八个学校是不够容纳的了,上海各区的学校已经增加到几十个。

在阴历十二月年底那一天夜里,阿毛家里预备了六碗菜,这是一年中的最难得的一天,虽然在这一天放工还是在下午六点钟,债主们还是逼着要还钱,但是自从摇班胜利之后还没有好好的聚集过一次。正月初一是停工的,今天的一夜自然是宝贵的了。她

/ 白
华

预备在家里约了几个朋友吃一餐,还要跑到别的朋友家去玩一玩。哪知道正在他们团聚一桌吃得高兴的时候,来了那个吃嘴[1]的女人,她跑得那么慌忙,似乎气都喘不过来:大家都突然的沉默了下去,只有林弟的哥哥赵先生还是管自己喝着酒,一筷筷的小菜放进嘴里去。

"我……我们……粗……纱间……里的……五五小妹……在……放工出来……的时候……被那……那些杀……千刀……的流氓……打得头破血淋……听说他……他们还预……预备了……铁铁……锤子……和……铁尺要来……打你呢! 我想你……还是……避开……一下罢……娘格戳×,这一定是资本家……收买好了的!"——她脸涨得绯红的,愈是想说得快愈是说不出来。总算"报告"完了,她就拿着一把竹椅子在墙角落里坐了下来。

在吃饭的赵先生插了几句冷话:

---

[1] 吃嘴,即口吃。下同。

"是罢，我说过的做人要做菩萨，不管闲事的好，热心要热出毛病来了，盗生的，现在证明我——菩萨的话是千真万确的了。"

老太婆已经急得饭都吃不下去了，她的手捏着碗筷在那里发抖。两只眯瞪眼睛对着吃嘴的女人呆看。

"偏不做菩萨，偏要管闲事，打死了我还要干！"——阿毛似乎动着气很倔强的说。

"你想，他们多聪明呀，要在今天来动手，晓得大家要过年了，不在一处做工，事情出来了，一时聚集不拢来。我看今天时候已经不早，而且走到什么地方去呢，还是吃饭完了再来商量罢。"——林弟在旁边这样提议。

"阿毛姐，你不要生气，盗生的，总算菩萨说错了。不过那位小姊妹那么好心好意的走来通知你，你应该接受的。而且你是知道的，不能伤了姆妈的心。她早已听见过这种风声，她日夜的不安，希望你能够换个厂去做做，像你那样好的手艺到别个厂一样的好吃饭。阿毛姐，东洋厂家在招工，你倒去试试看，也许能够多赚几个钱。盗生的，你们只要把这个消息放出去，自然他们也不会来加害你的了。"

"是的呀,不去永安厂也可以吃饭的呀,小沙渡织绸厂里的先生在两个月以前来要她过去,娘舅也在那里多年了,还可以得他照应照应。"——老太婆接着赵先生的话,也是这样的主张,劝阿毛不要再进永安厂去;她展开了眉毛,似乎深刻的感谢赵先生的劝告。

阿毛同着吃嘴的女人并肩坐在墙角落里,不知道她们商量些什么。

在烛台上的一对红烛并排的点着。烛心上结了红黑色的花球。暗淡的火光笼罩着每个人的眼帘。每个人都在觉得疲倦。可怕的西北风,不断的从门窗缝里吹进来。老太婆的眼泪像烛油一样的流着,滴着。她感伤着自己的命运,她回忆着丈夫生前的死后的一年年的生活,似乎觉得一年不如一年的了。在这里,她就觉得全身的血都凝住在心头,手和脚都冷得发抖。她最恐怖的,最忧愁的就是在这一年了。呵,自己死了也算了,可是阿毛呢?外边的鞭炮声,震动得她坐不住了。她放了碗筷,移开凳子,躺到床上去了。阿毛就在这一夜里打定了主意，再不到永安厂里去工作了。上海有那么多的工厂，考量着自己的手艺并不比别人差，自然要骗饭吃，也不致十分困难的。然而，这倒并不是阿毛主要的目的，这不过是安慰安慰姆妈的话头。永安厂的工友们已经得到了一个小小的胜利，——自然别的厂家在那里的工人也同样的需要着胜利的。

然而一切事情都不能够如心如愿的做去，杨树浦、引翔港一带仿佛已经没有给阿毛插足的地方了。今天到那一厂去报名，明天再到别一厂报名，这样的已经奔走了两三个月，没有一点结果。在这里，她才觉到困难。仿佛在阿毛的脸上已经挂上了一块招牌似的，报名进去的地方，那些拿马温都客客气气的拒绝了她。有一天，她从平民夜校回家来，看见了赵先生，随随便便的谈论着自己找工作的经过情形：

"呵，菩萨，你说只要手艺好，不怕没饭吃，现在证明这是不对的了。为什么我至今还是找不到工作呀！不但找不到事情，而且白白的化费了一些钱，那些拿马温真是有点可恶，先拿到了钱，再来转转弯弯的拒绝你进去，还要看手看脸拍照相，仿佛比卖一件货色还要烦难。"

"为什么要拍照，要看手，看脸呢？盗生的，又不是卖给他们的！"

"这就是因为你做菩萨不能懂得这个道理，世界上奇怪的事情多着呢！菩萨，你不要只管上西天去的事情，应该要管管地下凡人的一切。你不是时常经过巡捕房门口，在那里挂着许多照相吗？现在工厂老板要拍女工们的照，也就是这个道理呀。"

"那是些做贼做强盗的呀。"

"他们看待工人并不比强盗要好些，差不多！这个厂里不要了你，别的厂里也不给你进去了。中外一例的。仿佛像鬼打好了的围墙一样。"

"那末，为什么要看手看脸呢？做男工的进厂去很少听到这样的事情的，盗生的，真是奇怪！"

"说出来也并不奇怪。好比要买东西先看货物，一样的道理。在这件事情上，拿马温和老板的眼光略有些不同了。那些男的拿马温，特别是东洋人，对女工抱着一种揩油主义，自然要挑选漂亮的女人。可是老板们所打算的是多赚钱，所以要招的愈土愈好。这些人气力又大，工钱又便宜，而且挨得起打骂，不像那些吃了多年上海饭的人，灵活得像皮球一样的，拍一下就会跳起来的。"

"既然这样困难进去，不是你姆妈说过的织绸厂要你去吗？盗生的，还是到这个厂去罢，那边还有熟人。"

"那里，那里……" 阿毛低着头摇了几摇，仿佛她含蓄着千头万绪的愁闷，她尽是抬不起头来再对赵先生看了。

大家沉默了。门外起了几阵风声。西窗外面青绿色的杨柳，很柔软的随风摇荡着；像水晶似的两点从倒挂着的嫩叶子上一滴滴的滴下来。一年难得的春天，一生难得的春意，从暖和的风里带到了她和他的心窝里。然而终究是迟疑着，徒然的增加了阿毛的苦闷。在阿毛的脑筋里，在同一时候有了几种不同的，相反的思想互相的斗争着。阿毛听见房东家里的老母鸡在阶沿上咯……咯……咯的叫，仿佛它在那里叫它的儿女们的归窠的样子。阿毛从这种声音里想到姆妈为什么还不回家来？林弟和爱弟为什么还没有放工出来？家里还等着夜饭米呢！

/ 白华

赵先生在这一点钟之中,深深的感觉到阿毛的一切都已经开始了变化。她同男人说话从来没有像今天那样的自然和轻松,好像她同虫一样的脱了壳,说话也长进了,很流利的。似乎尼姑相已经看不出了。他想:"不做菩萨也有不做菩萨的好处。"然而他又想到了她现在的地位——失业,危险,在这里他又仿佛告诉着自己:"还是做菩萨的好!"他展开了浓黑的眉毛对着阿毛说:

"你不要当我是奸细看,我不会来妨碍你的,听林弟说:你还是活动着。盗生的,这里的工人推举了你做上海的工人代表,要到广东去参加会议,这是真的吗?"

"也许要去,然而还没有决定,如果决定了,我一定告诉你,也许还要请你帮忙,照应照应我的姆妈。你不必怀疑我,我并没有当你坏人看,不过你的菩萨主义对你自己一点没有好处的,我不能同意你。希望你早些把它丢到黄浦里去罢。"

赵先生听了,并没有回答,对于自己的事情只是微笑着,对着窗外的杨柳树望着,仿佛他还是坚定自己的意见。

时候过得非常之快,又是三个星期过去了,在这三个星期中,阿毛天天跑到外面去，她所来往的地方还是同她在永安厂里工作时候一样。她要动身的那一天早晨，她起来得特别早，她同林弟、爱弟先在厂门口等着。朋友们都是那么亲亲热热的同她告别，祝福她早去早回，然后她又跑回家来取行李，她的姆妈送她到船码头，她俩坐在黄包车上。看看天渐渐的亮起来，路的两旁一片都是绿色。那些提着饭篮的男女们，陆陆续续的向着工厂那边跑去。大烟囱上的黑烟，像长龙似的连接着云际。她俩走近黄浦那边，在远处已经望得见船上高竖着的旗子，在早晨的太阳光里飘摇着，显出蓝红白三种分明的颜色。老太婆的一双眯睎眼，自然盯住在这张旗子上面，还自言自语的称赞着，然而她并不能了解坐在她旁边的阿毛，对于这张旗子起了什么感想！阿毛看见太阳总是非常之高兴的，她笑了，她侧转了身体对着妈妈脸上望着：——"姆妈，我们是第一次离开呢，有那么好的太阳送我去，你可放心。我还有同去的人呢，他们会在船里来招呼我的！不知不觉的车夫已经把车停了下来，前面来了几个熟人提着阿毛的行李，急急忙忙的跨上了摆渡船。阿毛站在船头上，一只手扶在船栏上，另一

白华

只手遮在额角上，在暖和的阳光底下，船渐渐的离开了码头，阿毛的脸在人堆里渐渐的模糊下去。

然而，阿毛还望得见岸上的姆妈——似乎还在眯着眼睛盯住了在浪里滚着的那只渡船……①

海风呼啸着，汹涌的波涛摇荡着整个的天地。在无边无际的乌黑的夜里，小小的轮船很艰难的往前爬着——似乎是进一步又退一步的，它时时刻刻气喘似的抖动着全身。闷热的统舱里的旅客，有的脸都苍白了，有的时刻的呕吐，有的昏昏沉沉的好睡。大家挤得紧紧的，零零碎碎的谈话声，脚步声，打鼾声，可是没有笑声。阿毛是第二次见着大海了。第一次是到广州去，这次是回上海。海固然掀动着天地，但是，海是什么？它有的只是无数的波浪，没有这些波浪，海也就没有了，而每一个小小的波浪，都不过是极平常的水。阿毛闭着眼睛，躺在铺位上，想着海，想着一切。

---

① 以下至本章（第二章）末原稿为散页，夹在第二章后，部分内容与第三章有重复。

"为什么在纱厂那么久,从前还进过丝厂和织绸厂,没有在几千几万的工友中找到一个可爱的人,而偏要恋着那个'菩萨'?"——菩萨是阿毛的邻居赵先生的绰号,他是个药店里的店员:因为他不肯多管闲事,不肯参加大家的"胡闹",所以连他的小妹妹林弟也常常叫他'菩萨'了。"是的,我现在和他似乎更隔膜了……"

海风,可怕海风不息的呼啸,海里的波浪一个个的滚过去,互相的拥抱着,互相的搅和着。波浪和波浪之间难道会有膈膜么?而阿毛始终丢不开这个苦闷的思想,她只能够自己安慰着自己:——

"呵,不要紧,他的菩萨主义,也许像我的吃素的一样,到后来自然会开荤的。"

一年以前,阿毛虽然参加了五卅运动,又在厂里闹着一些"摇班"的风潮,然而还是吃着长素。其实,她是很年轻,很活泼的姑娘,干起事情来总是很起劲的。不过她有些"守旧",不知道为什么她居然会相信吃素,她不喜欢诞皮赖脸的开玩笑,年轻的工友们都叫她"尼姑阿毛"。这次在广州的时候,有一次在劳动大会

白华

的饭厅里,阿毛在自己的饭碗底里忽然发现了一大块肥肉,但是这碗饭已经吃掉了大半碗,自然,一些和她捣乱的工友登时"哄堂大笑",故意要逼着她吃下那块肉去。她那时就说:"吃就吃了,有什么好笑的。"她到那时候,其实早就可以开荤的了,——一年以来,劝她开荤的人还嫌少么? 不过因为从小的习惯,无意之中,总还是避开荤菜。现在既然开了荤,又给工友们说笑,她想起从前的痴念头,自己也觉得不好意思得很。

"哙,阿毛姐,不要尽闭着眼,谈谈话天,开心,开心! 过两天回到囚笼里去,又是说话的工夫也没有了。"——睡在她前边的一个同厂的男工友,吸着香烟,把赤裸的脚推着阿毛的头发,阿毛的幻想被那种油腔滑调的声音所打断了。

风声浪声,轮船的机器声,咳嗽声又送到昏昏沉沉的阿毛的耳朵里来了。

"讨厌的烟气热气,我要睡了,到上海再谈罢。"阿毛说了,还是闭着眼。

"哙,你,我知道的,并不是真要睡觉,你在想念那个唐山的矿工代表；他又年轻又漂亮，又时刻来讨好你，——不去想念他，良心上也是说不过去的。"在她对面躺着一位电车工人也插了进来。

"杀千刀，我没有像你们那样的有良心，一看见女人，就干着鬼鬼祟祟的把戏，应该多想想回上海来做些什么工作，不要尽想吃豆腐。回去老婆要你的命呢！"她说到最后的一句，似乎那种严厉的声调又软化了。

滚着，滚着，一下子，船又在大浪头上抬了起来，全船的人的心仿佛都缩紧起来。一下子，船又跟着浪头落了下去，人的心又像松了一阵。起伏着，摇荡着，不断的恐怖紧逼着一些不惯旅行的人。阿毛虽然早就自己对自己解释着：海是没有什么可怕的；但是，她还是时时刻刻会觉得恐怖：阿弥陀佛，假使这轮船真的翻了身呢？她抬起头来看了看那些"老出门的"——他们像在自己家里一样，如无其事的坐着，躺着。她不知不觉的又想起自己的命运，想起从前的许多痴想头，希望什么菩萨祖宗的保佑……她现在知道，菩萨和祖宗都没有用，茫茫的人海里，恐怖和哀求是"菩萨祖宗"所最看不起的。"在社会的浪潮里面，也要像在自己的家里一样！"——她这样自譬自解的想着，同时她的身体仿佛在摇篮里荡着，慢慢的到了无边无际的梦里去了。

她好像仍旧在永安纱厂的细纱间里，紧张的机器声震动得她心惊肉跳。她站在机器旁边，挺直了腰，举起了手，在无数的流动着的纱线堆里，接着断线头。呵，脚酸了，腰痛了，棉纱屑满屋子飞扬着，不断的飞进鼻孔和喉咙。一阵咳嗽，头脑昏晕了。然而去看看工作记数表，照字数还拿不到了四角钱。再干，再干！实在支持不下去了，很想偷偷的跑到厕所里去坐一下，可是，在她旁边，坐着一个穿着黑长衫的拿马温，凸出着眼睛看守着她。在墙角落里有一只四方的木箱，似乎很有力的像吸铁石似的引诱着她。忽然间，一个活泼可爱的小姑娘的辫子滚进了机器的皮带，阿毛赶快跑去抱住小姑娘，然而强有力的机器把她的辫子连头皮都拔了出去。阿毛抱着一个半死半活的血人儿，吓得一身冷汗，气都喘不过来的叫着。

"阿狗哥，救救我罢！"

这时候天已经亮了，然而，暗淡的电灯还在云雾似的船舱顶上亮着。仿佛船已经不动,靠着码头,外面的人声乱轰轰的叫喊着。

阿毛和两位工友整好行李一路回到一位老朋友的家里,也可以说这是工友的会议处。这里看见了办事人,做了简短的报告,大家各自干着自己的事去了。可是有一位老头子一把抓住了阿毛的肩膀,很急忙的告诉她说:

"唅,老朋友,你的厂里已经摇过一次班。"

"呵,为什么? 胜利的呢? 失败的?"

"为着反对开除人。要求加工钱,工钱是加了五分,但是工人还是开除的,你就是被开除的一个。也可以说是胜利,也可以说是失败。不过这次群众的团结力很好,工人很拥护你,据说老板们已经预备好,如果你去上工,要叫流氓来打你,怕吗?"

"怕什么呢? 有手哪怕没饭吃,打有什么用处,打不完的呀!"阿毛很匆忙的跑回家去了。

她的年老的母亲驼着背在扫地,一看见女儿就喜欢得开不出口来,然而她立刻想到了阿毛失业的恐怖,她只有这一个女儿,全靠她的工钱来活命的。阿毛很自然的注意着林弟的房间。"唔,这

秋之白华

时候林弟还没有放工回来,为什么房门开着呢?"她惊喜似的想。"姆妈,你好吗? 林弟在家吗?"她问着笑着,走进了自己的房间。

"林弟在厂里,她的哥哥病着,请假回来医病的……"

阿毛不等姆妈说完就三脚两步的跑到林弟家去了。老太婆很惊奇:"从前的阿毛,看见男人总是怕难为情,不喜欢同男人在一起,我说起她的婚事,她总说不要嫁人,怎么她突然间跑去看赵先生了? 况且她明知道那里只有赵先生一个人。"

充满了热情的阿毛,看见赵先生坐在暗瞳瞳的堆满了龌龊的房间里,拿着针线,很不像样的,在缝补着长衫上的裂口。赵先生带着疲劳而抖动的声调说:

"阿毛姐,你好,我有一个星期没有去做工了,现在已经好些。"他侧转了头,带着微笑对阿毛看,一面很急忙的放开了针线,拖着一把竹椅给阿毛坐。

"哈哈,捏针线的手势都没有,会补衣服! 我来替你补。"她立刻拿起长衫来缝补了。"呵,你生什么病,你一向不是身体很好的么,穷人哪里生得起病呢。"

"真是。工钱要扣,药钱要出,盗生的,阿毛姐,你知道你自己已经给永安老板开除了呢? 我早就劝你:热心要热出毛病来的。不要多管闲事,盗生的,人人都像我一样做菩萨,世界就太平了。"

这种半死不活的口气,像冷水似的泼在她心上。周身的热血,内心的热情,完全消失了。她立刻起了一种强烈的反感,她恨不得要撕破手里拿着的那件长衫,然而她竭力的压制了自己。苦闷和失望激动着她对于劝告的反感。她正在苦闷得无话可说的时候,林弟和两位男工友,三位女工友一同走进了房间。大家看见了阿毛,惊喜得要发狂! 她们手里的空的饭篮在空中飞舞着。阿毛丢了那件长衫,和每个进来的人握手。当她握着一位打包工友林长生的手的时候,赵先生冷眼的看着她,觉得她已经不是从前的阿毛。

他自己虽然对阿毛还没有期待着的什么,然而他不自觉的发生一种嫉忌的心理。别人和阿毛在谈论些什么,他没有注意听,他竟在想着阿毛的变化和她那种活泼的姿势,秀丽的面孔,动人的眼睛;她现在胖了些,比从前有血色了。他坐在床边突然听到了下面的问话。

白华

"阿毛姐,广东新政府好不好? 可以允许工人还有自由么?"

"听说在三月以前的新政府确是不错,可是经过三月二十之后,在那里也不像从前一样的自由了,在那里的工人说老蒋要做皇帝,事情究竟怎么样,那我也不十分清楚。"

"据说那边的农民可以不交租,不还债,这是真的吗?"

"农民要求着减租税。地主在请求政府帮忙,详细的情形,我不知道。不过在我们要动身的那一天,从海陆丰来的农民代表特地带了翻译来和我们上海去的工友谈话,说了许多,他们还说:

'我们不要这样的新政府,我们要牛屎腿的政府。'"

"啊!……牛屎腿的政府?"大家很奇怪的呆了一下。赵先生在旁边也叫了起来:"牛屎腿的? 盗生的。"阿毛笑了,飞舞着她那一对又长又黑的眉毛,说:

"我当时也不懂这个意思,后来问他们,才知道是要那些赤脚种田,腿上带着牛屎的人自己起来组织政府。"

"哈……哈……那么,我们纱厂工人讲起来要的是棉屑头的政府了,煤矿工人可说要黑脸的政府,还有药店员可说要药罐头的政府了,哈……哈……阿毛姐,这话对吗?"长生一面笑着,一面推着赵先生,他身上的蓝布短衫上还沾着许多棉花屑。他仿佛懂得了只有自己的政府才是好的。

这时候,林弟正拿着茶碗,笑得茶都要泼在身上,她说:

"那么哥哥要的是菩萨政府,泥塑木雕的政府。哥哥,是吗?哈……你的主义是什么? 就是那个美国女人来这里说过道理的一样。她说:人家在你右边打一个巴掌,你就让他在你的左边也打一个。这种鬼话,与我们是不相干的。"

赵先生似乎是在出神,阿毛似乎松了一口气,然而她在心上替赵先生不好过。接着,工友们都散了。阿毛的姆妈来叫阿毛回去吃饭。

林弟一边劈着木柴,一边唱着各种小调,她把一块块的柴塞到灶肚里去,嘴里哼着新鲜的五更调:

五月三十大罢工,帝国主义凶。呀呀呀得哙。革命勿成功。官府来把工会封,卖国种。工友们呀,大家义气重,呀呀呀得哙。齐心来冲锋……

赵先生一个人孤另另[零零]的躺在床上，沉默着，思索着……暗沉沉的黄昏也渐渐的笼罩下来。

三

紧张的机器声震动得每个人都是心惊肉跳的，一年三百六十日，一天十二个钟头，哪一分钟都不能够安逸。在工场上的人只好把全身的精力都集中在每一部机器的每一个动作里面，尤其是在细纱间里的工作需要极精细极灵活的手艺，虽然每部机器上有两个女工，管理着六十个木棍，三百六十个锭子，然而每个人的目力一秒钟都不能移开一下的。挺直了腰，举起了手，大家各管各的赶着，赶着，要想赶上机器工作速度表上的某几个数字。可是从早到夜，终难得赶上得赏工的数字呵。然而脚已经酸了，腰已经痛了，鼻子里的棉屑不断的飞进去，飞到喉管里，连要擤一擤鼻子都困难。有时候疲倦得看见锭子上抖动着的细纱，头会发昏，胃会作呕。她们的屁股会像吸铁石一样的想在木箱上，想在地板上，墙角落里或者跑到厕所那里偷偷的摆一摆，然而那些反背着手绕着她们的工头,哪会放过她们呢!永安厂的细纱间里,曾经因为罢工的胜利,有这么一个短短的时间还觉得稍微"轻松"一些,大家都知道有阿毛领着头,自己能够团结——终究是有办法的。但是现在呢,阿毛走了!细纱间里的女工哪一个不念着阿毛呵,连那些黄毛头发拖长着鼻涕七八岁的小姑娘,也常常问起阿毛阿姨什么时候再来,特别在领取工钱的时候,全厂的工友深深的感激着阿毛;只有那些凶恶的工头还照旧的骂她是"尼姑",是"万恶的捣乱份子"。然而他们以为阿毛已经中了他们的计策,也就得了无限的安慰!

  阿毛从广东回来已经在六月九日,正是上海闸北丝厂罢工后的第二日。她来不及回家,就跟了别人参加丝厂工作去了。她走到横滨桥,又到顾家湾,又在那里打听着丝厂的工友都在青云路的广场上。她远远的已经见到一大堆人在那里叫喊着,在群众的周围都是穿着军服荷着枪的军警,枪上的刺刀在太阳光里闪铄着,在中间有一个吃得胖胖的男人站得高高的在那里说话,听不出他在那里说些什么,但是底下的群众提得满响的声音:

秋之白华

"放你娘的屁,工贼的姘头,老板的走狗!滚出去!再不走,要请你吃生活了。今天不放出那些工友和女学生,我们就在此地同你们拼命!"

阿毛走进了人堆,看见侧面有一部汽车来到了广场旁边,从里面走出一位提着皮包,穿着白华丝衫的女人,看上去,不过四十多岁光景,据旁边的人说,这是东家太太呀。但是有的人争着说,这是穆会长呀,后来她走上去说话的时候,才确定了她究竟是穆会长。她说:

"我是你们的代表呀,你们要听我的命令,一切我来替你们去交涉,明天一定要上工,再不去官厅要来枪毙你们的呀……"——她还没有说完,下底的人都轰了起来:

"烂污×,资本家的代表。大家在这里等着枪毙呢,来好了,要死大家死,贱货!狗东西!""打倒工贼!"——一人一句,骂声充满了整个广场。

穆会长只好从凳子上爬下来,胖得像蒲团的屁股一扭一扭的走出了人堆,上汽车去了。后面的骂声接二连三的一阵高一阵。

从上午八点钟起直到下午四时，站在烈日底下足足的有了八个钟头，饿着肚子，熬着小便，每个人的脸上都晒得发紫了，大家等着，等着最后的回音。悲壮失神的叫声和沉闷的哭声融成了一片，警士们也仿佛感动得站不住了，一个一个的溜走了。

最后，警察厅把学生和工人一概都放了出来。

在这里阿毛认识了允余、盈余、德兴、九经、恒隆、豫丰、大伦七厂的代表。

他们照了原议在第二天早晨仍旧集合在青云路的广场，一个蓬头发的江北老太婆站得高高的，搂起袖管，捏着拳头，手指着群众，仿佛要打架似的，两颗黄而带黑的长牙齿在嘴唇里面一高一低的动着，白色的涎沫从她的口里一粒粒的溅出来。在太阳底下的人头个个对着了她。一忽儿从静默的群众里发出洪亮的鼓掌声。阿毛也上去说话了，她一句句的说到她们的心窝里面去了，感动得大家洒出了眼泪。阿毛的脸儿一阵红一阵白的泛了出来，她的两颗黑眼睛发出尖利的光彩，微风荡来，把她的柔软的发丝轻飘着，拂过她那对清柔而美丽的眼梢。她那种勇敢而带沉静的态度，深深的印到

白华

每个人的脑筋里去了。条件提出来了，大家主张去请愿，先找总工会，由青云路到宝山路四丈多长的队伍，像长蛇似的向前面蠕动了过去。呵，找着了，然而那两所房子的门关得好好的，上面还贴着蓝字白纸，盖着官印的十字形的封条。在这里已经有几个月没有人来往的了，曾经到过两次警察，三次启封工会的群众，一次是码头工人，一次是纱厂工人，还有一次是市政工人。现在怎么丝厂女工也来到这里。邻近店家和堂弄口的闲人，大家在群众的呼声中议论纷纷。忽然间在队伍里面的一位铜匠金生，像疯狗似的跑到阶沿上，把那两张十字形的封条纸撕破了，然后，他跑到间壁烟纸店买了一张红纸，写了几个大字儿，贴在封条贴过的地方。一忽儿又像暴风雨中的雷声震动了整个街道。正在这个时候，总工会的代表已经跑来了。有人认识他是一位开电车的司机，一个月以前押在监狱里的老朋友。他对群众说话之后，大家像得了宝库似的高兴，仿佛这是一个火车头开到了。大家又从这里整队到了警厅，强迫官厅承认工会，出来"调解"，讲条件。

警厅里的老爷们这几天来东奔西走所忙的都是为了工潮的事

情，把他们的尊贵的头脑闹得够昏的了，不得已签允了工人讲（的）条件。到十二那一天，就讲好了，而且警厅要求，要总工会下令复工。

闸北七家丝厂的汽笛，在第二天的早晨又复活了起来，进厂去的男女们仿佛脚也轻松了些，头也不重了。大家笑迷迷的有些意外的得意。但是等机器开动了，又仿佛穿上了湿衣服一样的难受。到了吃中饭的时候，才觉得比往日不同，现在多了半小时的休息，而且关上了车，听不见那讨人烦恼而厌倦了的声音。工钱加了五分，还不准他们拖欠。"哈哈哈哈！"在车间里的一个女工捧了饭碗对着大家说笑了：

"哙，阿姊！妹妹！快点嫁人罢，生出小囡来，在产前产后可以停工一个月呀，还有工钱拿呢，哈……"

"小畜生，你生罢，一个来不及，多轧几个好了，一个月假，有啥格希奇呢！"

"哈……一个月还不够，还说自己不要生，哼！我是姘不到男人，只有拿烂泥来捏一个小娃娃出来，哈……"她又高兴又刻薄的对着那些姑娘们取笑着。

"说到姘头，我想起了那只烂污×的穆会长来了。她有说不尽，数不清的姘头，她现在走着衙门，轧着议员，这一次她倒了霉，你看，今天早晨她在厂门口的神气，把我的肚子都笑痛了，她气得两爿屁股通红，两只嘴角向下倒挂着，在那里骂小老板，骂他没志气，损失了钱，还要欢迎女工来上工。她的手指在巴掌上作着手势，对着小老板说：——'阿要难为情！'[①]——呵，你们要知道阿毛姐真是一位好人，这次的胜利幸亏有了她和总工会的帮忙呢。"

"自然领导我们的人都是好人，然而主要的还（是）大家的齐心。"

机器又开动了，大家急急忙忙的各自开始自己的工作去了。

阿毛虽然这几天来都是过着忙碌的生活，但是她的精神上是非常之愉快的。她仿佛把所有的痛苦和失望都忘记去了，但是她在

[①] 上海话，大意为：你不觉得难为情吗！

这一次丝厂的斗争中看到了两件不幸的事情,从这两件事情里她想着了自己的姆妈,所以她在十三那一天的早晨急急忙忙的回家看娘去了。她一路走,一路的想着两件不幸的事情:"允余厂的代表阿巧几天几夜没有好好睡一觉,吃一顿,从清早奔走起,直到夜里二点钟;早晨四点钟就又要在乌黑的十字街头,苏州河边去拦工;自然几天不能回家;哪知道一回家,兄嫂羞辱她,父母打骂她,还关在房间里要饿死她。我看见她,她已经像重病一样的不能走路的了,然而还逼着她立刻进厂去。还有大伦厂的三妹也遇着了同样的事情,一回家,她的父亲不开口,只送她一支绳,一把刀,要她自己去挑选,到后来才说出这个理由:得着了外面的信息说:三妹在外面做不规矩的事情,借旅馆,轧姘头是千真万确的了。呵,万恶的社会,黑暗的家庭,在工场上在家里都是一样的受着那么重的压迫。"她想到这里好像自己的心肺都要裂开来了。她看着电车里面的人,仿佛个个都是可恶的,恨不得咬他们几口,恨不得把玻璃窗子都打破了才好。她看见在头等车上的少爷小姐们,愈加动了她的心火。呵,等着罢,总有一天要你们的命! 不知不觉的电车已经到了最后的一站,那位穿着号衣的卖票人催着她下车,她望了一望周围的人都不见了,她惊慌似的跑下了车,用着快步走回家去。她的姆妈看见了她,高兴得像一只木鸡一样,呆了许多时候,才嘻开了嘴,飞舞着她那稀少的长眉毛,但是一对眯睺眼,还是一眨不眨的盯住在阿毛的脸上。

"啊呀,怎么不先来个信息呢? 这里的小姊妹们天天来问,把她们的头颈都望长了。好的,好的,我的宝贝回来了,唔,还没有吃饭罢,怎么你的行李呢?"

"行李在朋友家呀,我也要紧要看见你先跑回来了。姆妈,林弟到厂里去了吗? 姆妈。好姆妈,肚子饿了,还没有睡过觉呢。"——她一边说,一边在菜厨里找着东西吃。——"姆妈,林弟的房门钥匙在这里吗? 我要去找荤菜吃……"

"呀? ……呀,阿弥陀佛! 你怎么怎么要荤菜来吃?"——老太婆还以为自己耳朵听错了。直到阿毛从林弟那里拿了一碗盐鱼了,才知道阿毛真的开了荤。

"我吃素,人人都笑我,当我奇人看了。你还记得那位穷小姐张先生吗？她也在一起呀，有一天，她和还有一位朋友作弄我，在我的饭碗底里放了许多肉和鱼，那一天我不知不觉的吃下去了。她们都捧着饭碗笑，笑得打喷嚏，流眼泪，我就硬了头皮咽了下去。唔，吃素嘸道理，怨自己的命苦更是嘸意思，穷人不应该怨恨自己，应该要怨恨有钱人的剥削呀。我开荤了，姆妈！这样，我的身体也就会好起来了。姆妈，我吃好了饭要睡觉，别人来问的时候，不要说我回来了。"

红得可怕的太阳穿过南瓜棚晒进了静悄悄的房间里来了，房间仿佛变了火坑一样，躺在床上的阿毛似睡非睡的，疲倦的醒不过来，翻一个身，张一张眼睛，又眯矇了去，似乎她的姆妈不时的悄悄的走过来看她，拿着扇子摇了几摇，一阵阵的凉风飞到阿毛的全身，但是她的汗珠儿不断的，尽是从皮肤里钻出来。她又仿佛看见西窗外，瓜棚上的黄色花儿和绿色叶儿在那里摇摆，像葫芦形那样大的青色的嫩南瓜倒挂在那里，树上的知了不断的叫着。阿毛慢慢的矇里矇懂的醒了过来。忽然听见了外面有脚步声，唔，厂里的朋友们来了吗？阿毛就故意的不作一声，仿佛那些人又要回出去了,阿毛在床里面当猫叫了起来,喵呜……喵呜……喵呜……那个玲珑的爱弟提着篮子走了过来,闪闪的目光射到了阿毛的脸上:

"啊呀,阿毛姐回来了。"——她惊异得张开了两只小手,凸出了乌黑的眼睛叫着,跳着。大家喜欢得像发狂一样的跑过来,七手八脚的拉着阿毛的手和她的衣角,几乎把阿毛身上穿的那件淡蓝色的夏布衫撕破了。小小的房间充满了大家互相的欢笑声,阿毛的姆妈也在旁边眯着眼笑个不了。这样的笑,她是一年以来的第一次。

站在门口的那个打包工人,尽在看着一堆姑娘们微笑。接着,他也很自然的参加在一起吵闹了。后来他坐了下来,用着冷静的眼睛在旁边观察着。在他心里起了一种比较的观感:在这里的许多姑娘们大半都比阿毛要年青,但是都不及阿毛的来得清秀,来得耐看。说也奇怪,几个月不看见的阿毛,怎么她的脸儿和身体一下子丰满得这样可爱,她的零乱的头发黑油油的发着光亮,她的两腮上的酒窝儿从哪里来的呀。呵,现在胖了起来。她比从前有血色了,嘴唇是红的,更加显出她牙齿的整齐和洁白。他看着阿毛不想再看别的了。更不愿意去看那个常常扰在他周围的桂美，打扮得像妖精一样，在黑脸上搽着白粉，她的嘴唇红得像粪坑上飞的苍蝇一样的讨厌！

第二天是礼拜日。厂里工友每人出了二个铜元合股买了一大包花生米，还有豆腐干和瓜菜，请阿毛到郊外树林底下去乘风凉。

太阳已经慢慢的躲避到树背后去了。在这一个绿油油而微带阴影的树林里面，有穿着肮脏的短衣的男工，也有破破烂烂的那些婆娘们，在那里唱着各种各样的小调，大家都称赞着五小妹唱的那只时新小曲子，要求她再来一支，再唱一次。

五月三十大罢工。帝国主义凶。呀呀呀得哈。革命勿成功。

官府来把工会封，卖国种。工友们呀，大家义气重。

呀呀呀得哈。齐心来冲锋。

她唱着，大家拍着手凑合着五更调的拍子。听众们的精神都被溶在她的灵活而愤恨的情调里了。蔚蓝的天隐在深绿色的稀疏的枝叶里面，透明的亮光穿过交叉着的叶缝投射了下来。树林里的凉风阵阵的飞来，拂着地上的青草和女人们头上柔软的发丝。

秋之白华

大家静了下来,微微听得在矮竹堆里的蛞蛉子很幽静的叫了起来,在这时候,有人问着阿毛:——广东新政府的情形。

阿毛坐在地下提起手来梳着被风拂过来的短发,撑起了长而秀的眉毛对大家说:

"听说在三月以前的新政府确是不错,可是经过三月廿日之后,在那里的民众,也没有从前那样的自由了。在那里的工人说蒋介石想做皇帝。事情究竟怎么样,那我也不十分清楚。"

"听说那边的农民可以不交租不还税。这是真的吗?"

"农民要求着减租税。地主请求政府帮忙,政府帮不帮忙,我也不很清楚。不过在我们要动身的那一天,从海陆丰来的农民代表特地带了翻译来和我们上海去的人谈话,说了许多话,他们还说:

'我们不要这样的新政府,我们要牛屎腿的政府。'"

"我当时不懂这个意思。后来问他们,才知道。是要那些赤脚种田,腿上带牛屎的人自己起来组织起政府"——阿毛带着微笑露出那洁白的牙齿,说完了又把手上的花生米塞到像樱桃似的鲜红的嘴唇里面去了。

"哈……哈……那么，我们纱厂工人讲起来，要的是棉屑头的政府了，带着满头棉屑的工人自己组织政府，一定是好的了。哈……哈……阿毛姐，这话对吗？"——靠在树身上的那个打包工人很得意似的说笑起来，他赤裸着的脚尖踢着那些树根旁边的短草。

突然间，坐在阿毛旁边的那个年轻的铜匠很惊慌的从地下跳了起来，两只手拉着自己豁开着的衣襟急忙的抖着，抖着，一个小小的嫩绿色的蚱蜢从他的背上跳了出来。那个顽皮的爱弟已经逃在另外的一枝大树背后，笑得身体都伸不直的了。接着，大家都轰笑了起来。那位铜匠脱下了衣服，丢在地下，立刻向着爱弟那边追了过去，爱弟已经笑得逃不快了，被那个年青男工拦腰抱住，像风车似的打着旋。最后，他还很粗鲁的在爱弟的脸上狂吻一顿，爱弟像知了一样的竭叫救命。许多"娘子军"都跑了过去，吓得在森林中的一群小鸟儿都飞跑了出去。现在的阿毛不但不以为奇，而且自己也参加进去了。

暗淡的黄昏来到了，归了窠的小鸟儿，咭咭哑哑的在树上叫着。他们从树林里走了出来，经过高高低低的坟堆，自然许多朋友沿路同阿毛论谈着永安厂里的近况。他们在归途中同对面迎上来了一个相熟的朋友，大家就停了下来，那是一位刚从上海来找阿毛的电车司机人，仿佛他走得气都喘不过来，满脸流着汗，要求阿毛快到上海，因为另外几个丝厂又罢了工，已经罢了两天了。于是阿毛没有回家，就同着这位司机跑到江北老舅妈的家里。

但是事情已经弄糟了，罢工下来的群众已经被那位带流氓性的朱大嫂欺骗了去。她同穆会长分赃分不均，就乘了这一次的罢工，在群众中反对穆会长，叫了流氓打了她一顿。于是那些群众像吃了迷药一样的迷醉了，听她的一切布置。结果，不但没有得到像允余等厂的胜利，无条件的复了工，还被警厅捉了许多人去。呵，等到知道已经太晚了。可是，已经上工的那些比较明白的人，还在到处的找寻着总工会。那一天晚上，她们在老舅妈家里遇着了阿毛，自然都叹着气皱着眉毛，把经过的情形源源本本的告诉了阿毛。

阿毛自然后悔着自己不该在十三那一天就回家去，她心上的愁闷不免流露在她的脸上。那双长而清秀的眉毛随着气愤的诉苦而蹙紧了起来。她忍不住的回忆着自己失业的经过,以及前次在丝厂的工潮中亲眼看到的不幸的事情,在这里,在失败的情绪之中她探问着这一批生疏的工友,听听他们自己的意见。她问:

"摇班没有结果怎么办呢?"

在暗淡的灯光底下,在座的女人们相互的对看了一会,仿佛怀疑着似的,过了几秒钟之后,才有人提议着:

"拜一位有名气的老头子,打死那些可恶的走狗。"

"我们去请律师同老板、经理总管车打官司去,戮他妈的,总要想出口气!"

从漆黑的灶间里走出了一位丑陋的露出两颗黄黑色牙齿的老舅妈,她仿佛在里面听到了这种意见,不能再忍耐了。她穿了一件割去袖管的破烂的拷皮纱衫,露出黑瘦的臂膀,很急性的反对着,并且把自己做的厂家前次罢工得到胜利的教训告诉了她们。她那种真诚的态度,直爽的言语,感动了几位年轻的女工。虽然知道了这样办法是不对,但是究竟要怎样干才对呢? 最后阿毛提议着:

"请律师,打官司,都是有钱人的作品。我们连吃饭的钱也

白华

没有，怎么打得起官司，请得起律师呢。你们要知道现在的法律对于穷人是没有用处的呀。拜老头子也没有用处，他们终究是帮助老板们的，不是穆会长也拜老头子的吗？不是朱大嫂也拜老头子的吗？老板就依靠着他们的势力，来威吓工人，欺骗你们无条件的去上工，这都是千真万确的事情。为什么把自己倒来看轻呢，只有自己团结，组织自己的工会才有用处。"

"呵，自己组织工会！……组织自己的工会……"年轻的女工出神似的自言自语的，接二连三的念了几遍。

"偷荤吃素的尼姑，不知道在外边轧了多少姘头，在家里总是看不见她的！房租已经拖欠到这样久，四个月没有付过一个钱。小狗的爹，你应该再去催催老太婆，再不来付的话，还是请他们到另外地方去住罢。"

在灶间里烧着饭的老太婆听得清清楚楚，她拿了饭走进了自己的房间，哪里还吃得下去。这种埋怨已经听够了，白眼也看够了，每天的眼泪也流够了。自然，她有满肚子的怨气，但是去告诉谁呢？"淘气的阿毛会变到这样，一去几天不回家，这是不能怪别人的了。这是自己的女儿不争气呀。"她捧着一碗白饭，从眯睐着的眼睛里，尽是一滴一滴的掉下亮晶晶的眼泪来。阿毛十几年做工积下来的一笔老本——寿衣棺材费，也已经用尽了，箱子里的衣服，也当完了，一天只吃两顿，再省也不能的了，拿什么钱来还房租呢？老太婆越想越没有办法。她很孤独的在这间阴暗的房间里闷着。她跪在椅子上推开了西边的窗门，叹了一口气，白茫茫的天空，暗瞳瞳的树林，立刻使她起了一种恐怖："杀头，枪毙听说都在夜里，阿毛几天都没有回家，外边的风声紧得不得了呀！天呀，还是早点给我闭了口眼罢……"

阿毛离开永安纱厂已经一年多了。她一年来的生活都像滚在波浪里一样，今天滚到这边，明天滚到那边，一切都不是自己所能料得到的。她虽然脱离了生产，然而她跑进了另外的一种紧张的，烦琐的，恐怖的政治生活。她没有回家，她常常住在朋友家里。她每天夜里还跑到夜校里去做临时学生。无论在白天里辛苦到怎么样，晚上她必定要读书写字。所以千字课本和铅笔她总是

秋之白华

随身带着的；但是在最近的一星期以来，她是例外的过着异乎寻常的紧张生活。连"夜学堂"里都没有去了。等到事情有了一个段落，她反而觉得空虚，觉得失掉了什么似的。她忽然想起了姆妈，想回家去看一看。她经过一条小小的弄堂，在那里有许多人拥在一起，她被那种伤心而带着悲愤的声调阻挡住了。"呵，是'孟姜女寻夫'，唔，怎么不是'正月里来是新春'，而是……"，于是她就仔细的听，听见：

"六进六出做煞人，洗衣煮饭要分身，

要求八点钟工作，多一分钟嬷①答应！"

阿毛不知不觉的被柔和而清脆的声音吸引了过去，她听了许多时候才猜到底下的词句：

"一天做仔三角钱，买仔米来嘸末盐。②

男男女女结团体，大家再要加工钱。"

淡白色的月光笼罩着。在那里唱着小调的姑娘不过十六七岁

---

① 上海话，意为不要。
② 歌词大意是：一天挣了三角钱，买了米没钱再买盐。

的光景,她嘻开了小小的嘴,和着她旁边一位年青小伙子手里的胡琴声,慢慢的又继续了下去:

"十月怀胎苦熬哉,机器旁边生小孩。

一定要放两个月假,工钱照发更应该。

青天白日勿希奇,伲①要暴动挂红旗,大家平等选代表,工人市民开会议。"

后来唱的人一个个的多了起来,阿毛跟她们一起唱了起来。不大顺口的新鲜而奇怪的字句,虽然很不自然的填塞在悲哀的平庸的'孟姜女寻夫'的调头里面,然而工友们很兴奋的唱着,并不是因为这些字句编得巧妙,而是因为这些生硬的字句里包含着伟大的思想,激动着他们,使他们觉得唱了一遍,还要唱一遍,似乎他们自己的歌声能够给他们更详细的解释。歌声充满了狭小的衖堂,这里没有五颜六色的电灯,只有灿烂的星光,在蔚蓝的天空中闪烁着。辛苦得十分疲倦的男女老幼们,站在每家每户的窗

① 上海话,我们。

口,门前,听得出神似的不愿意进去睡觉了。那些年轻的男女们仿佛像展开了翅膀的鸽子一样,要从自己的窝里飞出来了。

阿毛恋恋不舍的站了一些时候,才慢慢的,慢慢的走回家去:"姆妈年轻的时候会听见这样的小调吗?……"

在暖和的春风里已经传泛着一种惊人的消息,全上海的人心都有些慌乱。站在机器旁边的工人已经燃烧了内心。一个月以前,曾经经过这么几天——那是二三十万人的总同盟罢工,革命的海军放炮,孙传芳的大刀队砍头。那次是没有成功。而现在——现在始终"又来了"!小沙渡,杨树浦……的许多贫民窟里产生了"代表",市民代表。甚至于老虎灶的小老板都来"投机"了。一些人并不怕大刀队,并看不起什么警备司令。在街上许多"下等社会"的人看着军警肩头上的洋枪,微微的笑着,也许他们是在想着:这些好家伙是可以夺过来的。最奇怪的是:他们还想着上海的"官儿"要大家做。这在中国真是空前的怪想头。五千年过去了。都是"平平静静的",总是一个人做皇帝或者几个人做督办,都督,总司令之类。从没有听见过"铜匠间,织布间,缫丝车间里的阿猫阿狗可以当代表",还要代表几千人去管理上海,管理中国!从来也没有听见过!但是,几千,几万,几十万人现在想到了这个怪想头!

这些"怪想头"满街的飞着,空气紧张到极点。

工厂里大家等着消息,等着信号。

消息已经在传递——从这一区到那一区,从这一厂到那一厂。这是北伐军打到了松江的消息吗?不单是!这里主要是总工会的"消息"。至于北伐军——那是另外一件事!总工会说什么,就是什么。在总工会里是自己的人。

果然,总工会说罢工,——一九二七年三月二十一日正午十二点钟,上海的一切工厂就停止了,摩托不响了。工厂的门口挤出了成千成万的群众……

他们要干什么?

阿毛自然参加这样"大逆不道"的事情。她早知道十二点钟就没有电车了,因此,她一早就跑到外面去。她姆妈知道外面"风声不好",急得个不得了。可是,还有什么办法呢？阿毛早就混在闸北——大群的丝厂女工堆里。

在华界上的男女工人已经聚在一起。前面的纠察队已经对敌人瞄准着,两方面的枪声已经开始。全上海——租界和华界都一霎时变成了一个恐怖世界。在闸北,在南市的十字街头,站岗警察剥了自己的制服,逃得一个都看不见了。店铺子,住户人家都早已关上了大门。慌乱的脚步声继续不断的流到租界里去,然而在华租交界的地方,已经不准中国人自由走动了。黄头发绿眼睛的外国兵,奉着洋大人的命令,赶着笨重的铁甲车,几百几百的赶到了北浙江路河南路一带,北四川路那边还有日本兵,法租界南路有法国兵和安南[①]兵,还有些罗松[②]兵。今天的东西洋大人,实在也有点儿惊心了。这里那里,所有华租交界的地方,都建筑了像刺猬一样的铁丝网。凶狠的机关枪,步枪,手枪,大炮的口子和电闪似的绿眼睛,都对着在华界里面的蓝布短衫的下等人。

---

① 今译越南。
② 上海人对俄国的称呼。

意外的，雄壮而愤恨的呼声里混合着咯……咯……咯，轰！……轰！……的枪炮声，一刻不停止的继续着。受了伤的纠察队员躺在石子路上，像阉好的鸡一样的在人堆里抽动着，呻吟着。这时候的阿毛，转来转去的找寻着妇女团体和女学校里派出来的看护。呵，怎么看不到一个呢？无情的枪弹，在头上，在身旁，一个个的飞着，飞着。她在愤怒中随便叫了几个女工把受伤的工人一个个的从人堆里抬了出去。"抬到哪里去呢？可恶的胆小朋友，只会说不会做的小姐们躲避到哪里去了呢！？"——她想着。最后她想到了还是抬到宝山路的教堂里去罢。在教堂的门房间里找到了几块松木板，几十个女工开始了这个工作。

阿毛走进了这所阴沉沉的教堂，里面有现成的卧室还有床铺，没有一个人。只有在地板上躺着几个闭着眼睛的大小洋囡囡，散乱的尿布。在花瓶上留着几枝已经枯干了的花朵。一切一切都零乱的。她在一个钟头以内布置好了纠察队的临时休息室和病房。从外面抬进来的受伤的人都皱紧了眉毛，嘴里还在叫喊着打倒……打倒军阀。阿毛和别的女工们把他们安置在床上，在地板上，重伤的自然要送到医院里去了。从外面飞进了一阵脚步声，大家来找阿毛了。

"阿毛姐，阿毛姐，快出去运枪弹。放在什么地方？我们找不到呀。啊呀，金生哥，你也打伤了吗？"——那位允余丝厂里的巧英惊慌而兴奋的说着，在她手里已经吃了一半的馒头塞到了金生的嘴里去了。接着，她又报告外面的消息：

"唅，世界一大半是我们的了，听说南市早已解决了。闸北方面我是亲眼看见的。沿路走来，除出俱乐部和北火车站两处，还在打仗，其余的地方都是我们工友们的了。你们静养着罢，快些好起来！"……她转身过来又催着阿毛走。过了一忽儿，阿毛和她就已在马路上了。

恐怖的黄昏来到了，枪声愈加密起来了，炮声阴沉沉的轰……轰……轰……几分钟一次的轰着。火光充满了黑暗的天空。喊救命的人声，烧着的房屋的爆裂声，一切都是混乱的。救火罢，自来水已断了！在这一夜，纠察队还是继续的进攻。群众运枪的运枪，救灾民的救灾民。到了第二天的早晨，敌军支持不住了，逃的逃，降的降。上海工人暴动的伟绩，像早晨的红日一样，照射着半个世界。自然这半个世界是光明的，愉快的！那半个世界，还是黑暗的，失望的！

然而失望中的他们，何尝放弃了最后的挣扎呢。……

湖州会馆——总工会的新会所，成千成万的群众拥挤着。这是胜利的世界。庆祝！讨论，商量，成立新的工会，要罢工，要……千头万绪的问题。

胜利的是胜利了。挣扎的还在挣扎。问题非常的复杂。上海的工人胜利了。但是青岛，天津，北京……怎么样？汉口的租界是工人夺回来的，现在上海的租界呢？

大家乱哄哄的议论着，每一个工人，每一个小百姓心里，都盘旋着许多问题。胜利是胜利了。但是，租界还是外国人的。哪里来的胜利？谁的胜利？工人纠察队？北伐军？联合战线？谁和谁联合战线？胜利了又怎么办？——现在由市民会议做政府？增加工钱？真的只要做八点钟的工了？

昨天晚上，敌军的三个地雷爆发了，爆发了就完了，人的威

/ 白华

势完了？北洋军阀倒了，民权！市民会议政府！那是当然的。但是，北伐军是"欢迎"来了。而前天工会代表到北伐军前敌总指挥部去请求他们立刻进攻，——他们始终不肯。他们只坐在龙华看着闸北打。好！现在闸北打完了，他们就来了，总司令也来了，一到上海就不准市民会议开会。这是什么道理？是毕庶澄，是孙传芳的总司令又回来了？不是的，并不是毕庶澄，也不是孙传芳……那么，工会总可以公开的组织的了？

问题，问题……大大小小的问题。总工会里是忙碌得不堪。

现在的阿毛专心致意的同着几十个丝厂里的男工和女工开始组织各厂的工会。她一天总要跑几个厂家。在那边，在这边的群众都是一样的热烈，一样的庆祝着暴动的成功，一样的要提出自己的要求，一样的要罢工。然而阿毛根据每天团体的决议，只限于组织工会。她看着群众自动的在工房里轰着，一定要罢工，——弄得没有办法。自然，根据群众的要求，跑到总工会去报告，去解说先组织后罢工的决议行不通。可是那些戴着眼镜坐在工会里指挥的先生们,一味的说,"现在的形势只能够这样";而且一次再一次的劝告着阿毛,"不要动摇"。自然阿毛觉得十二万分的为难了。她来来往往的在街道上踌躇着,踌躇着,……她感觉到莫名其妙的空虚:这些工友,这些亲爱的成千成万的人,忽然间把她从自己的队伍里赶了出来,她和她们突然的隔离了! 她们不承认她是"自己人"了,她们"忽然间"不要听她的话了。

果然不出她所料,群众是不管三七廿一的要干,等她走到,已经闹到不可收拾的了。工房里的门窗机器打毁了。阿毛同去的那个女学生也一样的照着"上峰的命令",只要群众提出要求来商量,阻止她们的罢工。群众哪里还会听她的说话! 并且有人随口的问着骂着:"你们还是老板派来的呢? 还是……戳你妈妈,该打呀……"一阵骂声轰了起来。阿毛和那位女学生几乎挨着打。阿毛深深的怨恨着决议,然而闷在肚里。那位女学生深深的怨恨着"蛮无理性的工人",然而也不作一声。两个人懒洋洋的又跑回了湖州会馆——总工会。呵,这里来来往往川流不息的群众排队进来,排队出去,头尾相接没有间断的了。每厂都有每厂的礼物——匾额，对子，轴子，五颜六色，花花绿绿的挂满了整个会馆。后来没有地方挂了，只好堆在一间空房子里。各工厂工人带来的鞭炮小的大的沿路的放着，在门口的鞭炮声自早到晚不断的震动着，震动得全上海的中外老爷们慌乱得发昏！

"哙，阿毛！你是闸北区市民会议的代表，昨天为什么不到会？——上海市民政府要成立了，不管什么总司令的命令！……"——一个男工抓住阿毛的手臂，很高兴的问着。阿毛回答了几句，这里的人是乱哄哄的，只一挤，那个男工又不见了。

在马路上，许多活泼而高兴的男女工人，看着那些纠察队，穿着蓝布短衫，大红领带，掮着步枪，排成队伍，从工人自己的"总司令部"——商务印书馆的俱乐部里出来，举行"升旗礼"！——他们的鼓掌声像霹雳似的突然间爆发，每一个人的脸上表示着胜利和冲锋的精神，他们深深的呼吸着，似乎世界是不同的了。总工会大门口，又是一阵鞭爆声。

可是，在流动的空气里传播着一种惊人的消息：阿毛每天到工会里来的时候常常遇着工友发出一些怀疑的问题：——

"听说'革命的总司令'要取缔过激运动,要缴纠察队的枪械,这是真的吗?"

"还听见他在南昌已经屠杀了工人领袖。"

"嘿!这里有他送来的大红绸轴,上面写着'共同奋斗'四个大金字——你去看!"——另外一个人插嘴了。的确,几万几十万上海工人都看见过他那四个大字,那幅轴子是挂在总工会正厅的正中间的哪。

阿毛还没有回答,她旁边一个男工抢着说:

"听说薛岳是好的,他同工人是一气的。"

忽然间,一个带着老花眼镜的老头儿,——看上去,像个不上不下的"市民"的样子,——他冷笑似的说:

"我也听说缴械的消息。'革命的总司令'要国民党的党政府,不要市民会议。市民会议是垃圾筒,因为上海的下等人也混杂在里面,太不体面了。嘿……嘿……军阀,旧的去了,新的来了,嘿……嘿……"

于是全场的目光都悄悄的射在他的脸上。

白华

阿毛正要开口说话的时候,后面一个人在阿毛的肩上拍了一下,阿毛掉转头一看,原来是个老朋友——穷小姐——张先生,张先生还是同从前一样的年轻,嘻开了嘴,展开着浓浓的眉毛说:
"你好吗?"

接着阿毛的姆妈和赵先生也走了进来。

赵先生走进了工会的大门,就看见了异乎寻常的情形:沸腾着的讲话声,笑声,鼓掌声,鞭炮声,忙乱的脚步声。这里,那里,都像大海之中滚着的波浪。这时候的赵先生仿佛失去了自己的灵魂,他被热烈的声音惊慌了。他莫名其妙的燃烧着内心,简直激动得要发狂。他的脸色变了。他的眼睛射出了发亮的火星。他无目的的望着不相识的朋友,然而他们之中各自的感觉到亲热的友爱。男的,女的,老的,少的,每个人的脸都表现着兴奋。他忽然觉到自己本来的"理想",自己本来的打算,在刚才路上所想到的一切,都消失在这狂风暴雨般的群众的热情里边。在工人们领上结的红布带和肩上的步枪最能动人。他在那种伟大的群众的狂热里面,仿佛深深的感觉自己身上的长衫很不相称。更不好意思,想到昨日的自己还是很甜蜜的做着个人利益的迷梦。他正在惭愧得无可躲避的时候，忽听得相熟的招呼声：

"唅！菩萨，你们药店店员昨天已经来庆祝过了，为什么看不见你的影儿呢？怎么你不同自己的伙友们同来，而同着妈妈来呢？"阿毛一边拉住了张先生的手，一边对着赵先生带着讽刺的说。

赵先生呆住了，微微的一层红色盖住了他的脸，他并不回答什么，他只送了一个不好意思的微笑。阿毛懂得了，然而她不放松的又补上几句：

"看罢！此地不容许菩萨主义的，我感谢你在招呼我的妈妈。然而我是当你一个工友看待的，我要求你能够更加深一层的了解我们，这当然要自动的。我们不愿意强迫任何一个工友！唔，你看看罢。"

老太婆不作声到处的看，看得出神……张先生被别个工友拉去了，大概有人要她去写什么东西。阿毛就领着妈妈和赵先生去参观，然后他们走进了最后的一进房子。

那边似乎比较得安静，没有设立办公处。一共也有五间楼房，

白华

楼上完全是空的,楼下两间藏军米的,一间藏军火的,这都是这次打下来的胜利品。一间堆着各厂工人送来的礼物,最后的一间据说做了临时监狱,门窗关得紧紧的,在窗外立着许多"下等人":有的曲着身子,有的踮着脚,都在木格子的小窗洞里看着。大家还低低的议论着:

"这是工贼呀,还是女的。"

"她还是上海滩上刮刮叫的丝厂工会的穆会长呀!"

"怪不得吃得那样肥胖,黑色绸裤包得紧紧的肥肉堆满了整个方凳子。喀……喀……"

"戳她的老祖宗,关起来做什么!拿出来枪毙好了,难道还同她客气吗?这是上海滩上的蝗虫。"

在这个长方形的天井里左右有两个四角方方的花坛,周围围着的是带着青泥苔的石板,中间竖着那两棵老年的梅树。赵先生和阿毛就坐在这个花坛上,老太婆也跑到那间临时监狱的窗子前,同着其他的人一样,瞇着眼看那里面的人。那间房子阴暗得可怕。她的眯睎的眼光自然是非常薄弱的,看得最清楚的只有房子中间闪烁着的两颗亮晶晶的眼睛,和耳朵上的耀着光的黄金。她暗暗的想:"呵,孤零的还有更孤零的呀,她比我还要来得孤零,她冷清清的在这里坐活地狱……"她驼着背又回到花坛这一边来了,她没有听到阿毛和赵先生互相谈着的前一段话,而只在半途中刮到了几句:

"五卅不是也算是革命吗?成功在哪里?盗生的,这一次也要看着呀!不要太相信了那些挂羊头卖狗肉的要人。他们等利用完了,就会掉转头去讨好洋大人的。盗生的,世界上的猴子多着呢……你不要太高兴了罢。"——赵先生说到这里叹了一口气,把头摇了几摇。——"嘿,不是你刚才告诉我那个朱大嫂,她活捉了工贼吗?这椿事的表面固然是好的,她还要求以后要同你们在一起。盗生的,其实,这是投机呀。为什么在一星期以前她不肯说这句话呢?就是到将来她也不肯再来说的。她偏在现在这几天来说,这是靠不住的呀。这样偷巧的办法,只有那种人做得出,我是不愿意偷巧的。但是我干是要干的,你看着罢。"

外面的鞭炮声又像放连珠枪似的震动起来。坐在石头上的老太婆的面色,骤然的苍白了。阿毛马上安慰姆妈,给她说,这并不是打仗。而赵先生呆呆的出神着,他嘴里虽然还说着那种菩萨腔调,其实,这几个月来的事变,以及湖州会馆的情形,阿毛平常的议论——对于他早就发生了极大的影响,他是在动摇着。这时候,阿毛的有力的眼光像探海灯一样的射到了赵先生的心的深处,她就这样的回答:

"别人利用我们,难道我们不能利用别人的吗? 不过这是不关重要的,主要的是真理;有了真理什么都不怕了。没有了这个,那人像泥塑木雕一样,眼睛是瞎的,耳朵是聋的,知觉是没有的,自然这种人愈多,老板们是愈加高兴。然而人终究是人。无论怎么样聪敏的人,是逃不出人的社会。难道你真可以上西天去吗! 路在哪里?!……今天华界提早戒严,你们可以早些回去,以后我有空,大家再来谈谈。"这时候在阿毛的内心里深深的印着了他最后的几句话,她展开了像蝴蝶似的眉毛,现出从来所没有过的笑容,她仿佛把一年多时刻所苦闷的心事消失在他"干是要干的,你看罢"的两句有刺激性的说话之中。

阿毛的这种苦闷对谁都没有说过,然而这件事时常的影响到她的工作，她用尽各种方法想消灭他俩之间的一种奇怪的隔离，但是她遇到了意外的困难，她甚至于觉着危险。她也曾经想放弃她自己执迷了的幻想，然而又像是不可能。仿佛她所遇到的男人，没有一个比得上他。而他那种菩萨主义又在妨碍着他俩的接近，甚至于有时候吸引着她回到一些吃素，安份，贞节等类的观念上去。她暗暗的恋着他已经很久的了。她在几千几百的来庆祝的店员和工人的队伍里，看不见赵先生的影儿，是一桩最大的失望。然而今天，在几次三番的失望里，总算得到了一个庞大的光明的希望！ 隔离 —— 思想上的隔离快些消灭罢 …… 安慰在她的紧张的生活里期待着 ……

　　昨天到今天相离不到二十四小时，然而情形骤然的不同了。阿毛在早晨五点钟的时候就醒了过来，似乎出去还太早，躺在床上把应该要做的事想了一想。六点半就离开了平民学校的亭子间。灰色的薄云在半天里一阵阵的推过去。她仿佛头昏了起来，觉得自己的脚发着软，走路不能作主的样子，又像她自己滚在云堆里。看着街道上来往的人，有点不安静。她不知不觉的走到湖州会馆附近。远远的就看见门口站的是穿着灰色制服的宪兵。纠察队呢？为什么认识的自己人，一个也看不到了呢？难道有了意外的事吗？她在那里停住了脚步，仔细一看，这里，那里，来来往往的都是那么慌张。她回转身来向着俱乐部那里走。情形更加紧张的了。走来的人都已经不敢再过去的了。呵，哔拍，哔拍的枪声从哪里来的。难道真的，开火了吗？然而她还远远的望着，在俱乐部最高的屋上挂着一块长方形的大红绸子，绸子随风飘着，还看得出那上面写的也是"共同奋斗"四个大字。她怀疑着，市民也弄得莫名其妙，大家都在那里谈论着：对着俱乐部开枪的不是军队里的兵士，也不是纠察队自己，也不像是工人自己。呵，怪了，那是流氓捣乱罢。那么这些手枪、长枪哪里来的呢。怀疑而带惊奇的目光像电流似的相互的闪着。大队的军警开到了，市民们的脚步乱了起来，朝东朝西的逃了一阵。阿毛也被他们挤到一条俱乐部斜对面的小路上，忽然看见了张先生，张先生低低的告诉阿毛：

"阿毛姐，糟了，南市江湾湖州会馆已经被敌人占领了，总工会的委员长已经失踪了,现在这里也是一样,不料事情会有这样快,没有一点儿准备……唉……"

"敌人……新军阀吗? 那么现在预备怎样呢? 是的,湖州会馆的情形我看见了。门口的两个过山炮没有了,在那里没有一个是自己的人。我不敢进去才回到这里来的。糟到极点! 关在那里的工贼,群众要求过许多次数要解决她,然而今天一定被敌人释放了。唉,我们对敌人太大意! 太慈悲! 现在怎么办呢?"阿毛非常愁闷的叹着气。

"听说已经下了命令,立刻召集各区的群众去请愿,集中的地点就在宝山路"。

"那么,张先生,你到虹口,我到新闸去号召群众去。"

等他俩和群众到来的时候,已经走不进那条堆满了工人的宝山路了,只能够跟在群众的后面慢慢的向前蠕动着。在东路前敌总指挥的门前和周围,林立着森严的军队,机关枪,排枪,过山炮,一切仿佛都已经准备好的。青天白日的旗子在细雨微风中飞扬着。前面徒手的纠察,像落水狗一样淋湿的蓝布衣紧贴了全身,愤怒而带悲壮的呼声和哭声，充满了整个的区域……突然间，无情的机关枪在前面在侧面，在各小路口，在各弄堂口，到处的扫射了过来。这时候的纠察队总指挥还没有下退却令，那些排着队的纠察一排排的倒到地下去，混乱的脚步声骤然的起来了。前面传过来一阵呼啸的口号，死里逃生的纠察队队员，才剥去自己的蓝短衫，向着居民家里逃进去。然而大半都被宪兵从居民家里拖出来，像"杀鸡一样很轻便的枪毙了"！死人堆满了街道，鲜红的血流满在石子路上。弯弯曲曲的肠子，模糊的脑浆，还流在死人的身体的旁边。乌黑的云，缠绵不断的雨，血，水，泥，泪混合在一起，一切都是模糊，悲伤，惨淡和绝望……然而竖得高高的旗子——青天白日满地红——更加得意似的在空中飘舞着。只有它是自得其乐的，在那里微笑，对着地面上数不清的横七竖八的死尸微笑。呵，大英，法兰西，美国，东洋的洋大人，正在华美而高大的洋楼上同着"贵国"总司令，举着香滨酒的酒杯，庆祝着万岁万岁万万岁！……

　　…………

一切都又要还原了。似乎是这样？

但是，太平世界已经过去了。上海工人的血还在沸腾着。全国的消息又那么混乱，可怕。上海总工会虽然已经封闭，而工人区域里的空气仍旧是那么紧张。当然，他们没有纠察队了。然而，与其再引起一个暴动，不如暂时答应一些条件，是的！

上海工人的血始终不是白流的。看，各厂老板们终究在这一个短短的时期中倒了个大霉。各厂工会的权力曾经是那么样的可怕。劳资条件是订好了的，普遍的加了工资。市政，纺织，五金，甚至小小的店员，也一样的得到了经济上的胜利。就是赵先生的药铺子里外场，内场，从学徒起一概的加到三分之一的工资，自然还有其他改良待遇等的条件。这种胜利在赵先生看来是意外的了。他自从加了工钱以后，自己深深的惭愧了起来。他每在临睡的时候细细的回忆着阿毛等等的一切言行。"唉！这是他们的血呀！"

从此之后，他就和阿毛更加亲近了，药店店员工会的事情——他也时常去过问一下。但是，这已经不是"以前的"情形了，几个月过去了，一天天的"不行"了。那天，他去出席会员大会。这还

秋之/白华

是他第一次参加。然而他没有作声,只是静悄悄的听着,他看见主席台上除自己的伙友之外还有两个外来的青年,一个穿着炭呢西装,大红的领带,雪白的衬衫,听说这是什么"工统会"的代表。另外一个是穿着鼻烟色的绸长衫,旁边还有几个军警保护着。赵先生看来,这情形和阿毛他们的工会大不相同了。自从主席宣布开会宗旨以后,全场的空气十分紧张。坐在底下的人都是很气愤的,大家纷纷的问着主席。第一个人问的是关于请吃酒的事情。

"主席,要请你解说,前天在小有天请吃酒,为的是什么?讨论的是什么?"

在墙角里有一个人起来问:

"主席,为什么要修改已经订立的条件,请把理由宣布出来。"

在主席台旁边又有一个人问:

"常委委员应该把工会里的一切账目报告出来。并且你们每月除工会本身交付你们的薪水之外,还拿着老板的有多少?"

那位主席的脸一霎时白又一霎时红,在抖动的声音中听不出他回答的中心问题,尽是东扯西拉的,而且他要求"工统会"的代表作报告。那位西装少年还未说话之前，下面嘘……嘘……的声音充满了会场：

"戳你的……你们就是栽脏图害的机关，侵吞舞弊的好手！谁来相信你们。"——坐在赵先生旁边的那个伙友大胆的骂了出来。

坐在主席台上穿着鼻烟色长衫的大人两只眼睛像电筒似的盯着这位伙友，连赵先生都在他的眼光打扫之列。

有人用着响亮的声音叫了起来：

"他是共产党呀！捉他去！"一轰轰得会场的秩序也乱了起来。忽然，走进一批流氓来乱七八糟的一阵打，会是开不成了。大家都走出了宁波同乡会。

这次会议惊动了菩萨的心灵，他同着其他的伙友们一路回店，在路上自然要谈论着，他的伙友这样对赵先生说：

"菩萨，你看这是什么把戏呀？参加小有天吃酒的有工会的常委，有'工统会'的代表，有老板的代表，还有官厅的代表，刮刮叫，他们讲好了条件。老板这次拿了一笔大款出来，后来分脏分不均，有人来密报分会和支部了。菩萨，你怎么今天也来参加了？恰好给你看了一场鬼把戏。"

后面有人追了上来，拍拍菩萨的肩膀：

"菩萨，难得，难得，你也出席吗？我觉得朋友们太不客气了。要知道工钱是在北伐军来到上海才有加的呀。今天那么无礼对待党国代表，真是忘恩弃义。唉，不可救药的中国人呀。"

赵先生从不参加关于这一类的议论的，但是他一开口就使人失望！他冷冷的说两句：

"加工钱是工人自己的功劳，自己的血的代价。牛屎腿！这哪里是北伐军的呢。"……他以前的口头禅是"盗生的"，现在又加上了一句"牛屎腿"。

他们一到店里，大家各自去上工了，柜上一张张的药方，在一块块的押纸木头底下已经堆积了不少。可是，赵先生今天是空班，可以随意的去休息。一位脸黄肌瘦的学徒捏着一封信交给赵先生。赵先生一看信是从汉口寄来的，拆开一看，才知道信不是属于他自己的，而是要他转给阿毛的。可是并没有加封，他得先看了。署着名的是"穷小姐"，"呵！张先生寄来的。"——在他

心里活现着那位一团和气的脸儿,一点儿也没有穷相,他不知道为什么工友们给她起了这么个绰号。他读着:

阿毛姐:

我们离开了。阿毛姐,这一次我离开你,还是在那一条血肉模糊伤心惨目的宝山路上。呵,那种凄惨的痛恨的日子,我实在不愿回忆着。然而它始终要活现在我的思想里。这是什么? 这就是要求我们每个人应该起来复仇,同时也就是要求我们更能认识谁是我们的敌人,谁是我们的朋友。我们还应该深深的记得过去的错误,特别在政策上的错误,那种投降的动摇的无耻的机会主义,是出卖了阶级,出卖了上海烈士们的鲜血,不是你在丝厂罢工的时候碰了不少的钉子吗? 你自己不是说过的吗:你觉得当时的政策使你和群众隔离? 我们在武汉所碰见的情形,也是一模一样。渐渐的群众和我们隔离了。上海的敌人已经用枪炮,用奸猾的挑拨手段来截断我们和群众的联系。其实,假使我们自己不和群众隔离起来，那些手段都没有可怕的。最可怕的是自己在政策上截断自己和群众的关系。敌人的枪炮就更加有力量了！现在武汉的事变也跟着来了。这些要归罪于政策，然而你自己在当时也没有坚决的起来反对，而是默认，——自然我也好不了许多——这都是不对的。你应该要记得你自己是群众的领导者，是闸北市民代表会议的代表。虽然只有几天的事，但是在历史上是不能磨灭的。现在我要报告你几件快活的事情：

在这里进行着一个重要的会议，要把那种投降政策打得粉碎。前几天已经举行了一个……你接到这封信的时候一定早已在报上看见的了。那些纸糊着的脸儿终究要被暴风吹破了的，快了快了，看着罢。

你知道的：这里的情形在一个月以前还是另外一个世界，工会和农会实际已经像政府一样的了。这里的群众仿佛上海屠杀以前的几天。洋大人站不住了，工厂老板也是一样。各县的农民有些自动平分土地，请土豪劣绅戴着纸帽子在街上游行。平民的妇女也真的可以得着解放了。然而像在上海一样，他们那些"流氓"也反脸了。而我们的政策又是错误的，弄得群众没有领头的——好好的势力，自己放弃了。所以我们决计改变方针，重新干他一下。自然，亏是已经吃了不小。看着罢。

听说你仍在闸北区里做工作，那是很好的。我们还是紧紧的握着手在同一条路上奋斗着，真理在前面！阿毛姐！亲爱的阿毛姐，珍重！努力！

穷小姐 八,八。

赵先生读完了这封信，躺倒在自己的床上，药店阁楼上没有别的人，静悄悄的，他看了一遍又一遍。他心里起了一种苦闷，从来没有的苦闷。他又回忆着阿毛的一切言行，仿佛他是有些辜负着阿毛的厚意。尼姑早已脱了壳，菩萨终究上不了西天。呵，她说过的"路在哪里"？没有，是没有。恐怖，无耻，下流，黑暗，今天的会议，家庭的破产，林弟的失业，阿毛姆妈的孤独，饥饿，自己的苦闷,一切一切从来不放在心里的事情,都想起来了。一定要去找阿毛,阿毛或者可以给我一条新的道路罢。但是会不会当我投机呢。牛屎腿,盗生的,管它做什么。一定要去,畅谈一次也是好的……

他穿着一件竹布长衫,把张先生的一封信放好在袋里。拿着五十个铜元,三脚两步的跑出了店门,跳上了五号电车。他向东走着走着,走到了那条弄堂,笔直的向着平民学校跑。"唅,怎么门上有十字形的封条纸呢?"他惊吓,他失望,又多了一椿苦闷的事情,他回到弄堂口的一家烟纸店,买了一盒香烟,随口的问了一声:

"从前这里有学校,怎么现在没有了?"

那位伙计不介意的回答着:

"官厅来封了,还捉了共产党,那个女人真刮刮叫,沿途还叫着口号。就是那个梳着'爱斯'头的阿毛呀。"

赵先生的心跳着,手抖着,从忍耐中又继续的问:

"这有了几天的事情?"

"四五天总有了罢。"

店伙捧起饭碗吃他的饭,再也不去理他的了。

赵先生离开了。然而他忘记了方向,对着无目的的走去。天黑了,去打听最后的消息罢,回到引翔港去? 然而今天店里还要值夜班呢,无故不到不请假要记过,要扣钱。终究还是先去请假。理由呢? 说阿妹病兜好了。他从店里又跑回了家。魂不在身的赵先生,进了自己的屋子,呆呆的坐在椅子上。急得一身都是冷汗。看见林弟从阿毛姆妈的屋子里走过来。他就问着:"阿毛姐回来过没有?"

"没有,还是一星期以前来望过她姆妈一次,送了几块洋钱来。我也想找她,因为老太婆病了,她时常记挂着阿毛。"

赵先生把刚才得来的消息告诉了林弟,林弟自然也一样的着急,然而她希望着也许弄错了,捉去的并不是她。林弟急忙跑到有一个朋友家里去打听,消息已经证实了,她所得到的消息和赵先生的是一样的失望。兄妹两个一边叹着气,一边商量着:这桩事还是告诉老太婆呢,还是不。据林弟的意见,还是不要告诉她为妙。老年的妈妈怎么受得起这样的惊吓呢。一定不要告诉,而且不能给邻近的人家知道。赵先生看了看小钟，时候还早，他就跑去看她姆妈了。

"唅，你好吗？怎么病了呢？"

"不要紧，这是伤风，过几天就会好的。阿毛，你看见了吗？"

赵先生呆了一下。

"她很好，你不要念她好了。"

"唉，她待别人好了，就忘记了我。她真真没有福气，唉，早知道这样，我不该逃债到这里，更不该样样事情任她自己的意见。不是早给她做了主，许配给小沙渡织绸厂的小老板，现在样样有了，他现在的姨太太不是也是工厂出身吗！现在进进出出坐汽车，烧茶煮饭洗衣领孩子都有别人做。她的相貌着实不及我的阿毛，娘舅做媒人又不要什么谢礼，唉，苦人终是苦命！"……老太婆自言自语的说着。

赵先生听着，心口万分的难受，其实阿毛已经是他的人了，但是，莫名其妙的，他还是要吃这一口干醋。他又想到，阿毛的志气着实不错，难怪她以前不肯到织绸厂去做工。他心上更加敬重阿毛,更加恋着阿毛。他后悔着……他心上慌乱,愁闷得不堪。他不能忍耐了,他很快的走出去,回到自己家里,林弟看得阿哥的变态,也在惊疑不定。……

爱弟在床上打着盹。阿哥坐在椅子上,双手盖着脸仿佛他在抽咽着。他这样的情形是第一次。林弟看得慌,心跳了,她低低的安慰着,但是没有效果。这样惨淡的深夜,煤黑了的洋油灯,火光微细到像死人一般,阿哥的哭声引起了林弟的伤心,她想到了自己失业的痛苦,她一样的呜咽了起来。后来赵先生那么连哭带说的叹着:

"一切明白是迟的了。我对不起阿毛,牛屎腿!"……他又抽搐得利害起来。……"我对不起她呵……很久不相信她的话,我自己惭愧……啊呀,不得了呀。"他哭得没有声音了,气喘不过来。林弟急忙上前跪在他前面拥抱他的两只抖动的脚腿,仰着头,泪珠像雨点似的流下来。两人沉默了一会,赵先生又继续说着:"……你不能知道我的心,你也不能懂得她的心。她很久就对我有了心。只是一些'抱义气'的事情,我总不肯多管,我要管自己做菩萨,盗生的,牛屎腿,我对她不起!在她的肚子里已经有……她上两个星期还同我看见一次,那时候她对我流着泪,我们商量着一些事情,她有三个月没有月经来了,这是我的呀……如果她一死要死两个半,两个半都还不够呀,盗生的!那天我还答应了她拿传单去散的……去找'他们'。阿毛姐!我怎么对得起她呢,牛屎腿,牛屎腿!……唉……唉唉唉!"

"哥哥,既然这样,你不要太伤心了,我们想法子救她出来。"

"梦想,她是没有希望的了,我知道她决不肯投降。至少是无期徒刑……那是比死更苦呀。小孩子……娘……怎么得了。牛屎腿,盗生的!我等着机会,我一定要找'他们',我要去当兵,……等着……等着"……

几年以后,阿毛还在暗无天日的牢狱里。她的可爱的伶俐的儿子,虽然得了林弟的帮助已经领了出来,靠着赵先生临走时留下的十年以来积起来的一笔存工过活。然而她已经受够了一切的痛苦,一日两餐,有汤无菜,砂泥拌饭,冬天受冷,暑天闷热,侮辱的待遇。这都不必说了，而她的亲爱的成千成万的朋友呢？她的慈爱的母亲呢？她的伶俐的儿子呢？她的期待着的丈夫呢？呵，伟大的爱，都被那残酷的统治阶级剥夺了，摧残了。阿毛日夜的看着那铁窗上的栅栏——它重新隔离了她和工友的关系，隔离了她和赵先生的关系。她的愤怒的眼光燃烧得发红的了。自然她是时刻的回忆到她自己从前怎样的与群众隔离，怎样幻想着尼姑生活，然而那种隔离已经被潮流，被那伟大的机器，被那千万群众的运动消灭掉了。甚至于赵先生的菩萨主义，也在巨大的浪潮里溶化了。然而现在——铁窗上的栅栏把已经没有"隔离"的人们重新"隔离"起来。可是，这已经不是真正的隔离！

虽然像阿毛那样被"隔离"的有几万几十万，然而，中国的几千万的"下等人"，仍旧能够反对着现代的"曾国藩"，建立着现代的自己的"太平天国"。日本帝国主义已经夺了东三省，炮轰了大上海，英美法德的资产阶级都在磨着快刀，他们准备一块块的宰割中国！而大人老爷所痛恨的只是中国的"新式长毛"，他们正在忙着搬运飞机大炮机关枪，——东北义勇军和上海义勇军所要求不到的飞机大炮机关枪，——去杀"长毛"。他们还在帮着洋大人准备包剿"国际赤匪"。而且，中外的大人老爷，自己之间的争论，抢夺，也是多得不得了。地球上散布着浓厚的火药气。全中国的国家大事，全世界的国际大事多得很！谁还记得满嘴"牛屎腿"的赵先生？

但是，一九三二年八月的报纸上发现了这么一段新闻：

达同兵变详情

教导队第三连全体反叛

连排长等官佐皆被枪毙

〔吴淞通讯〕军校教导总队于今春参加抗日之战后，即调皖，继陈军接防达同等三处，迄今已三月馀。军民感情初尚相洽，不料平地一声雷，调往达同驻防之第一营第三连，忽全体叛变，击死连排长后，向山中逃去。今日上午十点钟，达同程营长派士兵两人押解击毙之张连长和洪排长尸身，乘坐升泰小轮连夜赶到吴淞报告，谓该连由吴淞调通后，奉令驻在江南大士阁，担任达同本镇的防务。昨日晚上十时，营内已吹号就寝，万籁无声，但于星光下微显出三三两两之士兵正在窃窃耳语，维时连排长正在酣然大睡，鼻声如雷。门房外陡然走进了数人，手执种田的犁头跑进来，一人安排一个，头脑壳都击成一个大窟洞，浆血迸流。可怜张连长、洪排长等正似张飞一样一般被人暗害，临死尚不知来由。叛兵既将官长尽行杀死，认为时机已到，唿哨一声，朝天放枪两声，始别大士阁营盘而窜逃山中。闻为首者为赵某等数人。当事变时，张连长之马弁曾被叛兵抓住，本欲将其处死，幸为旁人说情始得释放。及叛兵逃去后，即往找地保，过河报告营长。程营长得悉，即令第一连跟踪追赶，亦不及备文，即命此马弁星夜乘船来吴报案。朱总队长一听此情，甚为震怒，立带亲信特务排仍乘升泰轮驶往达同剿办。立刻分报蒋委员长，军官学校及省府，分饬毗连各县份调警团防堵，惟附近各县的警团力量甚形单薄，平时只做摆饰而已。叛兵人数既有一连，复挟有机关枪四挺，自动步枪八架。枪精械利，恐无人敢与周旋乎。

隔离二稿（阿毛）

> 我的心爱的人！你永别了我，永别了大众。然而你永远的在我和大众的怀抱里，我们一点不放松的拥抱着你的……
>
> 这篇《隔离》开始写的时候，还在你的病态的前面，再也想不到我誊清这篇《隔离》，你已经看不见了。如果不是为着纪念你，我哪还有心绪来写完它。[1]

一

工厂里，像牛似的笨重的机器都仿佛睡了觉。竖得高高的大小烟囱，也像死人一样不会喘气的了。工厂的大门关得紧紧的。这已经不像大都市上的工场，而变了在荒野里的乡绅的坟墓了，或者说这是乡间的寺庙庵堂罢。静悄悄的只剩了几个看管房子生财的印度阿三，他们每天都是懒洋洋的吃着，躺着，到处找寻阴凉的水门汀，在水门汀上铺着破烂的席子睡中觉，这样长久的休

---

[1] 这两段系杨之华写在《〈隔离〉二稿》之前的文字。

息，是出于他们意料之外的。

街道上来来往往的人似乎发了什么疯狂的传染病，到处看见一队一队的指手划脚的很气愤的疯人儿。长方白布的小旗子飘着。最奇怪的是，那些长衫朋友和西装少爷，还有些白嫩的小姐也跑到了这里来。他们似乎从没有到过这样穷苦人住的地方。而现在他们是在和穷人讲"道理"来了，肚子饿了就在马路上吃大饼，也并不觉得难为情。好奇的工人一点没有作伪的称赞着，佩服着。虽然他们——那些下等人并没有真正懂得公子少爷的高深的议论，可是，把那些从来没有听到过的名词生吞活剥地咽了下去。他们唯一能够了解的还是在弄堂口墙头上画的乌龟，在低[底]下写着大英东洋帝国主义，还有那些被巡捕房屠杀的死人照相。这些图画和照相像有毒菌似的飞到工人的脑筋里去了，老的少的男的女的都像疯狗一样的叫喊着，在露天里，在房子里到处的开会选代表，忙得个要命。虽然罢工已经有了一两个月，但是一点没有疲倦的干着。夜里睡不着觉，肚皮饿了也不要紧。大家都神气活现的开口工会闭口工会。有了什么事情发生的时候，"凶狠的"

白华

纠察不管男的女的都是喜欢用这样一种口气：

"娘格戳×，到工会里去讲话。"

好像工会是个审判厅，捉走狗来得个起劲，常常发现审判走狗的事情。有一次捉了一个秃头的老头子，——因为这个老头子在街上鬼头鬼脑的样子，问他住在什么地方也不肯回答，结果捉去了，慌得那个老头脸都苍白的了。哪知道捉他的是工人，并不是公安局的便衣队，审判他的还是同志，大家都笑起来了。还有那些乡下人，把洋鬼子吃的牛也牵到工会里来了，菜呀，面包呀，水果呀，凡是洋鬼子需要的一切东西，群众自动的没收了来，把这些东西运送到工会里，所以在总工会的屋子里的食品堆得像山一样的高。那些乡下人，小贩子，男的女的工人，大家都说"要饿死洋鬼子"。

每天到工会里的人非常之多，像蚂蚁似的陆陆续续的跑来跑去，即使没有什么职务的人也是坐立不安的要去工会打听什么消息。他们对于工会像对着自己的情人一样的来得密切。

"第五办事处"是在引翔港，是一座五开间的平房，在那里，看不见五花八门使人耀眼的大公司，在它的周围也没有光滑的马路，除出竖着烟囱的工厂之外，只有破旧的平房和草棚，竹园和树林，田野和村庄。自从在这里设了办事处之后，突然的热闹起来了，走进来的男女们也好像开足了电力的机器一样，很有气力似的互相推动着，生产着。被经理们支配惯了的群众，居然自己也"有了分工"：什么总务科呀，宣传科呀，会计科呀，女工部呀，纠察股呀，而且设了各科办事的房间。开进大门，有一个大的天井，中间的一间屋子里摆着许多白木长凳，算是大礼堂。上面放着一张八仙桌，大概这是开会的地方。有许多流着汗的穿着草鞋的苦力，一点没有秩序的坐在那里谈论，有几个人手里捏着草帽当作扇子扇着。在八仙桌上放着一只大茶缸，在茶缸旁边还放着两只粗糙的蓝花碗。一个个的跑过去搅茶喝，在喉咙里发出那种咽茶的响声，脸上流下来的汗，同碗边泼出来的茶一起流下去，流过正在跳动得很利害的胸部，白色的裤子腰像在泥水里浸过的一样。旁边站着的戴耳环的小姑娘，头发梳得光光的，拖着辫子，嘴里喊喊喳喳的相互的谈着，那几只诱人的眼睛盯住了那个喝茶的年青人，仿佛她们在那里嘲笑他喝茶喝得太起劲了。那个年青人忙把茶碗放下走过去，很粗暴的张开手来把两个小姑娘紧紧地抱了一下。他突然间看见总务科的主任像煞有介事的走过来，连忙放开了手，大家都不好意思的微笑了一会。那个总务科的主任本来也是一个工人出身，他一点也不感觉得奇怪，他自己在某烟公司的时候，也总是喜欢调戏年青女工。不过他看见别人调戏的时候，有点儿"妒忌"，认为这是侮辱女工的行动。他皱着眉毛对女工说：

"上海杨之华原注：那些地方的人对于引翔港、杨树浦、曹家渡、小沙渡等，还不认为是上海的，他们对于有少爷小姐太太来往的大马路……才认为是真上海。来了两位女先生，来同各厂女工代表讲话，怎么你们还是在这里嘻嘻哈哈呢？快去女工部罢。"

她们还没有听完他的话，就急忙的跑到女工部去了。一看，已经坐满了人，有的来迟了，来不及拿凳子坐，站在墙角落里，她俩悄悄地很不好意思的混在那些人堆里去了。整个屋子里充满了热气，还带着一些汗臭气味。剪了发的一位矮胖的女先生像一只白鹅似的哗啦哗啦很响亮的说着,好像开足了的留声机一样。在一刻钟以内,除开她的声音之外,都是很规矩的静悄悄的听着,听得十分注意,皱着眉毛仿佛要问又不敢问的样子,到后来,有一个人的脚动了一下,大家都动起来了。一个人咳了一声,就从此在会场中充满了喊喊喳喳的声音:

"女先生的舌头有点儿弯的。"

"不是弯,是有点病,不然,哪会一句也听不懂的呢!"

另外一个问着:

"哈,你懂吗?"

旁边的一个摇了摇头。

喊喊喳喳的声音更加多了。另外一个像白兔子一样灵活的那个不讲话的女先生看见会场空气不很好,就站起来说:

"大家静一静呀!不要闹!"

于是又静了下来,老实说一句她们耐不住了,好些人的屁股都在座位里移动着,有的站了起来把扇子对着屁股扇了几扇,有的眼睛闭了下来,那位矮胖的女先生有点儿着急,她说:

秋之白华

"你们有问题可以提出来的。"

有一个女工问：

"啊，侬讲啥物事？[①]"

那一个手里捧着《圣经》的比较灵的林弟，很自然的来回答她了。这样一来，那个很怕羞的阿毛就提出来：

"女先生，不瞒你说，我们都是笨家伙，实在你说的话大家不懂，并不是你说得不好，实在我们太没有智识了。"她话还没有说完，好像全身的血一霎时涌到脸部了，涨得绯红的，连耳朵也红了，很快的坐了下去。手冰冷的，脚也发软了。

林弟又像活虾似的跳了起来：

"李先生说的话句句是好的，可惜你们都不懂，我看请张先生翻译一下罢，张先生已经来说过好几次。虽然不能够完全的懂，可一定要比李先生说的好懂些，大家赞成吗？如果赞成的，举起手来。"她在教会里学到了一些开会的规矩，所以说起来有点神气活现。

[①] 上海话，意为：你讲的是什么？

可是举手大多数是不懂的,有的懂了也不喜欢,不好意思举起来。那个林弟把坐在她旁边的两个,用强迫手段挽了起来,大家虽然没有举手,可是一致的喊出:

"赞成。"

那位张先生很和气的,说话总是带笑的,笑起来嘻着鲜红的嘴唇,露出雪白而整齐的牙齿,一团和气的脸儿引起了大家的兴趣。有一个小姑娘说:

"那末请张先生翻译罢,是的,我们厂里东洋老板对我们说话,也带了翻译来的。"

张先生在没有翻以前就说了几句开场话,并且她先发了问题:

"你们已经听过的讲话中有什么不懂? 先问我。"

这样一来,仿佛大家都从闷葫芦里跳了出来,那个林弟像煞自己认识了几个字要显一显本事似的,她问:"国民党是什么,共产的共字是不是就是共和戏院的那个共字? 产就是产婆的产字吗?"

"呵,不错。我在三个月以前在共和戏院里是看见过一个产婆，那个产婆真不错呀，她救了不少的人。"

立在墙角落里的一个四十多岁的老太婆嘻开了嘴说得很有趣，并且还很得意似顿着头，她的眼睛像流星似的到处溜着。啊唷唷不得了，大家一齐的笑，笑得张先生都煞不住了。那个老太婆弄得个莫名其妙，心里暗暗的想："说错了吗？"很不好意思把扇子盖了半个脸儿。那个聪敏的张先生是有点本领，用了一个鬼计。她说：

"你们喜欢听产婆，产婆就是老娘婆，我就讲老娘婆的事情给你们听罢。我们大家是女人，自然知道自己的事情。女人生小孩子的时候最难过，痛呀！"……说到这里大家暗暗的想：

"呵，这位先生已经不是个姑娘的了"……

张先生接着又说：

"特别到难了产的时候几天几夜的痛，还是生不出来，现在我们中国的老百姓就是到了难产的时候了。你们想，帝国主义呀，军阀呀，老板们呀，都要我们的命，吃我们的血，你们都亲自受到了这种痛苦"……

大家都听得兴奋起来了,顿着头:"对呀! 是不错"……"在这样痛苦的时候怎么办呢? 求菩萨吃仙丹不中用的,跪在上帝面前又是靠不住,最好要请个新法的老娘婆——产科医生。如果没有他来,那么中国人好像同难产的母子一样,要归老天去了。中国工人就要和红头阿三一样,做亡国奴呀! 但是这种产婆,救命的产婆,在中国是刚刚出生,还要靠着你们大众把他培养出来,这就是真正的革命党。他就是全世界劳苦群众的救星。"

"刚才李先生还讲到昨天在闸北露天大会里的事情,说大家要齐心……抱义气……关于这件事情,如果你们自己有意见,那末应该你们自己来说一说。"

林弟又抢上来说了。她走到张先生旁边,面对着工友,像小麻雀似的唧唧哑哑的叫了起来:

"昨天的大会里到的女工很多,在引翔港的有七八万人,这当然是阿毛姐的本事,她在大会之前足足的跑了三天,天气来得个热,她脸上的皮肤也晒焦了。大家怕难为情,大家不肯上台去演说，你推我，我推她，差不多过了半点钟还没有一个肯上去。要晓得我们多没有面子！多坍台呀！阿毛姐是我们的代表，她很热心的，可是对着众人说话的时候总要脸红，做代表的应该要比我们都老练些。"她说完了像老鼠一样的很快的钻到自己的位子里来了。

大家这样想："林弟真爱出风头，老三老四的，那末你自己为什么不上台去讲，给我们争个面子呢！可是也一样，人多了，讲话也怕难为情的。"

阿毛也站了起来，大家要她前面去说话，她终不肯上去，站在自己的位子上，她的脸又开始红起来了。低低的声音说：

"怕难为情的确是一桩坍台的事情，我看取消了我的代表罢，在工会里的事情我还是可以做的，因为爱国是人人应该的。昨天还有一种不好的情形，就是大会要完了的时候，刚要游行，被军警包围了，我们的队伍就冲了出去。哪知道那些女学生听了枪声之后都向后面逃散了，还有我们这里去的有几个人，骂军队里的兵士走狗走狗，其实他们不是一概都是走狗，不是昨天我对那些兵士说了话,他们自己也哭起来了吗?后来放的枪(是)并没有弹子的空枪。慌忙是不可以的,乱骂人也是有害的。我本来也不相信他们军队里的人,不过从昨天起我就改变了些,把我们的苦处对他们解说,同时还要解说他们自己被长官压迫的情形,这样他们一定会同情我们的。这是我昨天回来睡觉时候想出来的。"

满屋子唧唧哑哑的闹起来了:

"不能够取消阿毛的代表资格,因为她是很抱义气很热心的人。""我们大家知道她是少说话多做事情的人,你们看她近来忙得自己吃饭都会忘记了的。""她是公正人,是好人,一定要做我们的代表的。""不过她不识得几个字,这当然要女先生帮她的忙。代表要做下去的!"……最后,张先生说:"如果你们喜欢我来,那末我就常常来,还可以教你们读点书识几个字。李先生也可以来教你们的书。"

大家都很高兴,要求着女先生来,很多的人拖着张先生和李先生到她们家里去吃饭。李先生虽然看得工人的情绪很好,可是因为自己的口音改不过来,似乎很失望很懊恼。张先生受了她们的欢迎,

白华

有点舍不得离开他们,可是到工人家里去吃饭,实在说不过去。她就同李先生买了几个大饼,同着工人一路走去,走到一家又跑到别一家,一跑,跑得七八家。时候不早了,已经下午五点钟了。可是她们并没有疲倦,最后跑到阿毛家里。这样一来,张李两位就认识了路,以后她们常常的跑到工人家里来谈话,来教她们识字了。

有一天,张先生和李先生到了阿毛家,后来又到工会,到工会里来的人大概已和张先生相熟的了,不管是男的也和她常在一起谈话,阿毛在有些地方很看不惯的样子,仿佛是嫌张李两位太没架子了,对男人太随便了。她早已暗示了他们,说自己看见工会里的男女太不分界限,有些姑娘竟放荡到这样:嘻嘻哈哈的装做打架,那几个年轻的男工把姑娘们捉来当马骑,有的男女手牵手的,真是看不惯。当然在厂也有这些情形的,那我就管不得许多了。在工会里是办正经事的地方,不但自己的名誉要紧,工会名誉更要看重。有些人嘴说得很好听,我到工会去办爱国的事情,等到跑到工会里看见漂亮的小伙子,爱国的魂灵早被阎王吊了去,爱国爱到姘头那里去了,这真是天晓得的事呀! 阿毛呆呆地在天井里坐着想着，没有听见张先生同男工们讲的是什么。在阿毛前面，走过一个人很快闪过去了，只看着一个后影，穿黑色绸裤子的，在腰里结着一支阔阔的白色马带，带着流氓气的擦过阿毛的膝骨。阿毛心里想：

"娘个戳×，等你再来，给点生活你吃吃。"

好在那个人已经觉得这不是别人而是阿毛，阿毛是有名的规矩人，她的照会上仿佛挂了一块牌子一样"此路不通"。年青人对她，有点儿害怕。但是她的忍劳刻苦公正，终究使大家对她很敬重的。

她和张先生李先生三个人走出了工会，在工会门口碰着一个高大的胖子，两只手反背着，一对发黄的眼睛到处的张望，也不开口，这使阿毛立刻就觉得了。她走了一段路对张先生说：

"唅！你知道在工会门口站着像四金刚的那个菩萨是谁？"

张李两位回忆了一下，张先生说：

"不晓得。"

李先生说：

白华

"怎么穿长衫的呢?"

阿毛说:

"你们怎么没有留意的呢,他是鬼家伙,巡捕房里来的!"

谈谈走走又到了阿毛家里,张先生看阿毛很好,想多谈谈,结个穷苦朋友,因此她一面嘱咐李先生先走,一面就要求在阿毛家宿一夜。阿毛非常高兴的说:

"请也请不到的,在这里住好了,我很喜欢女朋友的,不过我们穷点,菜饭不好吃,房子矮小点,怠慢罢了。只要你不怕怠慢,就在这里住一年我也喜欢的。"

张先生和阿毛送了李先生到电车站,然后两个人一路跑回来,电车离开阿毛的家很远,大约有一里路光景。她俩手牵手很亲热的走着,走完了光滑的马路,向着那静悄悄的荒野泥路上前进,远远对着的是一个飞红的太阳,半边已经躲到远处树林的后面了,一朵朵的白云在青色的天空中慢慢的移动着,一堆堆的竹园,环绕着破旧的矮屋,田里有三尺多高的稻,像黄色地毯似的铺着,它被东风吹得像波浪似的一起一伏的推动过去,张先生的黑色绸

裙也在飘着。她俩仿佛忘记了一切疲倦。可是阿毛对着那条绸裙子起了一种感触,她说:

"张先生,在热天究竟是穿绸的来得凉快吗? 我做工做到现在还没有尝着这种滋味,我从小,不过七岁就同姆妈在无锡进了丝厂,母亲做丝的,我是打盆的。你看,我的手上还有烂过的疖疤。你想,多烫的水呀,两只小手在烫水里搅丝要搅整整的十三个钟头,你的手多胖,多白嫩,在骨节上还小涡儿。张先生,我喜欢你的手。在丝厂里做了三年,又到绸厂里做了几年,这已经是在上海了。你看,那边一所高大的房子,有烟囱的,这就是我现在做的那一家上海纱厂,里面房子真大,单是女工有一千多呀。"她的手指着那所房子。

这一段话似乎使张先生听得心上不好过起来,也有点儿不好意思似的,她说:

"阿毛,世界上的一切都是颠倒的,穿的人都不会自己做的,做的人都没有穿,这两种人好像是在两个世界里一样。一种人不但穿得够吃得饱,而且还堆积了许多多余的东西,所以他们一定要造大房子来做堆栈。另外一种人穿不够吃不饱，他们没有权力，没有自由，只有穷苦和烦恼，快乐都被有钱人独占了去。实在讲起来，世界上的主人应当是你们自己——一切劳动者。为了这个，所以你们需要工会，团结起来打倒那些吃人的老虎和猎狗。"

不知不觉的已经走到了家门口，那位老母亲皱着眉毛站在门外面，似乎等得着急了，看见张先生又不好意思骂她的阿毛，她走进天井里拿了一把竹椅子说：

"女先生，在天井里坐一坐还凉快的，我们在这里吃饭好吗？"

"很好，谢谢你。"

张先生坐了下来，阿毛随意的走进去了，一忽儿她搬了三碗饭，两碗菜：一碗咸菜炒豆芽，一碗咸鱼，放在一张小方桌上。她的母亲手里捧着饭篮慢慢的跟在阿毛后面走出来了。她对阿毛说："真真怠慢，菜一点没有，请先生用饭罢。"

三个人大家开始吃饭了，老太婆的牙齿大半已经脱落了，看她吃饭很不方便。两爿薄薄的瘪嘴唇向左向右的抿着，张先生问了她母亲的年岁。

"今年五十二岁。"阿毛这样回答。

"老了,勿中用的了。"老太婆吃得很有味的说。张先生的脚帖拍帖拍的蹭着,阿毛说:

"先生,在这里蚊虫很多,这已经是秋天的蚊子了,咬起来格外利害。此地还有好东西要请你一下。"

"什么好东西?"

"好东西……哈哈,是比蚊虫还利害的……"阿毛高兴起来的时候,一对眉毛会飞舞起来的。

张先生提起那只粉嫩的,肥胖的胳臂,上(面)已经有了三四个白块儿,她不断的搔着痒,摇着脚。别人饭要吃完了,可是她还没有添过。阿毛母亲着急起来,唯恐没有小菜难下咽。

那个老太婆慌慌忙忙的从里面拿出一大把柴出来,还有一篮子木屑,在小小的院子里烧着了烟堆。一股股的白烟冲出来了,大家像哭的哭了一场,平安了,蚊虫逃散了。阿毛和张先生面对面的坐着,随便的谈论。阿毛还嘱咐母亲去拖席子,张先生问着阿毛:

/ 白华

"这里的房子是自己的呢还是租来的?"

"哪有自己的房子呢,本来我们并不是上海人,我的爸爸死了以后,母女两个从无锡逃债到上海。这房子出租钱的,一共五间平房,有四份人家,房东是本地人,是一个……"她低低的说:"……是地方上的老头子"……"他们自己住的中间两间。其余三间都是房客,对面两家是在纱厂里当小工头的。在我们间壁的一家,男主人在药店里当伙计的,他的妹妹同我在一个厂里。我们这一间小小房子每月要出三块,灶间可以合用的。"

"那末你每个月有多少工钱可以拿呢?"

"做得勤快一点不请假,大概廿块总有的。"

"你今年几岁?"

"廿一岁。"

"那么比我还小一岁。"

"先生你坐一坐,我去烧茶来喝。"阿毛连走带说的进去了。

满天密密阵阵的星发着幽静的亮光,这比大马路上的电灯要美丽得多,张先生觉得坐在这里比任何地方来得好,秋凉的微风

阵阵的吹过来,汗早就干了,看见那个老太婆缩着肩膀在那里打磕睡,张先生对她说:

"老婆婆,你先睡罢——我和阿毛姐坐一忽儿就进来,——在这里要受凉的。"

从梦里惊醒过来的老婆婆,打了一个呵欠,伸了一个懒腰,矇里矇懂的说:

"不要紧,我们惯了的。先生几时再发救济费,这次事情真闹大了,外面条件讲好了没有?中国人闹得过洋鬼子吗?那些洋鬼子真真可恶,也要杀还几个出口气。"她咬紧了牙齿狠狠的说着。

"这一次中国人总算很利害的,工人,学生,商人大家一起抵抗。不过中国也有许多坏人是帮洋鬼子的。就是那些老爷大人呀!……唅,老婆婆,阿毛配了亲没有?她满有本事呀,她办起事情来,有些男人家还要不过她呢。"

"啊唷,先生,我们是苦命的人,家里没有男人,免不了受人的欺侮。不瞒你说,阿毛是个奇怪人,她吃素已经吃得六年了,她不要嫁人,她说嫁人终是不好的。"

"难怪刚才吃饭的时候,阿毛没有在鱼碗里叉一筷,这碗鱼,还是为我吃饭临时的添菜……呵,世界上真有奇怪的人,我又想起了。别的年青女工并不比阿毛有钱,可是穿得花花绿绿的,而她老是那几件白的或是蓝色条子洋布衫,黑裤子,戒指耳环几个月以来我也没有看见她戴过。"——张先生想着听着。她问:

"那末你为什么不劝劝她呢,吃素要把身体弄坏了的。"

"是呀,劝她不肯听,有什么办法,吃素倒还是小事,无后才是大事,啊呀,唔,活在这里是苦,死了还是要苦,羹饭没人来做,穷人不该要有祖宗!"……

说到这里,大家沉默了一会儿。

她又继续下去了:

"阿毛已经有廿一岁了,我正在这里着急,她很烦闷,很孤独的,讨厌男人,讨厌那些吊膀子轧姘头的小姑娘。现在世界不同了,那些厂里的男男女女多是不正经的。阿毛在这件事情上已经做出了名誉,大家不敢碰她一下的,那些坏人还笑她,说她尼姑相。我想正正式式的配亲终是应该的。"

　　阿毛拿了蓝花粗瓷的茶壶和三只饭碗，从房子里出来，她已经听到了姆妈说的"配亲不配亲"的话，很不好意思的，似乎讨厌姆妈的多嘴。她把手里的东西（放）在方凳子上，自己坐了下来。张先生口渴得很，拿起碗来就喝，味儿是特别的。张先生记起了她在女工们家里已经喝过多次了，很香很好的。她问着：

　　"唅，这茶很好，这叫作什么茶？"

　　"哈哈，这呵，这是两块钱一两的麦子茶呀！"在月光底下的阿毛的眉毛又飞舞了一会。

　　张先生知道这不是真话，不过她也知道这确是有麦子香味。她问：

　　"你为什么要吃素，快不要吃罢，我一定要给你捣乱，偷偷的给你开荤。"

　　"我们穷人吃荤吃素有什么分别。是一样的，终是菜爹菜娘菜烧的东西！热天吃素有好处的。"她自己对自己辩护着。

　　"那么你为什么又不要配亲呢？"

"配亲,有什么好处呢,两个人也养不活,三口四口或者再多几口,怎么办呢? 那些坏良心的男人,只晓得自己享福的。我看见男人就要发火。"

"难怪你在两个月以前在工会开会的时候,竭力主张男女分开开会。但是在现在你也看惯了吗,不见有些什么特别的事情发生。"

阿毛暗地里想:"唉,确是比从前有点不同了,比较讨厌的不过对于那些坏人,有时候甚至感觉着另外一种力量在心头上扰乱着……"她又说:

"看惯了? 只是对于办事正经大方的男女们。那些嘻嘻哈哈的女人,和那些把女人当马来骑的男人,一点也看不惯。张先生,近来到工会来的走狗多了些,你看得出吗? 外边的风声不大好,听说商会里的老爷们不肯发救济费了。如果不发那真不得了。难道饿得肚子爱得成国吗,前一个月我还不相信有些先生的说话——他们说中国人也有坏的,就是那些大人老爷,做老板的。他们真是神仙一样的说着了。"

"我不是说过的吗? 两种不同的世界,你只要留意看着,一切事情里面都包含着两种相反的力量。无论你走遍天下,在中国,在外国,在工厂,在商店,在学校,都会发现的,不是这次中国工人罢工有外国工会募捐来帮助吗?"

夜深人静,好像现成的一个可怕的世界。老太婆又在那里打盹,她俩愈谈愈有滋味了。

"你妈妈在这里睡觉不好的,我们还是进去罢。"——于是叫醒了姆妈,三个人一同进去了。那个老太婆疲倦得要命,立刻躺到床上去了。

一间暗瞳瞳的房子,里面靠着东墙摆着一只大木床,帐着一顶蓝色花夏布的帐子,床的右边放着一只方桌子,墙上挂了几张时髦美人的月份牌,在桌上还有一口破的时鸣钟滴嗒滴嗒的悄悄的响着,在钟的左右放着两个瓷瓶,上面还插着几股棒香。一对烛台上面还留着一对没有点完的蜡烛,朝西这一面是一扇小小的木格子的窗门。窗前还有一只茶几,两把椅子,角角落落里还放着许多零乱的杂物。房子虽然狭小,破烂的零碎东西虽多,但是收集得还整齐。一切的陈设很可以表现阿毛母女两个的个性。看了她们两人的举动和态度就可以知道她们是克己勤快爱干净的人。这种情形是出了张先生的意料之外,她对于这个房间仿佛深深的感觉得下等社会地狱层里的工人含着一种伟大的力量、浓厚的感情。他们待人的真心和殷勤处处都是真实的。张先生和阿毛低低的谈论,仿佛她俩都没有疲倦,还嫌夜太短了。老太婆的抽昏[①]声像波浪似的一高一低的混杂在她俩谈心的声音中。阿毛低低的对张先生说:"你说的都是很对的,不过你应该说话要留心。世界上真心的人太少了,许多鬼把戏祖宗传给儿女,儿女又传给儿女,甚至那些小孩子都已经学会了。人骗人的事情多得很呀!所以我终不容易相信人,除出我自己。不过假如相信了,那就要相信到底的,对人对事都是这样的。你说得低点罢,因为我们的房东不是一个好人,有名的骗子,凶汉,他是脸孔笑嘻嘻,满肚鬼把戏。我们像佛的敬他,也像贼的防他。他是一个包打听,同官厅巡捕房都有来往的。"

"谢谢你,幸而你先说了,否则明天我看见他的时候也会当

---

① 抽昏,打呼噜。

他是好人的。这是我的坏脾气,我对人总是很直爽的,总是这样想,世界上,不会每个人都是坏的,不必多怀疑别人。这是我同你相反的了。可是我很相信你所说的,因为出家门不久的我,不及你在几千几万的人堆里混过的,懂人情。阿毛姐,我愿意轧轧在人堆里混过的人做朋友,教我一点本领,我也可以经常的教你们识字,大家相帮相帮好吗?"

"那最好没有的了,我从小喜欢读书,可是总因为穷得没有办法,不识字真苦呀,你知道我很爱传单里说的话,可是自己不能读,只好放在篮里,等间壁的一位药店伙计赵先生回来的时候请求他来讲给我们听,或者他的妹妹,他的妹妹叫作爱弟,是我的好朋友,她在她的哥哥那里学到的几个字也很有限的,真讨厌她的哥哥在药店里一天也要做十三小时的工作,路又来得远,在新闸路,难得回来一天的。不过他倒是个好人,一点不滑头的,我们都叫他是个菩萨。张先生,你来教我们识字好极了,我再去找几个诚心要读书的人。啊呀!张先生,天亮了呢,你看窗外的白光从窗里钻了进来,明天横如没有事情,索性吃了早饭睡,在

白华

下半天我领你到工友们家里去玩。"

张先生笑了,两支浓黑眉毛在白光中印得更显明,阿毛很爱她的红嘴唇。突然间张先生在房间里发现了在屋顶上的一个天窗。而在西窗的外面,有个南瓜棚,棚上的绿色叶子在那里抖动!好凉快呀!

几个月以来,阿毛为了工会的事情天天在外面奔走,脸上晒得起了一层红黑色,额角上正在开始脱薄皮,有时候她照着镜子,似乎换了一个人的样子,妈妈埋怨着。那些冷血的人,还在那里冷笑着。可是办工会事情的女人,现在不止阿毛,有几百几千。阿毛遇着许多困难的事,挨别人的嘲笑埋怨,在她生气的时候,终是闭口不讲话了。她忍耐在肚里,她也悔心过几次想不干这一类事情,然而她四周围的男男女女都在那里干,干得很起劲。而且她是上海纱厂全厂公举的代表,大家很看重她的热心,使得她没有办法可以躲避。不过她唯一安慰的她从前在厂里是忠心老板的事情,现在呢,为自己的事情为千万工人为爱国的事情。几个月以前的她,总以为无智的工人有什么力量呢?从来都想不到的事情来到了她的面前，她仿佛做了一个奇怪的梦！她看了一看，张先生已经睡熟了，可是她自己还是很有精神的想着：

"学生确是不错，究竟读过书的人，看，在工友中哪个都不佩服他们，可惜他们的讲话不容易听得懂，有的学生说得非常起劲，说得汗都渗透了衣服，可是我们仍旧不懂。不过看了他们这样的神气，他们总是抱义气的人，爱国的人。"……

在阿毛的思想里，听过的东西大半都丢了，不过从来都没有听见过的什么工会，工会倒还懂，什么帝国主义，国民党、共产党，学生会，军阀、资本家、官僚，阿唷唷，不少了的名字来往在阿毛的脑子里，她简直弄糊涂了。许许多多小姐妹们都来问阿毛，阿毛一点不会吹牛的老实说也"不很懂"。这样的事情很多。

在十二点钟的时候张先生和阿毛都起来了，她俩急急忙忙的把老婆婆预备好的饭吃了，就在旺太阳底下一路谈着走着。她们走到一大堆黑黝黝的矮房子的一个村庄，碧绿的蓬松的竹子在那里摇摆，仿佛正在欢迎着她们。一群黄发污面的小孩子赤着脚从小路里走过来，大家不约而同的叫喊起来了：

白华

"呵！来看呀！学生子又来了，大家来看！"

一下子从各个房子里跑出不少小孩子来，有的呆呆看着，有的偷偷看着，弄得张先生很不好意思似的。阿毛告诉她：

"这就是张家村，这里多半是姓张的，差不多是在厂里做工的，很少的男人种田卖小菜的，你们上海人吃的菜，有的就从这里挑出去的。"阿毛且说且走，走进了张大妹的家里。她姊妹四个都来迎接了。大阿姐立刻移了两把椅子过来，张先生还没有坐下去，门口已经立满了穿得褴褛衣衫的小姑娘。互相的议论着。似乎有几个大一点的姑娘含羞似的看着，总是避开张先生的视线才看的。

"阿毛姐，现在讲好了条件没有？几时再发救济费？这次总算大家抱了义气的，我们厂里的东洋小鬼也有点害怕，"张大妹又继续的对着张先生面孔说："这次幸亏有学生帮忙，在工会里动笔墨的人都是从学校里请来的，你看，还自己花了不少车钱呢，天又热。"

"国家大事中国人总是帮中国人的。"一个吸着长烟管的男人，很老成的从东边房门里走出来。又继续的说：

"我看这场官司有点困难呢，那些白面孔的洋鬼子有大炮，有军舰，如果真的打起来是打不过他们的。"

"爹，你知道什么呢，你晓得单是我们厂里罢工下来的时候人山人海的涌了出来，还打坏了机器，那时在厂门口来了洋人，背了枪，看见神气不对就逃走了。只要人多，只要齐心，娘个戳×，谈也勿要谈起，洋鬼子，哼，哪个怕呀！爹，你在家里不晓得外边的事呀。"张小妹脸胀得绯红的说着。她是张家最小的女儿，也在东洋纱厂里做工的。

这时候门口又来了一个男人，是同阿毛一个厂里的打包工人，他刚从上海总工会里来的。他说：

"工会里有许多人来找过你，今天我到上海去过了。"

阿毛咳嗽了一声问他：

"今天有什么消息没有？"

张先生也问她：

"上海有学生来吗？"

"学生，有的，我来的时候看见一两队手里拿国民党区分部的旗子，还有南洋大学的。他们都在讲道理。今天上海又出了乱子，码头工人打了总商会。"……说到这里大家都问"为什么"。那个张大妹的爹插了一句：

"不是他们也是中国人吗？自己打自己不是被外国人见笑吗？"

"……打，总有道理才打的。不是每天新闻报纸上载着满大的字吗？外国、中国的好人捐了很多的款子来，可是总商会收到了这笔钱，发了一些不肯发了，工人得不到救济费就不能够支持罢工的。这样实际上是他们帮助了外国人。"那个打包工人又继续的说。

大家都顿着头，那个大妹的爹闭着眼睛含着烟管，似乎在那里考量。那个小妹又说了：

"对呀，应该要打他们的。"

从此以后张先生就辞去了工会的工作而专心的来往在杨树浦引翔港的一个区域里担任识字的工作。她还邀了几个女学生，大家轮流教女工读书，这样她每星期一三五总是在阿毛家里或者张家村或者在荒野坟墩上,地点虽然不一定,她总按时到的。她善于讲笑话故事,因此没有一个女工不爱护她的。学生并不十分固定的,多半是流动性的,不过像阿毛、爱弟、张家四姐妹,还有一个在中国纱厂里的王招弟是因为很用功,每次都到课的,读的是千字课本和各种传单。

经过了四个月的训练,她们勉强的可以看看在报纸上大字广告了。像爱弟已经能够看传单。

大约在八月月半的那一天,爱弟的哥哥穿一件竹布长衫,急急忙忙的跑了回来,仿佛有点不满意爱弟的样子,爱弟叫他,他也不是像平日一样的亲热了。他问:"茶有吗?"

"有,我拿给你,你今天是空日吗?"

"不,我实在在店里为你急煞了,叫你不要管外面的事情,你终是不肯听的,好好的人弄到名誉坏透了,索性不给你吃工厂饭,回到乡下去。昨天上海总工会已经被封了,捉得很多人去。你在外面乱闹,捉到巡捕房去,我阿哥的面子也就给你丢完了。以后勿要出去,管自己也管不过来,管什么闲事呢!"

阿毛高高兴兴的跑了进来,手里还拿着一张传单,她看爱弟站笔直的拭眼泪,又看看赵先生坐在那里竖起了面孔,一下子把阿毛的兴趣打消得干干净净。阿毛既不好意思退出去,又不好意思问一声,不自主的站着,沉默着。

"阿毛姐,你请坐一下,你不来,我也要爱弟来叫你的了。外面风声很紧,到处捉人,你应该小心点。爱弟年纪尚轻,你多管管她,要她不要再出去,不然,我在店里终不会安定做事。今天我们的店员联合会的职员也捉去了,总算好的,我打定主意做'菩萨',不参加任何运动。对也好,不对也好,只要我的饭碗牢靠,我也不要升官发财,得意外的益处,做一天算一天。"赵先生说到这里微笑起来了。

突如其来的一个霹雳落到了爱弟的头上,自然忍耐不住的,好在兄妹两个一向是亲亲热热的。爱弟的气混在泪珠儿里一起淌出去了。但是她始终奇怪着阿哥的态度。……又说名誉弄坏了。她不高兴似的对阿哥说:

"我在外面怎么样? 阿毛姐都知道,你可以问她,读书,办工会里的事情之外,有没有破坏名誉的事情发生过? 偷偷摸摸的事情,我是一向不爱做的。"

"是的,我们这几天读书读出兴趣来了,爱弟已经看得懂传单,她可以教别人的了,她是最勤快,最聪敏的一个,怎么你在这里埋怨她吗? 我知道的,她并不像那些嘻嘻哈哈的姑娘一样。赵先生,你要我们小心当然是对的,不过大家都像你一样做菩萨,不管公家的事,那也不好的罢!"阿毛笑迷迷的一对长眉毛飞舞似的动了几下。她虽然有点不满意赵先生的说话,可是有一种奇怪的力量推动着她的内心,似乎赵先生比以前更大方,更年轻了些,她就顺手把一张传单拿过去请求着:

"我自己已经看了一篇,还有几个字不认得,谢谢你,再请你教我一篇罢!"

赵先生对于阿毛一向是很信任的,很敬重的。每次求之必应的活菩萨就把传单拿过来看了一篇,再一句一句的读给阿毛听,他对于传单不过尽了留声机的义务,传单内容不能动他一丝一毫的"菩萨"主义,然而他也不反对。读到一段可怕的字句,突然间在

白华

字行里,钻出了一个鬼影子来——紧急的风声——他的声音像波浪似的颤抖了起来。阿毛就在这里起了一个小小的误会。读完了,阿毛拿过传单再来看的时候眼花了,字更不认识了,里面究竟说的是什么意思?弄糊涂了。在脑子里仿佛有什么虫在那里作怪似的,不断的打着架,一切不能自主的了。幸而那个灵活的爱弟从灶间里拿了热茶出来,把她的灵魂从可怕的地狱里吊了转来。

二

很尖利的,很威风的汽笛声,呜……呜……呜,在一早清晨又叫了起来,一次再一次地催着,从烟囱里喷出来的烟煤又飞满了全上海,已经死了半年的科学怪人又在继续捉人吃人吸穷苦人的汗血了。西洋人,东洋人仍旧那么样的在上海威风着。虽然现在已经要耽些心事,可是那些"豺狼虎豹"又关进了铁笼子,仍旧照样去当牛马和奴隶。那些"八哥儿"学会了人话,暂时也还不过是"八哥儿"罢了。不错!一些穿着蓝布短衫的下等人,尤其是蠢头蠢脑的小姑娘,他们能够怎么样?高等的华人和东西洋的洋大人,这时候都已经避暑回来,回到了安静了下去的上海,——一切仿佛都已经恢复原状。中外名流……有的在西山,有的在东山……都已经讨论了,商量了应付上海的这些"豺狼虎豹八哥儿"的办法。好!有办法,可以放心。

可是,上海已经是不平常的上海了,蓝布短衫的下等人也已经是不平常的下等人了,他们像山上的刺猬一样,要刺人的了。在工场上的男女们简直像在疯人医院里的疯人一样粗鲁,野蛮,不讲理。他们的眼睛像牛一样的大,看不起大人的了。无论像猴子似的聪敏鬼,能够想出各种各样的鬼计来应付他们——饥饿,失业,恐怖,引诱,然而徒然的了,穷人已经生了翅膀。迷信人说:"雄鸡飞到房上,大灾要到来了。"吃安稳饭的人暗暗的正在对着这种预兆发愁!

真像破旧的堤防失了效用,到处看得见猛力的潮水,差不多中国一半地面波及到了。由城市到乡村,像起了一阵暴风雨。凸出长眼睛的蝗虫急得上呈文喊救命,那些蠢笨的耕牛发起牛性来了。用着他们尖利的牛角企图掘中国古代的坟墓了。弄得在庙里的烂泥菩萨也会动起气来，真是倒霉极了。你看香港的疯人还在疯颠着，上海还是到处的发生着一起一伏的罢工潮。群众要启封总工会已经有三次，不是上海纱厂为了要开除阿毛又在闹事了吗？

上海纱厂里的先生们都在账房间里议论纷纷的说："秀才造反三年不成大事，中国虽然现在已经看不见真秀才，可是那些假秀才——学生总是喜欢造反，但是也造不出什么来的，你们看，学生会封了，总工会也封了，他们大家逃命也来不及，最奇怪的是那些一点没有智识的瞎眼姑娘，想同学生轧姘头，就替他们奔走，不是我们这里的工场上又发现了传单了吗？这是哪一个拿进来的，很明显的，参加过工会工作的人总不是好东西，阿毛在从前多么安分守己的人，现在弄到不像个样子了，只要少许留意一下，她像个橄榄屁股一样坐不住，总是偷偷摸摸的喜欢走来走去，一天做得多少工呢。她变坏了，狡猾起来了，她不说则息，一说像针一样的尖利，比她高一点的工头哪个不碰她的钉子过。""是的，不是前天夜工的时候，那个小姑娘坐在墙角落里睡觉，理应她去禁止她的，她不但不去禁止，反而把通知她的那个阿二给骂了三门。阿二打了睡觉不做工的小姑娘是对的,是应该打的,在放工的时候阿毛又要小事大做的来鼓动群众,反对阿二,反对打骂。像阿毛这种人留在厂内简直没有太平的日子了。开除她是应该的。细纱间的女工反对开除阿毛,拿怠工来要挟,这有什么用呢,要开除总要开除的。"

一个捧着水烟筒的矮老头子,不断的郭落落落,郭落落落的吸着烟听着,他的眼睛亮晶晶地对着每个人闪着,忽然他站了起来,从瘪嘴巴里透出抖动的声音:

"现在的世界还了得,天翻地复了。你们看工人的眼里已经没有老板的了,好像主人就是他们的了,如果不给一点颜色给他们看,以后不能做事的了。"

正在这个时候,从里面输出了杂乱的人声,"关车","关车","要不做大家不做","反对开除阿毛",哗啦哗啦的唧唧哑哑的女人的声音,由细纱间到粗纱间,然后又到摇纱间、轧花间,一下子这几间房子里面运动的机器声都停了下来,可是人声更扰杂了,大家很紊乱的拥了出来,拥到写字间,那些先生们和工头们已经惊慌得像一群老鼠一样。在写字间里的大板①穿了一套藏青呢的西装，交起了脚，坐在写字椅上吸香烟，很大方的，悄悄的对工友们说："我只有一对耳朵，你们这样多的嘴巴讲话，怎么听得清楚呢，你们要什么？你们推举代表来对我说，不然你们闹到明天也是没有结果的。"他看见了这一般雌老虎有点儿怕了，但是表面上为要维持他的尊严，不得不装出那种威风而大方的样子出来。所以他又补充一句：

"工厂里的行政是不准你们干涉的！"这句话没有解说女工们是不懂得的。当然，这是他预先就计划着不加以解说的。

群众也知道推举代表说话，压力比较小，所以一致的说："我们都是代表呀"，"阿毛是我们细纱间的代表，你们开除了她，我们就一致要摇班，我们反对无故开除工人。"唧唧哑哑的声音之中忽然间夹杂着洪亮的，刚强的叫喊声了，呵，打包间男工们也听见了阿毛被开除的消息而赶到这里来了。有一个年轻的男工用了

---

① 大板，通常称为大班，丝厂中的经理。下同。

全力要挤到前面来，涨得绯红的脸，青筋都凸出来了。聪敏的大板一看情形不好，要走出去的门口已经塞满了女人和男人，因此他想出去又不可能的了。他就转了一个弯，对工友们说：

"开除阿毛的消息我还不知道，我刚来到厂里，这件事副经理一定接头的，他在账房间里，你们把他叫了来，我来问个明白。当然阿毛没有错处是不能开除她的。"过了三分钟，那个瘪嘴的矮老头子从人堆里走了进来。大板就问了他：

"阿毛为什么开除的？"

"这是大板已经知道的，厂里常常有人散发传单。前天夜工的时候为了阿二禁止小姑娘睡觉的事情，阿毛立刻反起脸来同阿二吵闹，说阿二不应该打骂小姑娘，许多管车的屡次到账房里来说，厂里的规则被这些工会代表破坏完了，他们不能管理的了，他们要求把阿毛开除，否则他们要总辞职了。阿毛的不法行动多得很，昨天我们决定把她开除出去了，不是已经打了电话到你府上通知了你吗？"矮老头子对群众刮了一个斜眼。

外面的声音又轰了起来。"开除一个人有这样容易吗？"那位穿洋服的大板不断的吸着香烟,闭了眼睛,从嘴里鼻管里喷出了一股股的白烟,仿佛他在那里盘算着什么似的。他一会儿就张开了眼睛对着那个矮老(头)子说:

"发传单等等的不法行动是应该要禁止的,不但要禁止而且还应该查办,极严厉的处置才好。但是这些事对于阿毛要先行调查,暂时仍旧叫她来上工。等到调查清楚之后,或者警告她,或者……"

"是……是"……矮老头子似乎有点为难的样子就走出去了。

大板同矮老头子说完以后就把右脚尖着地,点了一下,一把写字椅向左转了过来,对着工友的脸刮了几眼,他很放心的说了一套:

"大家是中国人都应该互相帮忙的。现在时候不早了。"他拿出表来一看,已经下午四点十分了。"你们进去做工罢,阿毛明天来上工的,现在还说不到开除不开除,还要调查调查,究竟在厂里哪一个在那里作怪。大家留心点罢!"

"大家留心点……哪一个作怪……调查个屁,狗东西,假惺惺的,哪个来怕你调查呀。"堆在门口许多黄瘦的脸又气又高兴的相互的射了几眼,大家叫喊了起来:"阿毛姐明天来上工了!呵!进去,进去!"有几个年轻点的小姑娘拍着手,跳了起来。

一场风浪就在那沉重的机器声里平静了下去。

照例工人们在放工之后大家急急忙忙的各自回家去了,那一天放工出来的,都很好奇的要打听打(听)写字间里交涉的情形,尤其是那些关心阿毛的人,争先夺后的跑到阿毛家里去,一下子在阿毛家的门口堆满了很多的人,你一句我一句的报告给阿毛听。

"今天在厂里大家为了你出了一场气呢。"

另一个又说:

"好极了,我们先在细纱(间)里关车,后来就分散几个人到粗纱间、摇纱间去告诉他们开除了你的消息,啊呀,后来就不得了,许多许多人都拥了到这一间,那一间的顺水推了过去,后来都……都关了车。"

有一个脸儿长得粉嫩的有点儿口吃的女人又强[抢]先来说了:

"包……包围了写……字……间,……嚇……得……

得……那个……洋装……先……先生没没有……办法,……他想想……出去撒……尿,……我我们……不……不准……他出去……"

大家的笑声把她的话又打断了,另外一个又补了上来。

"阿毛姐,我来告诉你罢:先是女工包围了写字间,后来男工也来了,大板先生有点怕了,他说阿毛明天可以来上工了。不过还要调查,究竟哪一个人厂里发传单。如果调查清楚了,那末还要给那一个人吃官司,说要很利害的办那一个人。我想:你进去一定还要当心点,他们一定要来捉你的错处呢。你们想这话有点道理吗?"

"是的呀,阿毛姐是他们的眼中钉呀,他们哪里会放松她呢,现在我们应该要想个办法才对。"

这些情形都出於阿毛意料之外的,阿毛自从早上被账房间里下了牌子出来以後,好不舒服!在家里又受老娘的埋怨,一肚子的气没有地方可以去发泄,睡了半天,蓝花的枕头衣上的眼泪湿透了,她灰心了,她怨着自己的命太苦了,可是她听了这许多人的报告以后，她的灰心就在群众热烈的情绪中洗刷得干干净净，她惭愧，她兴奋，她高兴得说不（出）话来对付。她感激得形容不出来，她展开了眉毛，水汪汪的眼睛很灵活闪着，嘻开了嘴，在整齐的牙齿缝里漏出一种忧静的声音：

"各位姊妹，多谢你们。你们还当着活人来看我，我忍受了十多年的苦痛，为的是我老娘。但是这样的情形哪里可以使老娘安心呢。给他们开除出来是丢面子的，但是看了许多气愤的事情，没有办法不丢这个面子。谢谢你们，你们把它拾了起来。不过我想那一位嫂嫂说的真不错，我是他们的眼中钉，总有一天要开除我的。有气力，哪一个地方不好吃饭呢，这里不要我，可以到别一个厂里去的，也一样的可以拿工钱的。"

"话是不错，只要有气力总不会饿死的，不过听说各厂都在开除人呀，怕这里不要了你，那里也一样的不要你。所以你明天还是去，去得再说，看今天的情形，只要大家团结得紧，他们半个阿毛都不敢来开除的。听说老板要想开除不只你，还有许多，不过把你先开了一刀就是了。"赵爱弟这样的劝着阿毛。

"那末既然这样,我们还得防备着,今天大家要回家烧饭去的,等到礼拜日商量好吗?"有个吊眼的女工这样对着大家提议。

等到来阿毛家的那些人走完了以后,那位阿毛的老娘仿佛对阿毛好了些,问阿毛要吃饭吗,问阿毛在厂里有什么消息没有?她到了这个时候才知道阿毛为了别人挨骂挨苦吃的事情,并不白费精力的。她自己很后悔在平日埋怨阿毛太厉害了,她埋怨她管闲事,埋怨她自己喜欢讨苦吃。差不多在最近的一两个月之中,没有一天不责备阿毛的。她现在深深的觉得对不住阿毛。她替阿毛拿饭吃,替阿毛盖棉被,替阿毛盛好小饭篮的菜饭,她竭力的想阿毛早一点睡觉。一种真诚的慈爱感动了阿毛。阿毛觉得在半年以来生活上受了打击,时刻使老娘急米急柴,她暗暗的抽搐了一场,到醒来的时候才知道自己是在梦里,可是在喉咙里还是很自然的抽搐着。翻了一个身又迷矇去了,仿佛她躲在赵爱弟的怀里哀诉,一点点的泪珠儿滴在爱弟的臂膀上,她的上身似乎被爱弟的手臂抱得紧紧的,她从手臂里得到一种力量,仿佛这是爱弟的哥哥,她不敢举起头来望一眼,她觉得很服贴的,希望永远的躲在这里。她流着的眼泪，润湿了她自己的干枯的心灵，她得到无限的安慰。早晨雄鸡的啼声把她从好梦中惊醒了过来，她开了眼睛很清楚的回忆了好几次。然后懒洋洋的同老娘一同起床来了，觉得精神很不好，眼皮上压了很重的东西似的。她洗完了脸就跑到间壁爱弟那里去了，她叫爱弟起来替她拿好了脸水，一同早膳，一同进了厂去。

　　她先到了账房间领了牌子，在账房间的先生们同她很客气的教训了一番，要求她恢复五卅以前的工作，要求她能够保证细纱间里的女工不闹意外的事情出来，并且还允许给她特别赏。阿毛的回答很简单：

　　"只要你们不闹什么意外的事，我在这里做了几年，难道还不知道我吗？保证别人不出事，是不能够的，你们要我在这里做就做，不要我就走。我有两只手到处可以吃饭的。"她说完之后就走出了账房，向着工场那边走过去了。三四对尖利而带讥讽的眼睛送着阿毛的后影。

　　阿毛上了工场，自然更加惹起工头们的不舒服，有的对着阿毛

/ 白华

凶狠的看一眼,有的竭力避开阿毛的视线,然而没有办法能够使自己的耳朵不听见,不听见在机器声中的欢笑声,欢迎阿毛的叫喊声。阿毛提了小饭篮,穿着一件深蓝土布短夹袄,经过像藕丝似的雪白的一排排一行行的很整齐的纱线和机器旁边的女人,她们亮晶晶的眼光远远的从纱缝里透了过去,仿佛大家都集中了视线在阿毛一个人的身上。阿毛笑眯眯的慢慢的一边打招呼,一边走了过去,她的位置在最后的一排,在她那一排里约有十五个人,这十五个人归她管理的,她也算是一个小小的工头,所以她也和别的工头一样有权力可以在这一排机器旁边走来走去的。有时候她还超过这一个范围。她也常时替别一排里的小工打抱勿平的,因此她成为细纱间里的包公了。有什么受了冤枉的人,大家都要去找她来说话。小工们见了她不像见别个工头那样的可怕,而且个个都信任了她。

然而阿毛从这一次小小的风波以后,她就有点不大自由了,暗暗的有什么鬼似的监视了她。她进进出出的时候后面总时常有人来盯她的梢。她不敢把这些事情告诉老娘。可是从别的方面,这种风声已经从阿毛的房东那里或者有人故意的灌到老太婆的耳朵里去。什么巡捕房里要捉阿毛呀,或者说阿毛在外面轧了姘头。有的还说亲眼看见在街道上同着男人一起走呀。阿毛的母亲暗暗的担心着,但是又不能对着阿毛直说出来。老太婆皱着眉毛,几个月以来她的额上的皱纹加多了,并且得了失眠症。她屡次的想探问阿毛对于婚姻问题的口气,然而总找不到机会也找不出一个线索。她始终听了这些风声将信将疑的,时常扰乱着内心。

　　阿毛很快活的工作着,她比从前更加活泼起来了,然而她总觉得自己的力量太单薄,爱弟又不老练,她很想找张先生来谈一次,可是托人带口信去总得不着回音,从上海来的人都是没头没尾的空谈一顿跑去了,他们一点不精细的问一问就完了事,他们又没有一定的地方,要找他们也找不到。在阿毛的思想里,不管私的公的都好像一把乱发一样的理不通。她又想去找爱弟的哥哥。可是他又像泥菩萨一样的不肯管闲事的。她想来想去的想不通,她自己感觉得仿佛在高山顶上有块大石头一样的要掉下来,要压到她身上来,她一定没有力量可以抵抗得住,她想或者会把这块石头压死了她的。后来她就自解自叹的觉得让它压下来罢,到得那时候再说罢。

秋之/白华

在这两个月之间是平平常常的过去了,但是十二月五日那一天不知道从什么地方传出了一个消息,这个消息由工头那里传到账房,由账房传到了大板和老板。据说又是阿毛领头的要实行摇班了,并且她们和他们都已经商量好了,一共有八个条件要提出来。这样一来,可就不得了,老板先生和工头们立刻就开始商量,怎样来对付,并且决定先下手来一个恐怖政策,在第二天就开始监视几个为首的捣乱份子,对于来往的工人实行严厉的检查。骤然间,在厂门口有荷枪弹的武装警士。大家都看清了这种情形是非常的了,阿毛就走到马桶间里去了,等了许久,约有十分钟光景,有三四个人陆续的也走了进去。她们走出来的时候,在阿毛背后又跟了那个麻皮阿三,仿佛阿毛一点没有什么奇怪的动作。过了不多时候,在墙壁里发出了咽咽咽的响声,这边那边的墙壁,同时都有连续不断的声音。自从发出了这种声音以后,各间的工人都轰了起来,一下子机器停止了动作,像藕丝似的纱零零落落的拉断了,摇纱的竹管子到处的在地下滚来滚去,杂乱的脚步声和人声充满了工场。沾着满头满身棉花屑屑的人群,大的小的男的女的横冲直撞的挤来又挤去,一堆一堆的挤到大门外面。武装警士们的枪脚子和棍子就在沾着棉花屑屑的人头上乱敲一顿,像发了牛性似的暴徒拾了大块石子向着武装警士丢了过去。不到二十分钟,两方面的人都有受伤的。全厂的群众就在附近工厂的那块广场上开了一个大会,首先就通过了八个条件,推举了新代表,一下子警察大队赶到了,把群众都驱逐散了。

这样一来一共闹了七天光景。讨价还价的会议里资方答允了五个条件。在星期一的那一天,大家各出一个铜板,放了鞭炮,进厂工作去了。

然而对于阿毛的恐怖风声连续不断的飞到老太婆的耳朵里去了。阿毛的邻舍也都刮到了这个风声,尤其是那位房东娘娘时常对着老太婆说:

"听说厂里老板拿出一批钱来买流氓,预备要打工会代表。"

老太婆急得不得了,对阿毛说再不要到上海纱厂去做工,换一个厂做做也好,阿毛不相信,一定要去,母女两个吵起嘴来了,那一天夜里爱弟的母亲也从乡下出来了,据说也是为了这次摇班的事情，被爱弟的哥哥叫了出来的。她们听见了吵闹声之后，三个人都跑过来劝着阿毛母女两个。忽然从外面进来了一个吃嘴的女人，仿佛她很慌张的样子，一进来张开了嘴："着……着着……着……着……"那个粉嫩的小脸儿涨得绯红的还是"着"不出来，很困难的在她的继续的"着"声中挤出了不成句的话来：

"着……着……我……我听那……个，麻皮……阿……阿三对他的老……老婆说：明天……早上要要……动手来……打你，着……着那……那你……你不要到厂里去，这……这……这一定是……是老板……收买来的。……今今天还听到另……另外一个……消消息：就……就是新怡和厂把……把一个工人打坏了，他的……老老……婆哭天哭地的……在家……家里哭着。"

爱弟的哥哥就插进来说了：

"是罢，我说过的做人要做菩萨，不管闲事的好，热心要热出毛病来的，既然吃了长素就应该相信我的活菩萨的话。"他笑了起来，爱弟也笑了起来：

"啊呀,你想做菩萨,不要脸的,相信你的活菩萨有什么用处呢? 人家打到你身上来难道你也不动气吗?"

"偏不做菩萨,偏要管闲事。"阿毛动着气很倔强的说。

"好好,总算我说错了,不要动气,做菩萨,活跌杀,跌杀在你的眼面前。不听我的话不在乎,可不能伤了你姆妈的心。那位小姐妹也是好心好意的来通知你的。我看爱弟明天到厂里去替你请个假,把工钱算回来。同时另外去找一个工作罢。母女两个闹气,做什么呢!"

那个吃嘴的女人要走了,阿毛送了她出去,走进来的时候叹了一口长长的气:"玩几天也好!"

"是的,我姆妈第一趟到上海来,明天你陪了她去玩大世界去。好吗?"

阿毛的姆妈就高兴起来了,嘻开了瘪嘴巴,似乎很感谢赵先生的样子。她捧了两碗茶送到赵先生和他的姆妈的面前。他的姆妈接着茶谢个不断:"罪过,罪过。"

"天下事情真希奇,现在东洋厂家找女工要拍照相,要看面

孔,还要看手。这不晓得有什么道理?"赵先生问着阿毛:

"这就是因为你要做菩萨,不能懂得这个道理。世界上奇怪事情多得很。你在没有上西天以前应该要懂得地下凡人的一切。你不是走过巡捕房门口,看见有许多照相挂在那里吗? 现在工厂里要照相也是一样的道理。"

"那是做贼做强盗呀。"

"他们看待工人也是看待强盗一样,你在这个厂犯了错处的人,那末这个人的照相早已替你送到各厂家去了。意思上,不再给这一个人能够跑到别家去做工的了。老板们是打通了的。这是他们造好的围墙。"

"那末阿毛姐,你在上海纱厂里拍了照没有呢?"他很关心的问着。

"没有,这是现在的新花样呀,从前并没有这种章程的。你要说到看面孔的道理,这同买东西要先看货一样。好看点的少许贵点也要的。这当然是男工头们的打算。不过精明的老板倒要愈土愈好的货色,因为工价来得便宜,气力又大,还受得起打骂,不像那些吃了多年上海饭的，灵活得像皮球一样拍一拍就会跳起来的人。这种人已经学会了贪懒的法子。不过她们常常受到工头们的诱惑，有的把自己的身体去做礼物。还要倒贴本钱。"

"怎样叫作倒贴本钱？"

"要了你的身体还要借用你的钱。你不答允，那末赏工也难得了，扣工钱罚铜钱甚至饭碗也靠不住了。拭油的花样门门都有，什么礼什么礼，一年要有几十次。钱呀衣料呀吃食呀，甚至你送他们一双鞋料也是好的。"

"那末你也是一个工头，也应该发财。"他嘻笑的问着。

"这倒是办不到。一个人良心要紧。"

爱弟打着呵欠伸了一个懒腰含糊的说：

"啊唷，阿毛姐会发财就不会给工厂里开除出来了，开除了她，大家也不会作声，不会被大家爱护她了。啊唷，脚酸背痛，要睡觉了，回去罢。"接连又是呵欠。

两个老太婆也在那里谈心谈得很起劲。阿毛也愈讲愈有精神了。可是阿毛对于爱弟很关心的。就停止了不再继续讲下去，他们三人一同站了起来,阿毛的右手提高了一盏洋油灯照着他们走出去,赵先生回头来看着灯光底下的阿毛。阿毛嘻开了嘴微笑着,很有情意的眼睛闪着光亮,眉毛又在飞舞着,这一个影像印到了"菩萨"的心里去了。赵先生觉得阿毛改变了从前的状态,说话比较流利了,尼姑相也去掉了,好像她的一切行动都放松了一些。骤然间把阿毛同长衫朋友来一比。像阿毛那样通达的还很少见。他想着:"不做菩萨也有不做菩萨的好处。"他觉得她现在的地位——失业,危险。有点可怜她们起来了。在这里他又告诉了自己:"还是做菩萨的好!"

阿毛不到厂里已经有一星期多了,细纱间里的女工们常常走到阿毛家里去,所以来来往往的人仍旧有那么多,有的人还主张要她再进去并且想办法来保护她,有的替她介绍到别的厂里去。可是她的姆妈终不希望她再进这个上海纱厂。阿毛自己也觉得不再进去。她觉得罢工的胜利已经得到,虽然她自己牺牲了也是可以安慰的了。不过她看了姆妈一点点的老起来,这半年之中给她增加了不少痛苦,好像要增加三年还不够。老太婆为了生活总不免从忍耐之中流露出不满意的脾气，有时对着一只白花猫，或者走近来的野狗，或者椅子桌子甚至有时候对着自己的头发来发气。然而她爱护阿毛比以前更加厉害，更加当心，她不敢在阿毛面前发一点儿气，她总是在阿毛背后或者她出去的时候。可是，阿毛的困难也是一天天的增加着。她为要找工作碰了不少钉子，她走遍了引翔港杨树浦，各纱厂里的包打听都认识了她，没有一个地方要她进去，都是很客气的拒绝了她，有的报名已经报进去了。有的做了一天两天就出来，甚至有的地方连报名都不成功。她的运气非常之不好，那时候各纱厂里都有工潮发生，这一边停止了那一边又起来，老板、经理、拿马温都在留意着有不良份子混进去，阿毛虽然手艺高明，然而终为他们拒绝了。这样的情形有了三个月，可是她同上海纱厂里的工人关系还是很好的。大家抽钱来帮助她，但是她自己始终不愿意接受。在最初她把自己十多年做工出来的一笔小小积蓄预备姆妈的棺材寿衣费来用了。后来就时常来往当铺子，最后连当铺子也不能进去了。等到她被推举了上海代表去参加第三次劳动大会的时候，她姆妈的生活不得不托付上海纱厂朋友们的照料了。退了自己的房子，把姆妈托付给爱弟，住在爱弟家里了。好在爱弟的姆妈过了不久又回乡间种田去了。阿毛的姆妈还可以帮她烧饭调理家务了。但是老太婆不免常时感叹自己的薄命，暗暗的哭泣！

三

咭哩轧咭哩轧的声音震动得全间房子像会动摇，$Sa\ Sa\ Sa$ 响着的抖动着的那几百个竹筒子排列得很整齐，在筒子上的纱一根根的拎出来，那些黄发污脸的七八岁的小姑娘在机器旁边弯曲了身子走来走去，拾着空筒子，每一个女人的眼睛都集中注意力在每一部机器上。举起了手，挺直了腰，拾着断线来打结，各管各的很紧张的，赶着赶着赶满那个计数表上的数字，从早到夜，气力完了，看一看那个表还没有能够赶得上得赏的数字，重重的叹了一口气，哼着鼻子，拿起衣角拭着鼻孔里的棉屑，脚酸了，腰痛了，背上像一块石头压了下来，像吸铁石的屁股在木箱上摆了下去。来了，来了，拿马温来了，快起来！旁边的女人凸出了眼睛很急迫的低低的通知着。连连起来，已经来不及了。"发痧呢？

还是睡觉？到家里去，这里是不能够的呀！"拿马温又走了过去。大家对他斜了几个白眼，竖起了嘴唇，藉口骂三门，接着大家相互的看着数字表。今天要发工钱，不扣还是好的。"啊呀，我又想起了阿毛姐了，她几时回来？"其中一个问着。大家的脸对着爱弟，好像阿毛的灵魂附在爱弟身上似的。接着又说，"阿毛姐真是好人，不然我们哪里来多得五分工钱呢。"那几个拾筒子的童工也很好奇的跑过来，并且也插了几句："阿毛阿姨来了吗？她来了，我们做得吃力的时候可以息一息也不要紧，她很欢喜我们的呀！""快些！快些！那个阎王又走过来呢。"一下子走得像老鼠那样快的都逃到自己的座位那里去了。"你们今天还要拿工钱吗？时候不早了，怎么还在这里谈闲话，快把东西都收拾起来，地扫得干净些！"那位阎王板起了面孔拿着一本簿子和一支铅笔，抄上数字表上的数字，挨着每一部机器抄写过去。

一小时之后汽笛叫了，大家都像活虾一样的跳着，争先夺后的从工场里挤出去，在门口站得高高的两个男人，一个拿着钱，一个拿着纸笔，在他们旁边还有一个麻皮阿三，嗓子提得高高的叫着名字，一个挨一个的领取工钱。已经领了工钱的站在前面还不肯走，有的竖起了尖嘴，有的叽哩咕噜的骂三门，有的淌眼泪，有的从右手搬到左手，又从左手搬到右手，数着洋钱、角子、铜板。"怎么零头都给小洋的呢？""你拿到多少？"那个吊眼的女人摊着手心给人看，五块四角。"啊呀，猪头三，两个角子是铜的呀！""铜的要换，先生给我换两角，换两角，谢谢先生！谢谢你。"吊眼的女人提着手叫着，啦的一声，在麻皮阿三手里的棍子挥了过来，角子落到了地下，手指头痛得发麻了，吊眼的女人弯着身子在别人的脚底下找寻着。寻着了，她也发了火，脸涨得红红的，争得要换角子。换好了，三五成群的带着怨气走出了大门。接连的叹着叹着，在闪亮的电灯底下，一堆男的女的人群仿佛在那里等人似的。爱弟走出了大门。那些人都包围了她。

"爱弟，爱弟，阿毛姐几时回来？"

"写信来说后天来，不知道是不是后天真的可以到家？"

"好极了，后天是礼拜呀。我们到礼拜日来看她，到你家里来玩。"

"好的,一定来,就是阿毛姐没有回来,来望望她的娘也好。"爱弟笑嘻嘻的回答着。大家都很满意的走散了。

在礼拜日下午一点钟的时候,先先后后的粗纱间的也有,摇纱间的也有,织布间的也有,都去看阿毛,自然男人少而女人多,先有五个小姊妹去问,那时候爱弟的回答:"没有。"于是去的人不免有几分失望,后来人就多起来了。在阿毛娘的一顶蓝色花夏布的帐子里面喵呜喵呜叫了几声。大家回转头去看的时候,阿毛从帐门里嘻开了嘴走了出来。大家欢喜得像发狂一样跑过去,七手八脚的拉着阿毛的手。阿毛穿的一件淡蓝布衫,几乎被她们撕破了。阿毛的娘,在旁边也笑得合不上嘴,这样的笑她是一年以来的第一次。后来大家都坐了下来。阿毛从桌子底下拿出一篮子从广东买来的波罗蜜分送给每个人吃。大家都称赞滋味鲜甜。这种鲜甜的东西从来没有尝着过,也从来没有看见过。有的连吃带问:

"到广东去罢。有这样好东西吃。"

"猪头三,哪里上海会买不出,只要有钱。"

"有钱也是舍不得去买呀! 这是真的。"

"阿毛姐,你快点讲点广东情形给我们听。"

"广东也有工人吗? 那边的房子大的呢还是小的?"

"阿毛姐几个月不看见你,你好像小了几岁,有点小囡气了。那地方的人一定长得都很年轻的,是吗?"

阿毛听得好笑起来了。她的眼梢飞舞着,慢慢的对着他们说:

"那里的人和东西同上海没有什么不同,也有富的,富的人住的房子同上海的富人一样。也有穷的,也有工人,工人的生活同上海一样的困难。不过那里天气比上海来得热,讲话同上海的不同。你们说我比从前不同有小囡气了,这我自己也觉着的,是有些不同了。我还有一椿事情不同,你们看得出吗?"阿毛的两手竖在左右两旁的长凳子上,终是嘻开了嘴巴,乌黑的眼瞳射出灵活而发亮的光。

"什么不同呢。"

"呵,我晓得了,有……有姐夫了。"一个三十多岁的沈大嫂说,说完又哈哈大笑起来了。

阿毛似乎有点不好意思,大家的眼光都集中在阿毛身上,可

是阿毛的脸并不红,很快的回答:

"猜错了。你们还记得张先生吗? 这次她也参加了那个会议呢,她常常问起你们。她一看见我就问我开荤了没有? 那时候旁边有许多人——从各地方来的代表,他们都对我笑,笑得我难为情,在那时候如果地下有个洞一定要钻进洞里面去了。后来,每一个看见我的人终是那么笑,特别在吃饭、散会休息的时候,终是拿我开玩笑。我又不好意思生他们的气。有一天,张先生同还有一个男代表恶作剧的把我吃的一碗饭底下放了鱼和肉。我不晓得,而且那一天正是我肚子饿得发叫的时候,吃得很快,一吃吃到了肉和鱼。满桌子的男人和女人都大笑了起来,有的笑得咳嗽打喷涕,甚至眼泪都笑出来了。我在当时想了一想:究竟为什么要吃素呢? 从前我是怨着这世人苦,是前世不修的缘故,今世要做好是来不及,只好预备下世做福人,所以决心吃素,预备老来进庵去。忽然记起张先生说过的,迷信是不对。而且迷信是富人安慰穷人,要穷人不怨恨富人,要怨恨自己的命,不要为着自己生活的痛苦而斗争的办法。因此在他们的笑声中我硬着头皮把肉和鱼一概吃了进去。第一天少许觉得不惯，后来就没有什么，而且觉得有气力有精神了。"

"是的呀，这世人还管不了，哪里管得了下世呢？"一个梳着光滑长辫子的小姑娘打断了阿毛的话。

"难怪阿毛姐年轻了些，有血色了。"另一个女工对于这个问题明白了。

"阿毛姐，还有呢，说下去呀，你们不要多嘴让她说下去罢。"

"还有一桩奇怪的事，从前我常常会脸红，第一次在那边会议上要我说说上海女工情形的时候，还是那么样的不敢说，说说又说不下去了，台下的人对我看一看，我更加想不出话来了。后来便惯了，对他们说也好像对你们说话一样说得出。从前见着男人像老虎一样的可怕，终认为每个男人是讨厌的东西。其实，诚诚实实的男人多得很。"说到这里，坐在墙角落里的一个打包工人笑了起来。阿毛又继续着：

"做什么笑，这都是真话，不过从前对于你们可怕的那种想头从没有说出来过。现在说了出来呀。"

"这个道理很通！"另外的一个女工顿着头表示很赞成的样子。

坐在墙角落里的男工忽然的问着阿毛：

"在那里有新政府，他们对工人是很好的吗？"

"听说在三个月以前政府是不错。后来经过三月廿号之后也不对了。在那里的工人都说：'蒋介石想做皇帝。'事情究竟是怎么样，那我也不大清楚。不过那里的工人自然比这里要自由得多。但是小的麻烦也是有的。"

"听说那边的农民可以不还租不交税，这是真的吗？"

"哪有这么便宜的事呢，不过像蝗虫似的地主在那里请求政府帮忙。农民不是不交税不还租，不过要减税要减租。政府究竟帮哪一个呢？我也不很清楚，不过我要动身来的一天，看见一个从什么海陆丰来的农民用了翻译对着我们上海去的人说：'我们不要这个新政府，我们要牛屎腿的政府。'

"我问他：'怎么叫做牛屎腿的政府？'他说：'要那些赤脚种田人在腿上带牛屎的人，自己组织的政府。'这样我才明白。"

"哈哈，那么我们上海的纱厂工人讲起来要的是棉屑头的政府了。"另外一个男工满响的叫了起来。

外边有个男人在窗前慢慢的走了过去,爱弟通知他们:

"不要太高兴了,那个不是好人,说得低些。"

"唉,讲话都不自由! 娘格戳×,管他妈的。"

"今天话是说多了,还要记得回家烧夜饭去,明天要上工的,阿毛姐在路上也辛苦了,要息息力,我们去了罢。有话隔天再讲罢。"沈大嫂对着大家提议。

"对的,去罢。"

阿毛、爱弟也站了起来,送他们(到)门口,阿毛对他们说:"你们招呼了我的姆妈,真要谢谢你们!"

"自家人,勿用说来。阿毛姐,来我们这里玩。"一个那个的像小鸟儿一样的叽叽喷喷叫着。那个房东的那副怪眼睛,白了几眼,笑不像笑的,面孔看得惹人讨厌!

爱弟同阿毛进来的时候,老太婆已经在灶间里动手烧夜饭了。阿毛把凳子摆摆好,拿着扫帚扫地,爱弟抹桌洗茶碗,阿毛扫好了地回转身来问爱弟:

"姆妈在我出门去的这两月之中发了脾气没有?"

"没有怎么样,我从没有看见她发脾气过,她很和气的,很宝贝我的。不过她常常皱紧着眉毛,不大开心,时常念着你,每夜睡觉之前终要叹几口气,觉得她自己命薄,她以为小姊妹拿钱送她用,是一桩难为情的事。她是一个很有志气的人。她常常关心到你将来怎样,配亲的事情也常常嘱咐我要劝劝你。她终怕她死后没有人做羹饭给她吃。"爱弟一边说一边把茶碗洗好放到搁板上面。她俩就到床边继续的谈了起来。

"我这次从广东回来在轮船上没有事做就想着了这件事——除出这件事以外其余的都想通了,决定了,独有这件事觉得困难。我倒不是像从前那么想想修行不嫁的,而是为了生活困难。爱弟,说来也奇怪,我亲眼看见在广东的女工之[①]

[①] 原稿至此中断。

译作

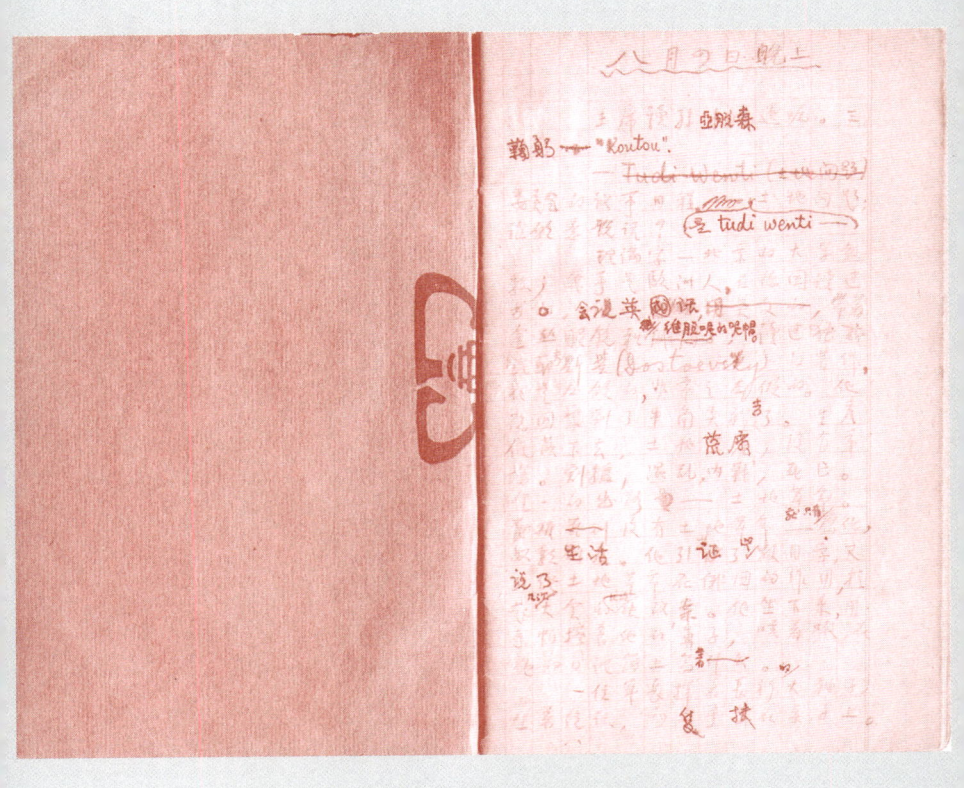

杨之华译作《八月四日晚上》（上有瞿秋白的修改笔迹）

杨之华译作《八月四日晚上》（上有瞿秋白的修改笔迹）

※ 原文为俄文,由杨之华翻译,署名"文尹"。瞿秋白修改。1935年9月在左联后期刊物《文艺群众》发表,刊出的文章与手稿有细微差别,似经编辑修改。本书是按最后发表的版本排印的。

八月四日晚上
(中国小说之一)

爱尔德卑 著　　文尹 译

杨之华原注:这是一个苏联作家描写中国1927年武汉革命阵营中,国共统一战线发生问题时的政策思想情况。作者是亲自参加大革命的顾问。

主席读孙亚脱森[1]遗嘱,三鞠躬——"Koutou"(叩头)[2]。

——委员会的议事日程是 tudi wenti[3]——土地问题,谁愿意说话?

一个理论家——北京的大学教授,几乎是欧洲人,在德国读过书,会说英国话,带着金丝眼镜和维脱呢的呢帽。读过独斯

---
[1] 即孙中山,下同。
[2][3] Koutou tudi wenti 等系瞿秋白在中国文字改革探索中自创的拼音文字,成为今天全国通用的汉语拼音的先声。下同。

托耶夫斯基（Dostoevsky）[1]的著作，他是左倾的，非常之左倾的。他说国家到了牛角尖里去了，生产低落下去，土地荒废，没有市场。割据，混乱，内战，死亡。唯一的出路——土地革命。没有土地革命——就只有腐化，奴隶生活。他引证了些数目字，又说了土地革命在俄国的作用，提起几次大会的决议案。他坐下来，用手帕擦着他的鼻子，咳着嗽，在他的日记上薄上写着。

一位军长挥着长杉大袖子，坐着说话，两只手扶在桌子上。他胖得很，像一只蛤蟆。

——军队碰着了农民的不了解和不满意。我们在广东、湖南、湖北走过了许多乡村……，都有一个同样的问题，就是对于土地问题怎么办？这个问题应当来解决的。假使农民得到了土地，那军队就在乡村中得到了强有力的靠山。那时候，我们真正要"所向无敌"了。

一位部长——是以前做过基督教牧师的，也是一位老学究。他上了年纪了，而且因为辛苦的缘故，他的脸上起了皱纹。他在

---

[1] 俄罗斯文学家，今译陀思妥耶夫斯基。下同。

桌子的四周围走着,轻轻的一跳一跳的跳着。他用着露骨的手指在空气中画着圆圈和斜线,这是他空想中的图表。

——封建制度的寄生虫吃掉了国家所积聚的一切。如果这些资料在国家手里,那就可做国家进步的无穷尽的来源。——在地主手里,——这是死的资本。不但如此,而且这些来源养活了反革命。要战胜反革命是可以的,可是一定要剥夺他们的这些来源。

从地方上来的代表已经没有什么可说的了,他们请求快点把问题来解决。

——农民希望着,百姓等待着。在地方上他们都非常奋激,应该指出一条道路……。

主席做结论了,用着尖利的声音宣读委员会的意思,要记录记下来。

——解决土地问题有五个意义:提高乡村经济的生产,替城市工业造成国内市场,吸引农民到国民革命方面来,裁断封建制度复活的道路,形成国家统一的基础……五个意义……五个意义。没有什么人怀疑吗?有人提议立刻把解决土地问题的五个意

义印刷出来,做广泛的宣传。通过了,闭会了。下次会议在明天这个时候,请站起来,唱国民革命歌:

Dadao lechiang, dadao lechiang!(打倒列强,打倒列强!)

Chu giunfa, chu giunfa!(除军阀,除军阀!)

窗子外面已经夜了,白天的暑气烧热了马路。永久没有房子的苦力靠着房子的墙壁睡觉,赤裸裸的饥饿的干枯的身体。他们一天亮就要做工,在炎热的太阳之下,肩头上要背着二三百斤重一包的棉花。

窗子外面已经夜了,蒸热的马路,半睡半醒的打着盹的苦力。在城墙之外是稻田,许多田埂画分着的汗血的田地,而耕田的人住在毁坏了的草蓬子里。

窗子外面已经夜了,苦力在马路上,耕田的人在汗血的田地里。

理论家,军长,牧师,主席都从一座独幢的洋房门里走出来了。没有声音的汽车和涂着光漆的包车上面还放着雪白的靠垫,在每一部汽车的踏板上站着六个护兵;他们的右手拉着车蓬,在他们的左手那边树起了毛瑟枪。汽车同包车经过城里的黑暗的街道,转转弯弯的在打盹的苦力们之间走过。

主席读孙亚脱森的遗嘱,三鞠躬——"Koutou"。

——委员会的议事日程是 tudi wenti——土地问题,谁愿意说话?

大家都互相看着。在墙壁上现着奇怪的影子,这些影子是从坐在桌子周围的委员那边反照过去的。突然间一个影子动了一动,向旁边摇荡了一下,站了起来,手向上伸着。这是那牧师用他那胡琴似的声音提议了:"听一听俄国同志的报告,这个报告就是关于在苏联解决土地问题的方式。"他很广泛的详细的解说自己提议的理由。

墙上的影子恶形恶状的歪歪斜斜的重复他的运动,影子里挥着伸高了的手,点着拉长了的头,又动了一下,沉到底下去了。

俄国同志做了报告:地主的土地私有制度,寺院的田地,皇帝的田地……十月的布告,退伍军人,贫农委员会……土地的分配,土地法,租田法,雇农法。俄国同志拿出图表来证明:在大的图画纸上有红的绿的三角形，和割开的圆圈儿。还有关于保证田地，家畜，农具的数目字。

那位理论家和湖南代表都斜倒在那张纸上来看图表。

—— 在中国没有大的地主。

—— 所以我们要从贫农委员会做起。

在墙上的影子聚拢来，成了一大团的黑影子，突然间又分散了，而且都各归各的落到自己的位子里去了，那位理论家和湖南代表离开了图表。

主席做结论：

—— 有人提议，把俄国同志的报告在 Minguo Jhebao（《命锅日报》）①上发表。没有什么疑问吗？ 通过。下次委员会会议在明天白天开会，闭会了，请站起来唱国民革命歌：

Dadao lechiang, dadao lechiang!（打倒列强，打倒列强！ ）、

Chu giunfa, chu giunfa!（除军阀，除军阀！ ）

---

① 与"民国日报"谐音，指《汉口民国日报》，1926年11月25日创刊。

白华

窗子外面已经夜了,月光在电线上面闪着。

这些细的电线沿着暑气烧热了的马路,通过城市,通过泥泞的稻田——那些汗血的田地。

在电线的这一头——是理论家,牧师,军长,在另一头小火车站上是位总司令。理论家,牧师,军长正在踌躇着。而那位总司令亦在咬着他自己嘴上的蒙古式的挂下来的胡须尾巴。

经过睡在马路上的苦力的头上,经过汗血田地里的农民的头上,经过向北边走过去的火车上的兵士的头上,沿着那根从汉口到北边去的细的电线上,飞过一个简短的电报:

"Tudi wenti 正在讨论,各地情形剧变……军中情绪……急待钧座指示。"

主席读孙亚脱森遗嘱,三鞠躬——"Koutou"。

——委员会的议事日程是 tudi wenti——土地问题,谁愿意说话?

大家都烦闷着,非常之烦闷。有几个小当差的拿了茶和点心来了。委员会的委员喝着吃着,搔着背。主席和他旁边的人喊喊嘴嘴的咬着耳朵。大家都看着主席,都在暗暗的在责骂他。他要些什么? 他慌些什么? 突然间他很紧张的站了起来。

—— 点着那只电灯 —— 他对仆人这样说,—— 一点都看不见了。

在这个时候,那位理论家发明了新的意见:

—— 我提议听一听农民部长的报告,中国有多少可以耕种的土地,…… 还有农户的数量。

军长说:—— 规定土地的分配额是同样重要的。我们同着军队走过许多乡村 …… 在广东,在湖南,在湖北,要晓得到处都是不同的:有人种果,有人种山芋,有人种小麦。在广东有种桑树的,而在我的家乡种茶树的,是的 ……

他不说了,主席要给别人说话了。

—— 等一等,—— 军长忽然想出来了,—— 如果在一个地方是米,在别个地方是茶,在第三个地方是小麦,可见大家所需要的土地不相同。我们要听一听农民部长关于土地分配额的报告。

秋之白华

　　那位农民部长就开始慌忙起来了。他摸着口袋,把自己公事包里的材料都倒在桌上。在桌子上面,在帽子底下发见了一本皮封面的记事薄,他读着数目字。

　　主席问:——你读什么?

　　那位农民部长很怀疑的看着,后来,他忽然想出来了:

　　——请原谅,这些数目字我从昨天俄国同志的报告中记下来的……但是,我想,把这些数目字再来说一说,做我的报告题目的叙言或许是有益处的。王同志!在你那里有一本北京农商部的统计吗?请拿给我……请你们准许先我报告中国农户的总数,以及按照他们所耕种的亩数而分出来的等级,还有各省已耕田地和未耕田地的比较数目……

　　委员会的委员坐着,身体俯在纸张和茶杯上面。农民部长读着一次二次的数目字,解说它,比较着,结算着。突然间,我看见了那位牧师睡着了,几几乎可以听见他的打鼾声。他抖动了一下,睁开一下眼睛,又重新打盹了。农民部长做完了报告。

　　那位牧师立刻伸直了身子,掉过头来向着主席那方面看。

——在很多的地方都是山，丘陵，沙地，河，住人的地方和道路……还有坟地。看起来，土地要分给大家反正是不够的。非常之多的山……

——我们，——一位军长说：——带了军队从广东到这里，几乎时刻看见山……在广东，在湖南，在湖北，很多山 Hendo hendo（很多很多）。

——在平地，——……个湖南代表说：——人很多而田很少。应该把田来平均分配，否则大家不够的。

主席做结论了：

——接受了农民部长的报告。委托农民部长更详细的研究可以耕种的田有多少，以及农户的总数。还有提议没有？请站起唱国民革命歌：

Dadao lechiang, dadao lechiang!（打倒列强，打倒列强！）

Chu giunfa, chu giunfa!（除军阀，除军阀！）

在窗子外面已经夜了，今天苦力并不睡觉。今天夜里有一大轮船的棉花要到，夜里要起货的，应该站在码头上等着，否则就要落空，没有工作做了。那挑夫连连川川的多得奇怪，农民从乡村里被水灾赶到城市里。苦力站在码头上等着轮船，在江边很清凉呢。

牧师和军长决定散散步，汽车在后面慢慢跟着他们，很迟重的从一块一块的石板上移动过去。汽车前面放着很亮的两条光，射得老远。卫队站在前面和两旁，推开在街道上打着呵欠的苦力。那位军长讲起一个笑话起来了。

—— 在魏国，—— 他说，—— 有一位女人祷告天神，要他送一百疋麻布给她家里。她的丈夫对她说："为什么你请求得这样少？" —— 假使多得些，—— 她回答，—— 那你就得去买小老婆了。

牧师走着不作声。后来他站住了，而且这样说：

—— 难道发一个减租的命令还不够吗？

主席读孙亚脱森遗嘱，三鞠躬 —— "Koutou"。

—— 委员会的议事日程是 tudi wenti —— 土地问题，谁愿意说话？

各委员都斜着眼看着主席。当然的，他还年青，但是也应该识相一点,究竟他要的是什么?

在这一次会议上,主席自己提议了:

——请地方上来的代表说话,在地方上土地问题是怎样的情形?农民的状况怎么样?有没有大地主?

大家都点着头,应该听一听各地来的代表说话。

从各地来的代表很多,如果给每个人,就算有二十分钟的说话,在今天可以够的了。那位牧师点着头表示很满意的样子,他很赞成的看着主席,简直是对主席很亲爱的神气,总算这小伙子不这样笨呢!

各地代表做报告的时候,不知不觉的委员会的委员溜到间壁房里去了。等他们出来,已经是主席在这里说话了:

——闭会了,下次会议在明天下午,请站起来唱国民革命歌:Dadao lechiang, dadao lechiang!(打倒列强,打倒列强!)Chu giunfa, chu giunfa!(除军阀,除军阀!)

窗子外面已经夜了,这里也有地方代表在做政治报告,苦力一堆一堆地坐在行人道的旁边。农民被水灾从乡里赶到城里,吸

着自己的长烟管的头子,在烟斗里已经有一个星期没有烟草了。农民正在讲他家乡的情形:

——是的,大水把一切的东西都冲完了,而地主还要讨田租。他们什么也不管,他们用军队来吓人。借谷,他们,是不愿的了。据说:现在这种时势借出去了就不会还的了。地主说:"请农民协会去养活你们罢。"那些完全没有谷的人——病的或者是单身的人——他们都到城里来,也许这里可以弄到一点饭吃。留在乡里的,大家都加入了农民协会了,田租是不再交的了,拿什么交呢? 假使在秋收以前地主们不借米的话,那可不得了。大家说要抢米了,让他们的军队来罢,死在炮弹底下比饿死要好得多呢。

有一个苦力给了一个大饼他吃,那个农民谢了,他拗成小块慢慢嚼来吃。苦力很注意的看他。

那位理论家和一位军长走到楼梯下面停了下来说:

——从总司令那里还没有回音吗?

——没有,但是应该解决的。总司令以为这个问题已经很明白的了。

那位理论家摊开了两只手说：

——这样，我们是为谁干的呢？唔，当然的，在三月里我们决定要来解决和讨论土地问题的。但是那是在三月里的事，现在三月已经过去了，那是同姜凯实①分裂的时候。

军长说：——应该要解决的，明天的会议上说些什么好呢？

主席读孙亚脱森遗嘱，三鞠躬——"Koutou"。

——委员会的议事日程是 tudi wenti——土地问题，谁愿意说话？

大家的视线都倾向到桌子的那一头去了，在那里坐着一位领袖。今天他亲自来参加了。他把桌上铺着的台毯磨擦他的指甲。他还很年轻，很美丽，而且很有名的。他的脸像女性似的，有抚爱的眼光，有高的额角。他没有田，也没有军队，对他没有什么可怀疑的。那位领袖在青年的时候曾经掷过炸弹，想炸死摄政王，

① 即蒋介石。

被判决过死刑。但是,有人说皇后看他生得漂亮,赦了他的死罪,把他收在监狱里。后来革命把他从监狱里解放了出来,而且一下子他就参加南北和议,坐在会议席上当代表了。他才从巴黎回来,他在右派压迫之下从家乡逃出去了有一年光景。他的过去并没有可以非难的事情,对他没有什么可以怀疑的,因此……他应该说出别人不能够说的话。

—— 同志们,—— 那位领袖用他那柔和的南方口音,开始唱歌似的演说了:

—— 解决土地问题是革命之中的一个最重要的问题。你们的委员会这样注意,这样努力的研究这一个复杂问题,完全是对的。但是,现在重要部分的工作已经做过了,因为现在在此地所做的许多报告宣布了出来,很广泛的群众都已经知道国民党着手解决土地问题的主要原则。现在我们应该进一步,要进到今天的实际问题了。实际问题之中的最重要的问题是关于我们的军队的命运问题。

在他的"军队"这个字眼之下,各委员大家都凑近桌子来。

—— 军队从广东出来开到了河南边境……革命难道不是军

队所创造出来的吗？我们的存在难道不是军队恩典吗？我们现在有的力量难道不是他的力量吗？

各委员很紧张的注意他的每一个字眼。

——在军队里，——领袖又继续他的演说了，——发生了恐慌和不安的情绪。我们的军长们到前线上去，留着自己的老婆儿女，自己的田地，自己的房子，自己的祖坟在家乡。要他们能够很安心的在战线上打仗，一定要使他们坚决的信任：他们在乡下的家是安全的。但是，现在在地方上，尤其在湖南发生了很可恨的过火，简直要弄到不可补救的地步。农民协会不等待政府的命令，独立的夺取和分配土地了，非法的没收人民的财产，甚至于使革命军人的家庭也遭着这种压迫。单是这一件事就叫我们不得不说：目前的主要任务是在乡村之中停止这些过火。

——可是，这个问题还有另外的一方面。当然你们都知道的，国民革命军队里的兵士，大部分是从没有田地的农民之中招收来的。假使他们知道在乡村里分配土地，并且夺取有钱人的财产，那末，完全的不可避免的要发生群众的逃兵。军队要崩坏了，战线要空虚了。我们的失败将要不可避免了,难道我们故意要弄到这个地步吗?

各委员听了这些话之后,都好像在神经病的状态之中开始相互的叫应,好像回声似的。堤防冲破了,抱怨和责备像洪水似的一下子充满了会议场。

——在我们的乡村里,——那位军长说,——农民协会里的女人把一个很有面子的乡绅拖到街上来戴着高帽子游街,为的是什么呢?因为他要农民还出借他棉花的钱。她们走到他的家里,就把他往空场上拖。他为着要赶开她们,不得不拉起长衫,赤裸裸的站在她们面前,那时她们才害羞得逃走了……。

——在我们乡里,——又有一位军长说,——惩罚了一个绅士,到他家里去二百个人,而他应该给这些人吃三天。等他们去了,他已经完完全全破产了。

——我从湖南得了一封信,——那位牧师说,——这封信是从农民那里来的。他的鸡孵了十只小鸡,农民协会就拿这些小鸡去分配给十个佃农了。那个乡里的农民协会还召集了小孩子,给他们许多把剪刀,要他们到乡里去剪掉有钱人的长衫的下截……

——我接到一封信，——有一位军官说，——是何将军的父亲那里来的消息，说什么农民协会罚了他二百担米，何将军的令尊请求你们保护他。

——在我们军营里的一个兵士，——坐在军官旁边的一个人说，——从邮政局里寄到乡下去的四块洋钱，也给他们没收了去。原来农民协会决定要没收邮局里的汇款和包裹，并且将这汇款和包裹去分配给一切农民……

——在我们乡里农民协会夺取了姓鲁的祠堂田产，而分配给了一切农民，甚至不是姓鲁姓的也分到……

——农民协会藉口水灾，没收一切私人所贮藏的米粮，并且禁止商民从一个乡村运米到别个乡村里去，这样军队可以断粮……

——农民协会在耕种时期从主人那里夺了耕牛给佃农去轮流耕田。而在冬天，那耕牛仍旧要主人自己去养活它，你们有没有听见过这样的事情？……

——有人说，农民协会要杀尽三十五岁以上的人，把女人收归国有，还要捣毁祠堂，我不知道这是不是真的？

——这真正糟到极点！应该要禁止！……

——同志们，——一位理论家说，——这是完全明了的了，应该禁止这种过火的行动。在乡村中必需［须］恢复法律的秩序，应该取消破坏的精神，而代之以建设的和创造的精神。在独斯托耶夫斯基的创作里所包含破坏倾向……

会场里有一个人说：——对于这问题要决定一个分配标准，在现时也是不可能的！……

——独斯托耶夫斯基的创作。……

Dadao lechiang, dadao lechiang!（打倒列强，打倒列强！）

Chu giunfa, chu giunfa!（除军阀，除军阀！）

窗子外面已经夜了。从水灾里逃到城里来的那个农民，同着挑夫一块儿在轮船上挑煤，挑夫已经准他加入自己的行会了。苦力们沿着跳板斜着身体走着，他们的挑煤都用了一根长的竹杠，两头挂着两只竹箩。

那个农民的身上也已经盖满了一层很厚的煤灰，他的脸和别个苦力分不出来的了。而且所有的苦力和这个黑夜也不能分别的了，——黑夜像煤灰一样的漆黑。同样，夏天的暑热，轮船上的锅炉，也像这些不幸的人的心一样的燃烧着。

天快要亮的时候，那个农民沿着那狭的跳板走着，已经挑着第四十担的煤了；他的脚在弯下去，尽在发抖了。

他怎么跌下去的？谁都没有注意到。只看见过了一忽儿跳板底下的水就变得乌黑的了，黑色的煤灰浮在水面上去，而一根竹杠和缚在那上面的两只空竹箩汆着，顺着水流下去。

——这里不能拖他的了，——一位监视的工头说着，——水流得很快，又是深的地方，不要停着，快挑过去，挑过去！……

窗子外面已经夜了，一股一股的煤灰，燃烧着的轮船上的锅炉，燃烧着的人的心。黑夜的江面上淌来淌去的浮着一根杠子和两只竹箩。

总算是最后的一夜来了。……一七八九年在巴黎——这就是八月四日的一夜。吓坏了的贵族，——他们自己的公馆正在烧得通红的火灾里面，——他们居然还会好好的在政治舞台上演着悲剧，居然会"为着祖国的神圣而牺牲自己的一切特权"。虽然到了第二天的早晨,这些国民会议的代表,已经有许多人要求取消昨天晚上会议的决议,然而八月四日夜里所做的一切,在当时人的眼光里看起来,至少也算做了一忽儿的英雄。"著名的那天夜里的会议开始了一个新的法兰西——一位历史家写的,——但是,它在别方面对于这些慷慨牺牲的人,给了无穷的失望和无限的痛苦。大家都做得太热心太慌忙了,把几千家的贵族一下子变了叫化子,同时得到田地的人不但不感谢他们,而且很贪心的还要多些,再要多些。"

在汉口,这一幕悲剧变了滑稽剧了。"八月四日的夜里"这出戏,在一座舒服而安静的洋房里,在那玻璃棚的洋台上演着。很气闷,夜里没有风,很热的。委员会的领袖们坐在藤椅子上,喝着苏打水。他们脱了长衫,穿着短褂子,总共只有五六个人。

—— 哪,—— 那位理论家翻着一本书说,—— 我找到了。在一九二〇年通过的党纲里,这样说,党的工作分做两个时期;军政与宪政。在军政时期的任务是很有限止的。在这个时期里应该拿一切力量去征服敌人。改良,只有在第二时期 —— 宪政时期里才能够开始。

——这个意义是,——军长说,——在北伐之前还不能够而且谈也谈不到。……

——当然的,——牧师坐在角落里应着。

——我,——军长继续说,——在湖南有八百亩田,我准备送给国家和人民的了,但是先要让革命巩固起来。

——我有两千亩田在江苏,靠近上海,——农民协会的主席说——当人民要这些田的时候,我可以给他们的。但是,过火应该停止。

——我有一千二百亩田在湖北和湖南的南边,这对于我并没有什么价值的,对于我只有革命和军队的利益。我们马上要去打河南,各级的人民都应该尊重军队,像满天的星斗尊重北斗星一样,"譬如北辰,而众星拱之"。

——这样,——理论家又说了,——在委员会议上我的演说,一开始就要简明的说明中国革命的历史,我要说到袁思凯[①]的

[①] 即袁世凯。

/ 秋之
/ 白华

专制。……

——听见吗？——那位大领袖叫着仆人，——水完全是热的，拿点冰来！

夜深了，主席离开洋房的玻璃棚，汽车很迅速的送他到江边。他住在武昌，要渡江回去的，白色的小汽船在船码头等着他。

——开船！——他走进舱内这样叫着。

主席发恨[狠]，不满意自己，不满意周围的以及世界上的一切。他这样热心的着手进行了这件事情，他要想在国家和党里造就他自己的名声，而突然间得到了这样一个结果！他把大家都惹出了气了，像弄得发气的鹅一样，弄得大家都不满意，什么也没有弄到，现在不能够不退却了。为什么这样不凑巧得很？糟糕！

他在船舱窗子里看看，他们在那边忙些什么？为什么他们不开船呢？

主席走到甲板上去。

——为什么你这样慢呢？——他对水手叫着，这个水手拿着铁锚站在小汽船的船头上。

水手并不作声，伸手到船边外去，主席弯着身体到栏杆外去看。他看见一个膨胀的黑色的尸首，穿着农民穿的那种蓝粗布短衫，死人的左耳朵和一部分巴掌肉，已经给鱼咬掉了的。水手的铁锚钩住了尸首。

——我开船的时候，这铁锚一下子挂住了他，——水手说。

从尸体那里发出一种腐烂和水草的臭气，主席的脚都站不住了，恶心得使他的身体发抖。

他从水手的手里把铁锚拖过来，丢在甲板上。

——我们怎样还能够帮助他呢？——主席叫着，——他已经死了！开船罢，真倒霉！

一九二七·四·二九·武昌
（一九三二·三月译·福州）